資質・能力を育成する

授業づくり

指導と評価の一体化を通して

田中 保樹・三藤 敏樹・髙木 展郎 【編著】

東洋館出版社

はじめに

　平成 29 ～ 31 年に告示された学習指導要領は、小学校と中学校で、それぞれ令和 2 年度と 3 年度から全面実施となり、高等学校も令和 4 年度から年次進行で実施となります。特別支援学校も同様です。この学習指導要領では、知・徳・体にわたる「生きる力」を育むため、「何のために学ぶのか」という学習の意義を共有するとともに、「何ができるようになるか」として、学習指導要領の目標及び内容が、〔知識及び技能〕、〔思考力、判断力、表現力等〕、〔学びに向かう力、人間性等〕という資質・能力の 3 つの柱で再整理されました。各教科等の授業において、教科等の見方・考え方を働かせ、主体的・対話的で深い学びを実現し、児童生徒の 3 つの柱に即した資質・能力を育成することが大切です。

　そのためには、学習指導要領を踏まえ目の前の児童生徒に即して単元や題材を構想し授業をつくり、指導と評価の一体化を通して指導や学習を改善したり充実したりすることが大切であり、各学校におけるカリキュラム・マネジメントの一層の推進が求められます。

　2020 年度は、COVID-19（新型コロナウィルス）における感染症による緊急事態宣言の発出など様々な対応に迫られる中、全国各地の学校では、改訂された学習指導要領の実施に向けて、カリキュラム・マネジメントを推進し、児童生徒の資質・能力を育成するための学習指導や学習評価の研究や授業研究が続けられています。しかし、その中で多くの疑問や戸惑いが生まれているのも事実です。

　そこで 2020 年に、田中保樹・三藤敏樹・髙木展郎の 3 名は編著者として、日々実践に取り組んでいる多くの教員等の協力を得て、全国の学校において学習評価の充実が図られることを願い、『資質・能力を育成する学習評価−カリキュラム・マネジメントを通して−』を上梓しました。また、その書籍を基に、2020 年 2 月下旬に横浜市において教育フォーラム 2020「資質・能力を育成する学習評価」を開催し、カリキュラム・マネジメントを通した学習評価の在り方を提案しました。感染症が日に日に広がり不安な社会情勢の中、参加された教育関係の皆様と学習評価の在り方について考えることができました。

　そして、2021 年は本書を発行するとともに、教育フォーラム 2021「資質・能力を育成する授業づくり」を開催することで、カリキュラム・マネジメントの一環として「指導と評価の一体化」が位置付けられた授業づくりを訴求することとしました。

　学習指導要領の目標及び内容の実現を通して、児童生徒の 3 つの柱に即した資質・能力を育成することが授業づくりにおいて大切なことです。ゆえに、単元や題材などを構想して授業づくりに取り組む際、拠りどころになるものは教科書ではなく学習指導要領であり、何よりも学習指導要領について理解することが大切です。その理解を踏まえ、各教科等におけるカリキュラム・マネジメントの一環として「指導と評価の一体化」が位置付いた授業づくりを進めるために、本書では次の①から⑦の過程に整理して、それぞれの章、

節、項において執筆しています。

① 学習指導要領の目標と内容から単元や題材などを構想する

② 単元や題材などにおいて育成する資質・能力（目標）と評価規準を設定する

③ 育成する資質・能力から単元や題材などのストーリーやコンテクスト（文脈）を考え計画を立てる。

④ 単元や題材などにおける学習指導と学習評価の計画を立てる

⑤ 「指導に生かす評価」を基に「指導と評価の一体化」を通して授業を実践する

⑥ 「指導に生かすとともに総括としても生かす評価」を行う

⑦ 単元や題材などのリフレクションからブラッシュアップを図り次年度に備える

⑤と⑥における「指導に生かす評価」と「指導に生かすとともに総括としても生かす評価」という表記は、「資質・能力を育成する学習評価－カリキュラム・マネジメントを通して－」（田中保樹・三藤敏樹・髙木展郎編著、2020）での表記を改め、議論を重ね本書ではそのように表記することとしました。学習評価は本来、児童生徒の資質・能力を育成するために、学習とその指導をよりよくするためのものです。評価と指導とを一体化し、評価を指導に生かした授業づくりが求められます。そのことを追究するための表記です。

本書は、資質・能力の育成に資する「指導と評価の一体化」を通した授業づくりについて、校種や教科等を超えて検討し考察して執筆に当たっています。読者におかれては、それぞれの執筆において校種や各教科等にとらわれず、授業づくりにおいて、目の前の児童生徒の資質・能力をどのように育成したらよいかという視点から各ページを捉え、自身の学校の実態や実情に即して、どのような授業をつくり実践するのかを考える機会としていただけることを願っています。

Ⅰ章「資質・能力を育成する授業づくりに向けて」においては、資質・能力を育成する授業づくりに向けての基本的な考え方や方策などを示しています。また、授業づくりを進める上で大切なことや疑問などに対して回答する形式で解説しています。

Ⅱ章「資質・能力を育成する授業づくりの実際」においては、資質・能力を育成する授業づくりについて、カリキュラム・マネジメントの視点を踏まえて、校長、学級担任、教科担任の立場からそれぞれ執筆しています。資質・能力を育成する授業をつくり実践するための学校づくり、学級づくり、そして各校種、各教科等における単元や題材等における授業づくりの実際を例示しています。

さらに特別寄稿として巻頭に、文部科学省初等中等教育局教育課程課教育課程企画室長である板倉寛氏による「授業づくりにおける学習評価の在り方－指導と評価の一体化のために－」を掲載し、改めて学習評価の意義や大切なことなどをご執筆いただいています。

本書が、全国の学校におけるカリキュラム・マネジメントに位置付いた授業づくりなどの充実の一助となれば、編著者3名と31名の執筆者にとっては望外の喜びです。

2021年2月

田中　保樹・三藤　敏樹

CONTENTS

授業づくりにおける学習評価
―指導と評価の一体化のために―

1. 学習評価
（1）学習評価の位置付け

　各学校における教育活動は、学習指導要領等に従い、児童生徒や地域の実態を踏まえて編成した教育課程の下で作成された各種指導計画に基づく授業（「学習指導」）として展開される。各学校は、日々の授業の下で児童生徒の学習状況を評価し、その結果を児童生徒の学習の改善や教師による指導の改善等に繋げ、学校全体として組織的かつ計画的に教育活動の質の向上を図っている。学習評価は、学校における教育活動に関し、児童生徒の学習状況を評価し、①児童生徒の学習の改善及び②教師の授業改善を図るためのものである。

　特に①児童生徒の学習の改善という観点では、児童生徒自身が自らの学びを振り返って次の学びに向かうことができるようにすることが重要である。また、②教師の授業改善という観点では、教師は個々の授業のねらいをどこまでどのように達成したかだけではなく、児童生徒一人一人がどのように成長しているか、より深い学びに向かっているかどうかかを捉えていくことが必要である。

　学習指導と学習評価は学校の教育活動の根幹であり、平成29、30年の学習指導要領改訂で明文化された、教育課程に基づいて組織的かつ計画的に教育活動の質の向上を図る「カリキュラム・マネジメント」の中核的な役割を担っている。学習評価の改善を、教育課程や学習指導の改善に発展・展開させ、授業改善及び組織運営の改善に向けた学校教育全体のサイクルに位置付けていくことが必要である。

　学習指導要領の改訂に伴う学習評価の検討については、従来、学習指導要領の改訂を終えた後に行うのが一般的であったところ、平成29〜31年の改訂では、平成28年12月21日中央教育審議会答申「幼稚園、小学校、中学校、高等学校及び特別支援学校の学習指導要領等の改善及び必要な方策等について」（以下「答申」という）において、教育課程の改善は学習指導要領等の理念を実現するために必要な施策と一体的に実施される必要があるとされ、学習評価の改善の基本的な考え方についても答申に示された。答申を受けて、新しい学習指導要領の下での学習評価の在り方について議論するために教育課程部会に設置された「児童生徒の学習評価に関するワーキンググループ」においても議論が進められた。そして、平成31年1月21日に「児童生徒の学習評価の在り方について（報告）」（以下「報告」という）が、教育課程部会においてとりまとめられた。報告を受け、新学習指導要領の下での学習評価が適切に行われるとともに、各設置者による指導要録の様式

の決定や各学校における指導要録の作成の参考となるよう、文部科学省では、学習評価を行うに当たっての配慮事項や指導要録に記載する事項の見直しの要点等をまとめ、文部科学省初等中等教育局長通知「小学校、中学校、高等学校及び特別支援学校等における児童生徒の学習評価及び指導要録の改善等について」（以下「通知」という）を、平成31年3月29日付けで発出した。

　答申や報告においても、学習評価により子供たちの学習の成果を的確に捉え評価することはもちろんのこと、評価の結果を教師が次の指導の改善に生かすこと、すなわち「指導と評価の一体化」が重要と改めて指摘された。この指導と評価の一体化は、カリキュラム・マネジメント及び主体的・対話的で深い学びの視点からの授業改善においても重要な役割を果たす。

　まず、カリキュラム・マネジメントに関しては、各学校が日々の授業の下で児童生徒の学習状況を評価し、その結果を児童生徒の学習や教師による指導の改善、学校全体としての教育課程の改善、そして組織運営等の改善に生かし、教育活動の質の向上を図ることは、「教育課程の実施状況を評価してその改善を図っていくこと」（学習指導要領総則）に位置付けられるものである。

　また、主体的・対話的で深い学びの視点からの授業改善を行う上でも、学習評価の結果を児童生徒の学習改善や教師の指導改善に生かすことは、児童生徒一人一人の学習の成立を促すために大切である。

（2）学習評価の課題と改善の方向性

　学習評価の現状については、主に以下のような課題が見受けられることが、報告において指摘されている。

・学期末や学年末の事後的な評価に終始してしまうことが多く、学習評価の結果が児童生徒の学習改善につながっていかない。

・現行の「関心・意欲・態度」の観点について、挙手の回数や毎時間ノートを取っているかなど、性格や行動面の傾向が一時的に表出された場面を捉える評価であるような誤解が払拭しきれていない。

・教師によって評価の方針が異なり、学習改善につなげにくい。

　また、学校における働き方改革が喫緊の課題となっている中で、これらの課題を克服するためにも、真に意味のある学習評価を通して、指導と評価の一体化を実現できるよう学習評価を改善することが求められた。このことを踏まえて、報告において以下のような学習評価の改善の基本的な方向性が示された。

①児童生徒の学習改善につながるものにしていくこと。

②教師の指導改善につながるものにしていくこと。

③これまで慣行として行われてきたことでも、必要性・妥当性が認められないものは見直していくこと。

この３つの基本的な考え方を実現できるよう、その後の通知において様式等の各種の改善が図られた。

2. 今後の学習評価の手がかり

(1) 学習指導要領の教科等の構造を生かした学習評価

平成29～31年版学習指導要領では、各教科等の目標や内容が原則として同じ構造となっている。

学習指導要領の各教科等の「第１　目標」においては、平成20、21年指導要領の「第１　目標」では、一文でその教科等で育成を目指す資質・能力が表現されている。一方で、平成29～31年版学習指導要領の各教科等の「第１　目標」では、(1)知識及び技能、(2)思考力、判断力、表現力等、(3)学びに向かう力、人間性等に分かれて表現されている。「第２　各学年の目標及び内容」の「１　目標」も同じ構造になっている。

また、「第２　各学年の目標及び内容」の「２　内容」では、領域や分野等のまとまりごとに育成を目指す資質・能力が柱に沿って示されている。平成20・21年学習指導要領では、多くの場合、各教科等の「２　内容」の中で様々な資質・能力がまとまって表現されている。平成29～31年版学習指導要領では、各教科等の「２　内容」は、原則として(1)知識及び技能、(2)思考力、判断力、表現力等に基づいて整理され、各々独立した文で記述されている。このため、それぞれのまとまりにおいて、(1)知識及び技能、(2)思考力、判断力、表現力等のいずれを示しているかが容易に分かるようになっている。

この整理は、小・中・高等学校等の各教科等で原則として貫かれている。このように、学校種を超えて各教科等の構造が同様になっていることにより、教科・校種を超えた共通理解に基づく組織的な取組を促す。関係者の中での意思疎通が図りやすくなり、教科等横断的な視点での教育活動や学年を超えた教育活動を行う際にも、取り組みやすくなっている。

この学習指導要領の構造は、令和２年10月に公表された学習指導要領のコード化とも親和性が高く、ICTの活用と相まって教科等横断的な視点での教育活動や学年を越えた教育活動等にも大きく改善することが期待される。

また、学習評価の場面でも、「２　内容」において「何ができるようになるか」が明確にされているため、学習指導要領の目標に照らして観点別学習状況の評価を行う際には、児童生徒が資質・能力を身に付けた状態を表すために、例えば「２　内容」の記載事項の文末を「～すること」から「～している」と変換することで学習評価を行う際の評価規準のベースが出来上がるようになった。

こういった新学習指導要領の各教科等の構造は、学習指導や学習評価の方針を学校関係者はもとより児童生徒や保護者、地域等に共有することにも、カリキュラム・マネジメントや社会に開かれた教育課程の実現を目指すことにも大きく資すると考える。

（2）観点別学習状況の評価の充実

①指導と評価の一体化

　(1)知識及び技能、(2)思考力、判断力、表現力等、(3)学びに向かう力、人間性等の資質・能力の３つの柱で再整理された新学習指導要領の下での指導と評価の一体化を推進する観点から、観点別学習状況の評価の観点についても、これらの資質・能力に関わる(1)知識・技能、(2)思考・判断・表現、(3)主体的に学習に取り組む態度の三観点に整理することとされた。これは、資質・能力の育成を目指して「目標に準拠した評価」を実質化するための取組でもある。

　ペーパーテストに過度に依存した評価や簡単に見取れる部分だけでの評価になり、このような評価を行うためだけの指導がなされるとなると学習指導要領の趣旨の実現はできないということとなるし、仮に指導と評価とを切り離したものであれば、何をもって指導のねらいが実現できているかが明らかではないということになる。指導と評価を一体化させ、どのような資質・能力を育成したいか、それをどのように評価したいか？を授業改善に生かすという視点が重要になってくる。

②高等学校における観点別学習状況の評価

　高等学校については、義務教育までに培われた資質・能力を、高等学校教育を通じてさらに発展・向上させることができるようにすることが期待される。一方で、報告の中で、高等学校においては、地域や学校によっては、その取組に差があり、形骸化しているとの指摘もあり、観点別学習状況の評価の更なる充実とその質を高めることの必要性について言及され、通知において、高等学校の観点別学習状況の評価に係る説明を充実するとともに、指導要録の参考様式にも各教科等の観点別学習状況を記載する欄が設けられた。

　高等学校においては、まだ教師一人一人に観点別学習状況評価が何のために存在するかの趣旨が浸透し切れていないケースが多くあるように見受けられる。小中学校においても同様なケースはありうるが、そのような場合、「何のための学習評価なのか」の認識合わせをしっかりと進めることがまずは肝要である。そのためには、平成29〜31年版学習指導要領に新たに設けられた前文や教育課程の編成手順に則って記述が抜本的に整理・充実された総則に立ち戻るということが糸口になる。

③観点別学習状況の評価を行う場面の精選

　報告において、学習評価を行うにあたっては、評価のための「記録」に労力を割くのではなく、日々の授業の中では児童生徒の学習状況を把握して指導の改善に生かすことに重点を置くことが重要であり、「知識・技能」及び「思考・判断・表現」の評価の記録については、毎回の授業ではなく、原則として単元や題材等のまとまりごとに、それぞれの実現状況が把握できる段階で評価を行うなど、評価場面を精選することとされた。

　学習評価の目的の３つ目の項目である「これまで慣行として行われてきたことでも、必

要性・妥当性が認められないものは見直していくこと。」と特に関連が強い論点であり、毎時間の記録に軸足を置くというより日々の授業における児童生徒の学習状況の把握や声かけが重要になっていることや、働き方改革にも合致した形で改善を進めることが期待される。

3. これからの学習評価に期待すること

　経済協力開発機構（OECD）では子供たちが 2030 年以降も活躍するために必要な資質・能力について検討を行い、2019 年 5 月に"Learning Compass 2030"を発表しているが、この中で子供たちがウェルビーイング（well-being）を実現していくために自ら主体的に目標を設定し、振り返りながら、責任ある行動がとれる力を身に付けることの重要性が指摘されている。また、現在、令和の日本型学校教育についての審議が行われている中央教育審議会においても、個別最適な学びを進める上でも、学びに向かう力、特に自ら学習を調整しようとする態度の重要性について度々の指摘がなされている。さらに、新型コロナウイルス感染症下の学校の臨時休業においても、自ら学習に取り組む態度が身に付いているかで、その間の学習の取組に非常に大きな差があったとの声も届いている。このような平成 29 〜 31 年版学習指導要領告示後の動きを踏まえて私見を述べたい。

(1) 評価の方針等の児童生徒との共有

　報告において、学習評価の妥当性や信頼性を高めることに加え、児童生徒自身に学習の見通しをもたせるため、あるいは児童生徒が行っている学習にどのような価値があるのかを認め、児童生徒自身にもその意味に気付かせていくため、学習評価の方針を事前に児童生徒と共有する場面を必要に応じて設けることが求められるとされている。その際、児童生徒の発達の段階等を踏まえ、適切な工夫が求められる。報告における例示としては、小学校低学年の児童に対しては、学習の「めあて」などのわかりやすい言葉で伝えるなどの工夫が上げられているが、発達の段階に応じて、よりそのレベルを上げ、学習の見通しを自ら作り上げていく度合いを高めていくことなどが考えられる。

　評価方針の共有に当たっては、普段からの教師と児童生徒のコミュニケーション、児童生徒の成長の見取りと声かけの積み重ね、信頼関係が非常に重要になる。様々な機会を捉えて、保護者と共通理解を図ることも重要である。それでこそ、指導と評価の一体化はもちろんのこと、子供の学習改善や教師の指導改善により資するものになる。逆に、記録をたとえ丁寧に取っていたとしても、その評価の過程に児童生徒が全く関わらなければ、あるいは、なぜそのような評価の結果になったかについて理解が得られなければ、児童生徒の学習の改善につながるものとは言い難い。

　児童生徒に評価の結果をフィードバックする際にも、どのような方針によって評価したのかを改めて児童生徒に共有し、児童生徒の学習改善につなげるものとすることが重要である。

（2）自己評価を行う学習活動の充実

　児童生徒の学習の改善という観点では、児童生徒自身が、自らの学習状況やキャリア形成を見通したり振り返ったりして、次の学びに向かうことができるようにすることが重要である。そのため、児童生徒が自己評価を行うことを教科等の特質に応じて学習活動の一つとして位置付けることが適当である。例えば、特別活動を中核としつつ、「キャリア・パスポート」などを活用して、児童生徒が自己評価を行うことを位置付けることなどが考えられる。その際、教師が対話的に関わることで、自己評価に関する学習活動を深めていくことが重要である。

　自己評価を行う学習活動は一人一台が進む中、今後の学習においてより重要な位置を占める可能性は大いにあると考える。

（3）観点別学習状況の評価には十分示しきれない部分についての重視

　観点別学習状況の評価には十分示しきれない部分があることに留意し、児童生徒一人一人のよい点や可能性、進歩の状況等については、日々の教育活動や総合所見等を通じて積極的に児童生徒に伝えることが重要である。そういった部分にも光を当てて、多様な強みを生かすことは重要である。

　また、新型コロナウイルス感染症下においても、コミュニケーションの重要性が改めて認識された。普段からの授業内外でのコミュニケーションで児童生徒の状況をよく把握し、成長した部分を伝えることが、児童生徒の学びに向かう力、人間性等の育成も含め、児童生徒の学習改善や教師の指導改善に資することは強調すべき点である。

（4）学校全体としての組織的かつ計画的な取組

　教師一人一人が児童生徒の学習の質を捉えることができる目を培っていくことができるよう、教師が学習指導と学習評価の両方の質を高めることができる環境づくりが必要である。

　教師の勤務負担軽減を図りながら、学習評価の妥当性や信頼性を高められるよう、例えば、教師同士での評価規準や評価方法の検討・明確化や校内組織（学年会や教科等部会等）の活用などの取組を各学校において組織的かつ計画的に実施することが期待される。

　また、教師同士で学習指導と同様、研究し合い、お互いを伸ばしていく環境を作っていくことが極めて重要である。教育委員会や学校管理職に特にご留意いただきたい点でもある。

（5）個に応じた指導と個別最適な学び等における評価

　学習指導要領ではこれまで、「個人差に留意して指導し、それぞれの児童（生徒）の個性や能力をできるだけ伸ばすようにすること」（昭和33年学習指導要領）、「個性を生かす教育の充実」（平成元年学習指導要領等）等の規定がなされてきた。平成元年以降の学

習指導要領においては、「個に応じた指導」が掲げられ、平成10年以降は、その一層の充実を図る観点から、そのための指導方法等の例示が明記された。日本では、児童生徒の興味・関心を生かした自主的、主体的な学習が促されるよう工夫することを求めるなど、「個に応じた指導」が重視されてきた。「個に応じた指導」は制度上相当幅広く許容されるものであるが、現実にどこまで実現できるかについては、指導方法や指導体制を支える環境や教職員の構成、コンピュータ等の情報手段を活用するために必要な環境や教材・教具等の整備状況によるところも大きく、そうした諸条件の下で学校では「個に応じた指導」の実現に向けて努力がなされてきた。現在、GIGAスクール構想によりどの学校においても一人一台のICT端末とネットワークへの接続が実現され、学校教育の基盤的なツールとしてのICTの活用が可能となりつつある。これは、「個に応じた指導」を実現するための非常に有効な手段の一つを新たに得たこととなり、今後はICTも最大限活用し、「個に応じた指導」を実現していくことが重要である。

　現在の中央教育審議会の議論でも、教師視点から整理した概念である「個に応じた指導」を学習者視点から整理したのが「個別最適な学び」という整理がされており、「個に応じた指導」を重視した平成29～31年版学習指導要領を着実に実施することが求められる。また、個別最適な学びを進めるうえでは、常に協働的な学びの重要性を認識し、それらの一体的な充実に努めることが重要である。

　個別最適な学びや協働的な学びを進めていくに当たっても、学習指導と学習評価を一体的に捉えた上で、児童生徒の学習の改善や教師による指導の改善につなげていくための学習評価の在り方について、検討する必要がある。今後も、学習評価は、学校における教育活動に関し、児童生徒の学習状況を評価し、①教師の授業改善及び②児童生徒の学習の改善を図り、資質・能力の向上に資するためのものであるという学習評価の本来の目的が何ら変わるものではない。

　今後、個別最適な学びが進む中で、学習指導の場面でICTの活用が当たり前のことになるが、学習評価についても特に知識・技能等の評価についてスタディログの活用や、一人一台のICT端末等を活用して児童生徒が作成する学習計画や自己評価等の学習活動により、学習者自身が学習を自己調整することがしやすくなることを生かすことをはじめ、ICTを活用することでどこまで効果的・効率的な学習指導や学習評価が行われるかということが学びの在り方に大きな変化を及ぼす可能性がある。その際には、児童生徒を取り巻く人的環境、特に教育に専門性のある者、その中でも教師の学習指導・学習評価における役割を見つめ直したり、児童生徒理解の在り方も考え直したりして、より改善がなされることを期待したい。また、その際には、観点別学習状況評価では十分に表しきれない児童生徒のよさがあることを忘れずに、普段からの授業内外でのコミュニケーションを大事にし、多面的な児童生徒理解に努め、観点別学習状況の評価以外の部分も含めて児童生徒を成長させることが極めて重要である。

第 I 章

資質・能力を育成する授業づくりに向けて

1. 資質・能力の育成になぜカリキュラム・マネジメントが必要か

（1）カリキュラム・マネジメントの取組

　小学校と中学校では平成29年、高等学校では平成30年に告示された学習指導要領（以下、「平成29〜31年版」とする）では、カリキュラム・マネジメントを行うことが重要とされている。

　これまでカリキュラム・マネジメントは、カリキュラム＝教育課程、マネジメント＝経営、という二つの用語によって、教育課程経営といわれてきた。そこで、「経営」という言葉が用いられているため、管理職が行うものと捉えられてきた面もある。

　しかし、学習指導要領では、カリキュラム・マネジメントを通して、学校全体の教育課程の実施に向け、組織的かつ計画的に各学校の教育活動の質の向上を図ることを求めている。このことについて、平成29・30年版では、以下のように示している。

> 2　各学校においては、児童（生徒）や学校、地域の実態を適切に把握し、教育の目的や目標の実現に必要な教育の内容等を教科等横断的な視点で組み立てていくこと、教育課程の実施状況を評価してその改善を図っていくこと、教育課程の実施に必要な人的又は物的な体制を確保するとともにその改善を図っていくことなどを通して、教育課程に基づき組織的かつ計画的に各学校の教育活動の質の向上を図っていくこと（以下「カリキュラム・マネジメント」という。）に努めるものとする。（小学校 p.18、中学校 p.20、高等学校 p.20）

「特別支援学校　幼稚部教育要領　小学部・中学部学習指導要領」（平成29年告示）においても「第4　教育課程の役割と編成等」「1　教育課程の役割」において、以下のようにカリキュラム・マネジメントを示している。

> 各学校においては、6に示す全体的な計画にも留意しながら、「幼児期の終わりまでに育ってほしい姿」を踏まえ教育課程を編成すること、教育課程の実施状況を評価してその改善を図っていくこと、教育課程の実施に必要な人的又は物的な体制を確保するとともにその改善を図っていくことなどを通して、教育課程に基づき組織的かつ計

画的に各幼稚部における教育活動の質の向上を図っていくこと（以下「カリキュラム・マネジメント」という。）に努めるものとする。(p.19)

学校における教育課程全体を通して、質の向上を図るために、学校全体でカリキュラム・マネジメントに取り組むことが求められている。

（2）カリキュラム・マネジメントで「何を」行うのか

①カリキュラム・マネジメントを行うことの意味

平成29〜31年版では、学校教育全体を通して児童生徒の資質・能力の育成を図ることを目標としている。この資質・能力の3つの柱は、以下の図1のものである。

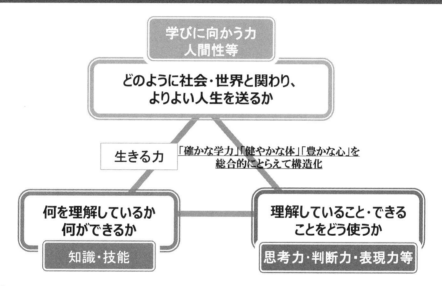

学習指導要領が育成を目指す資質・能力の三つの柱

図1

資質・能力の3つの柱は、各教科等の「1　目標」に、それぞれの教科の目標のすぐ後に、(1) 知識及び技能、(2) 思考力、判断力、表現力等、(3) 学びに向かう力、人間性等として、各教科等で育成すべき資質・能力の内容が示されている。

各学校におけるカリキュラム・マネジメントでは、学習指導要領に示されている資質・能力を、地域や各学校の実態に照らし育成を図ることが求められている。

では、カリキュラム・マネジメントとして、どのような内容を対象に、「何を、いつ、どのように」行えばよいかについて、考えたい。

平成29・30年版の解説総則編（小学校 p.2、中学校 p.2、高等学校 pp.1-2）には、カリキュラム・マネジメントを行うに当たっての枠組みが、次のように示されている。

学習指導要領等が、学校、家庭、地域の関係者が幅広く共有し活用できる「学びの地図」としての役割を果たすことができるよう、次の6点にわたってその枠組みを改善するとともに、各学校において教育課程を軸に学校教育の改善・充実の好循環を生み出す「カリキュラム・マネジメント」の実現を目指すことなどが求められた。

① 「何ができるようになるか」（育成を目指す資質・能力）

② 「何を学ぶか」（教科等を学ぶ意義と、教科等間・学校段階間のつながりを踏まえた教育課程の編成）

③ 「どのように学ぶか」（各教科等の指導計画の作成と実施、学習・指導の改善・充実）

④ 「子供一人一人の発達をどのように支援するか」（子供の発達を踏まえた指導）

⑤ 「何が身に付いたか」（学習評価の充実）

⑥ 「実施するために何が必要か」（学習指導要領等の理念を実現するために必要な方策）

中央教育審議会「幼稚園、小学校、中学校、高等学校及び特別支援学校の学習指導要領等の改善及び必要な方策等について（答申）」（平成28年12月21日、p.442、以下「28答申」）には、上記の学習指導要領総則に基づいて、カリキュラム・マネジメントの①〜⑥の関係を図にしたものが、以下の図2のように示されている。

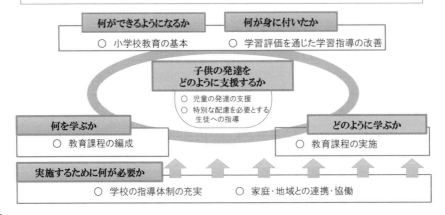

学習指導要領総則の構造とカリキュラム・マネジメントのイメージ

図2

平成29〜31年版で育成を目指す資質・能力としての3つの柱を、各学校において児童生徒の実態に即して、その全体像を学校の全ての教職員が共有することが重要となる。そのため、各学校においては、学校の実態や実情に即して教育課程の編成を行われなけれ

ばならない。

> 教育課程とは、学校教育の目的や目標を達成するために、教育の内容を子供の心身の発達に応じ、授業時数との関連において総合的に組織した学校の教育計画であり、その編成主体は各学校である。各学校には、学習指導要領等を受け止めつつ、子供たちの姿や地域の実状等を踏まえて、各学校が設定する学校教育目標を実現するために、学習指導要領等に基づいた教育課程を編成し、それを実施・評価し改善していくことが求められる。これが、いわゆる「カリキュラム・マネジメント」である。（28答申、p.23）

　ここで重要なのは、上記に示されている教育課程の編成の手順である。整理すると、次のようになる。
① 　学習指導要領等を受け止めつつ、
② 　子供たちの姿や地域の実状等を踏まえて、
③ 　各学校が設定する学校教育目標を実現するために、
④ 　学習指導要領等に基づいた教育課程を編成し、
⑤ 　それを実施・評価し改善していくこと
　ここには、カリキュラム・マネジメントとしての「P→D→C→A」サイクルがあることにも留意したい。
　各学校においては、学習指導要領の目標と内容とにしたがって、カリキュラム・マネジメントを行うことで、児童生徒の各学年における教育内容に基づく教育の機会均等を保障することになる。そこでは、地域の実状、さらに学校の実態を踏まえて、各学校でのカリキュラム・マネジメントを行うことが重要となる。
　各学校が設定する学校教育目標に関しては、これまで特に公立の学校においては、その役割が十分に果たされ機能してきたとは言えない状況もある。例えば、「現在お勤めの学校の学校教育目標を言うことができますか？」という質問を受けたとき、即座に勤務している学校の学校教育目標を言えるだろうか。言えない場合も多くあるのではないだろうか。このことは、公立の学校の場合、勤務している地域の教育委員会の範囲内での転勤でとどまっているために、転勤によって学校が変わっても、使用している教科書は同じものとなる。学校が変わってもそれまで行ってきた授業の大枠を変える必要がないため、授業を見直す必然性がないという場合が多くある。学校目標と日々の教育活動や授業が連動していないために、学校教育目標に関しての意識が低くなっているのが一つの原因とも言えよう。
　そこで、各学校においては、学校教育目標の実現のために、学校全体の教育を対象としたカリキュラム・マネジメントの作成が求められる。
　これまでの授業では、教科書に沿って授業を行えば、学習指導要領の内容を全て網羅することができるため、教科書の目次順に、指定されている指導時数を基に授業が行われて

きた傾向にある。

　すなわち、同じ教科書会社の教科書を使用していれば、それこそ北海道から沖縄まで、同じ時期に同じ内容の授業が行われていることになる。そこには、各学校の児童生徒の実態はない。ましてや、教科書準拠の教師用指導書やいわゆる赤刷りの指導書を使用した授業では、同じ授業過程や同じ発問や指示のもとに授業が行われることになりはしないか。学校の数だけ児童生徒の個の違いがあるはずである。にもかかわらず、全国一律の授業が行われてはいないだろうか。そのような授業に、教育の機会均等を認めることはできない。

　各学校の児童生徒の実態に合わせた授業は、各学校でのカリキュラム・マネジメントを行うことによって可能となる。各学校の実状に合った、一人一人の個の違いを認めて対応することのできる学校教育が行われることになる。それを「個別最適な学び」という。

②カリキュラム・マネジメントの評価

　教育課程として各学年や各教科で年度の初めに作成された年間指導計画は、年度の終わりにその評価を行うことがなされているだろうか。これまで教科書に記載されている内容を全て扱えばそれでよし、としてきてはいないだろうか。児童生徒が学習内容を資質・能力として自分のものにしているか、そこが問われなければ、その年度の教育課程を修了したとは言えないのではないだろうか。

　今日の日本の学校教育のおいては、教育課程の履修制によって、当該学年の教育課程の内容を修得していなくても、次の学年に進級することができる。それは、一つのクラスの中で、学習に対する理解の早い児童生徒と遅い児童生徒が共に授業を受け、共に進級する制度である。この制度自体の是非は、本稿では置いておくとして、当該学年での学習の範囲を資質・能力として育成されているかを学習評価を通して明らかにし、それにより、各学校で作成したカリキュラム・マネジメントが妥当であったかどうかの評価を行わなくてはならない。

　年度末にカリキュラム・マネジメントの評価を行うことにより、次年度のカリキュラム・マネジメントを検討することになる。したがって、カリキュラム・マネジメントは、年度をまたいで、可変的なものでなくてはならない。

　そこに、カリキュラム・マネジメントにおける「PDCA」サイクルが機能する。

(3) カリキュラム・マネジメントを通した「チーム」学校づくり

　年度をまたぐ可変的なものとしてのカリキュラム・マネジメントは、各年度当初に立案し、年度末に評価が行われる「PDCA」サイクルの中に存在する。年度によって教師は転勤で学校を替わるが、児童生徒は小学校なら6年間、中学校・高等学校なら3年間、同じ学校に原則的に通うことになる。それゆえ、学校としてあまり短いスパンの中で教育内容を変えるのではなく、一定のスパンの中での教育内容の継続性が求められる。

　特に、校長が替わると、学校教育目標は変わらないものの重点目標や研修の内容が大きく変わる事例も認められる。校長先生のリーダーシップは重要であるが、それは児童生徒

があってものであり、校長先生が替わるたびに学校の教育の指針や方針が変わってしまっては、教育内容は混乱しないだろうか。ましてや近年、校長先生の学校の在籍年数が短くなっている傾向にある。いろいろな事情があることは承知しているが、校長先生が２年や３年で替わり、その都度学校の経営方針が変わってしまっては、６年間児童が在籍する小学校では、学校の教育内容の継続性は保障しにくくなる。

　そこで、各学校に関わる教職員全員が、カリキュラム・マネジメントを中心として、それぞれの立場から継続的な学校教育を行うことが重要となる。カリキュラム・マネジメントで行う内容は、次のものとなる。この①から⑥までを図に表すと、図３となる。

①　学校のグランドデザインの作成

②　各学年のグランドデザインの作成

③　各教科等のグランドデザインの作成

④　各教科等の年間指導計画の作成

⑤　各教科等の単元や題材の学習指導案の作成

⑥　各教科等、実際の授業の実施

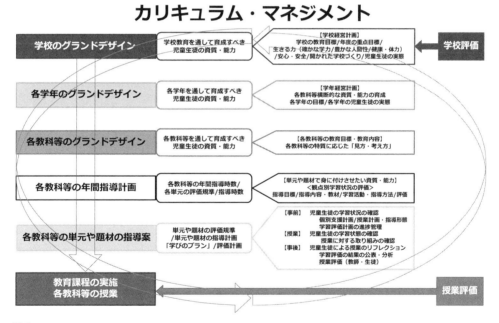

図３

　特に、①の「学校のグランドデザイン」は、校長のトップダウンとしてのものでなく、教職員全員でボトムアップをして作成することにより、教職員全員に対して、教育活動全体への意識化を図ることになる[1]。

1　カリキュラム・マネジメントの具体については、髙木展郎（2019）『評価が変わる、授業を変える』三省堂を参照。

カリキュラム・マネジメントに当たっては、学校経営や学校管理という発想にとどまらず、教職員全員が各学校の教育方針についての合意形成を図るために、その作成過程を通してカリキュラム・マネジメントを「我がこと」にすることが重要となる。

　このカリキュラム・マネジメントを通して、一人一人の教師の意識が一つの方向に向き、学校組織として「チーム」学校が機能するようになる。

2. 資質・能力を育成する授業づくり

（1）授業に対してのパラダイムシフト

①資質・能力の育成

　「授業中に教師は何をしたらよいか」という考え方において、授業に対する教師のスタンスの違いが生じる。

　明治以降、日本の近代化の中で、学校教育は西欧先進諸国の学問の移入と、いわゆるコンテンツベースの知識・技能を習得することに機能してきた。しかし今日、コンテンツベースだけではなく、コンピテンシーベースの資質・能力も同時に求められるようになってきた。このことは、平成29～31年版でも求めている3つの資質・能力として、〔知識及び技能〕〔思考力、判断力、表現力等〕〔学びに向かう力、人間性等〕として取り上げられていることからも理解できよう。

　この3つの資質・能力の育成には、これまで明治以降に培ってきた日本の学校教育のよさのみでは育成できないことは自明である。特に、大学入試を頂点としたいわゆる受験学力としての知識の習得量とその再生の正確性のみをもって学力としてきたことからの転換が、今日求められている。

　知識の習得量とその再生の正確性は、AI（人工知能）の発達によって、既に人間を超えるようになってきている。しかも、PCやスマートフォンの発達により、手軽に操作することができるようにもなっている。しかし、AIを手軽に使ってはいるものの、AIに対応するデータや技術をどのように使えば有効か、どのようなシステムを構築すればよいのか、というような資質・能力を有する人材が、日本には少ないことが指摘されている。

　このことは、ある意味、これまでの日本の教育の成果とも言えよう。これまでは、受験に焦点化し、知識の習得とその正確な再生のみが学力（資質・能力）とされてきた。そこでは創造的（Creative）な資質・能力の育成があまり行われてこなかったと言える。

　この3つの資質・能力は、子供たちの成長の発達の段階に合わせ、教育課程の規準として、平成29～31年版に示されている。

②教育は未来への投資

　このような状況が生まれ、教育システムそのものの転換を図ろうとしていた矢先、COVID-19（新型コロナウィルス）が発生した。それにより、日本の学校教育にPCやタブレット端末等、ICT（Informarion Communication Technology）の環境が整っていない

ことが露呈した。

　実は、この状況は、2018 年の PISA の読解力（Reading literacy）の結果があまり芳しくないことによってすでに確認されていた。2018 年の PISA では、紙ではなく、コンピュータを用いて PC 画面上で解答する方法が用いられ、日本の生徒はその方法に慣れていなかったことが明らかにされた。そこで、文部科学省は、2020 年度補正予算において ICT 環境を整えようとしていた矢先であった。

　COVID-19 の状況下で、2020 年 4 月以降、オンラインによる授業も行われ、登校せずとも教育が受けられる環境が有効とされ、あたかもオンラインによる授業がこれからの学校教育の中心になるかのような言質もされた。しかし、時間経過とともに、オンラインによる授業でできることと、対面式による授業でできることが、次第に明らかになってきたのが、今日の状況と言えよう。

　上記に象徴されることは、OECD の調査でも明らかなように、日本の学校教育に対しての予算措置が十分でないということである。

　例えば、COVID-19 によって分散登校が行われたが、当初はクラスを二つに分け、20 人規模で同じ授業を 2 回行うことに学校は負担感をもっていた。しかしながら、いざ分けて授業を行ってみると、児童生徒は授業内容をよく理解でき、指導者も丁寧な指導ができた、との報告が多くされている。さらに、分散登校によって、それまで不登校であった児童生徒が登校できるようになったとの報告も多くあがった。しかし、分散登校の解除後、日常の授業に戻ると、また不登校になった児童生徒も多くいるという。教員配置を増やし、20 人学級の早期実現は、世界標準の学級規模の実現でもある。

　9 月入学や修得制、オンラインによる授業のみが世界標準ではない。少人数での学級指導は、それこそ、個別最適としての一人一人の児童生徒の尊重となり、個の資質・能力をそれぞれに生かすための教育を可能にする。一方、個別化教育により、学力の向上を図るという考え方もあるが、学力をどのように考えるかにより、その内容は異なる。少人数での学級指導による個の尊重は、それぞれの個の資質・能力を認め、いわゆる学力とされてきたものだけではない、様々な学力（資質・能力）の育成を学校教育で可能にする。

　「教育は未来への投資」という言葉がある。

　教育は、今日行って明日成果が出るというものではない。したがって、成果が直接的には見えにくい。また、近年言われているエビデンスを教育改革の証拠として安易に導入することは、適切ではない。エビデンスで見られるのは、ある一面のみであり、教育は数値で計ることのできない多様な要素を含むからである。

　教育は成果がすぐに見えないから投資しないのではなく、未来を創るためには、今ではなく未来を見つめることが重要と言える。そのような考え方のパラダイムシフトが、今こそ求められるのではないだろうか。

②指導観、児童生徒観、学力観（資質・能力観）を変える

　授業改善という言葉が使われるようになってから、授業はどのように変わってきただろ

うか。知識・技能の習得という面からは、教師が知識や技能を伝達することが明治以降の日本の学校教育では、多く行われてきた。では、今日の学校教育はどうか。

依然として、教師の発言や指示が多くはないだろうか。

平成29〜31年版では、〔知識及び技能〕とともに、〔思考力、判断力、表現力等〕の育成が求められている。児童生徒が知識や技能を獲得したり、考えたり、判断したり、表現したりする資質・能力を育成するためには、主体的に学習に取り組む態度が求められる。

主体的とは、教師からのやらされ観がある学びではない。ただし、自分のやりたいことを自分勝手に行うことでもない。児童生徒に全てを任せてしまうことがあるが、そのような教育活動は、真に児童生徒の主体を尊重しているとは言えない。

児童生徒の成長と発達を願い、意図的・計画的な教育課程の下で行うからこそ、学校教育の目的を実現することができる。各学校で作成されたカリキュラム・マネジメントに基づき、児童生徒が自ら〔知識及び技能〕〔思考力、判断力、表現力等〕を身に付けようとすることによって、主体的な学びが成立すると言える。

では、これからの時代の学校教育として、これまでの日本の学校教育を継承しつつ、何を変えていかなければならないのか。

児童生徒が主体となる授業づくりのために、次の3つの視点が重要となる。

1）子供の見方を、変える

2）子供との関わりを、変える

3）何を育てるのかを、変える

これからの学校教育では、指導者としての教師の意識改革が求められる。これまで当たり前と考えていた指導観、児童生徒観、学力観（資質・能力観）の転換が求められているのである。

上記1）2）3）の視点の転換は、学校教育の主体を子供に置くことによって初めて可能となる。それに沿って、先生方が自身のこれまでの授業を見直すことにより、これからの時代が求める授業づくりが可能となる。

（2）教育が未来を創る

教育という営みは、基本的には文化の継承と伝承を行うことにある。それゆえ、教育を変えていくことは非常に難しい。自分自身がこれまで受けてきた教育をそのまま行えば、さほど問題なく教育活動は成立していく。また、変えることで自己を否定されたと思われることもある。したがって、教育を変えることは、非常にエネルギーのいることでもある。

日本における教育の大きな転換点は、明治の学制（1972年）の公布であり、その明治からの教育が大きく転換したのは、学制の公布から73年経過したアジア太平洋戦争の敗戦（1945年）である。そして、さらにそこから73年経過した年（2020年）に、

COVID-19 の発生により、戦後続いてきた日本の教育そのものが見直されようとしている。

　教育は、未来に生きる子供たちを育成することに寄与する。

　「教育が未来を創る」とも言える。

　文化の継承と伝承とに閉ざされた教育では、未来を創ることはできない。だからこそ、教師は未来を志向する教育を創造しなくてはならない。そのことは、既存の教育を否定することではない。教育というコンテクストの中で、時代を乗り越えつつ、次代が求め、次代に生きる資質・能力（学力）の育成を図ることが重要となる。

　次代が求め、次代に生きる資質・能力（学力）という点で言えば、例えば今日、ICT の導入によって、ツールとしての PC の操作能力の向上を図ることも求められるようになっている。PC やタブレット端末の操作はもちろん、さらにはプログラミング教育まで行おうとする教育主張もある。

　文化・文明の進化を辿れば、筆が鉛筆や万年筆、さらにボールペンに進化してきたように、用いるツールの変化に伴い、その内容も変化する。しかし、学校教育で育成すべき資質・能力は、時代の進歩に伴ってツールをいかに使うかということも重要だが、人間としての普遍的な資質・能力の育成を図ることが、さらに重要となる。

　ツールそのものの変化に対応するだけでなく、OECD が教育において志向している Well-being（個人的・社会的により良く幸せに生きること）や、平成 29 〜 31 年版で資質・能力としている〔学びに向かう力、人間性等〕＜どのように社会・世界と関わり、よりよい人生を送るか＞を、未来を生きる子供たちに育成することが重要な課題となる。

　その課題を解決するために、学校教育として、そして各学校のカリキュラム・マネジメントによる授業を通して、以下の 5 つの資質・能力の育成を図ることが、子供たちの未来に生きる資質・能力の育成につながる。

　　○　既有の知識・技能を基に、新たな価値を創造する。

　　○　個を尊重しつつも、他とのコミュニケーションを図る。

　　○　自己相対化を図り、自己認識を通した自己修正を図る。

　　○　共生社会に向けて、主体として取り組む。

　　○　歴史認識を通して、未来への展望を図る。

　上記の実現は、カリキュラム・マネジメントの考え方なくしては、学校教育として実現を図ることはできない。そして、その具体化が授業づくりとなる。

　それは、これまでの日本の学校教育で行われてきたことを継承しつつも、次代が求める資質・能力の内容を理解することから始まる。

　今、日本の教育が大きく変わろうとしている。いや、変えなければならない状況となっているのである。

第2節 指導と評価の一体化を位置付けた授業づくりとその実践

　授業づくりにおいて大切なことは、平成29～31年版の目標及び内容を実現して、児童生徒の3つの資質・能力〔知識及び技能〕〔思考力、判断力、表現力等〕〔学びに向かう力、人間性〕を育成することである。ゆえに、単元や題材などを構想して授業づくりに取り組む際、拠りどころになるものは、教科書ではなく学習指導要領である。その目標と内容を把握して、単元や題材などの本質を押さえた上で、教科書を適切かつ効果的に使って授業を進めたい。また、各教科等におけるカリキュラム・マネジメント（図1）に位置付いた授業づくりとその実践は、次の①から⑦の過程に整理できる。

カリキュラム・マネジメント
教育課程の編成，実施，評価，改善

中学校学習指導要領（平成29年告示）総則（p.20）から
　各学校においては，生徒や学校，地域の実態を適切に把握し，教育の目的や目標の実現に必要な教育の内容等を教科等横断的な視点で組み立てていくこと，教育課程の実施状況を評価してその改善を図っていくこと，教育課程の実施に必要な人的又は物的な体制を確保するとともにその改善を図っていくことなどを通して，教育課程に基づき組織的かつ計画的に各学校の教育活動の質の向上を図っていくこと（以下「カリキュラム・マネジメント」という。）に努めるものとする。

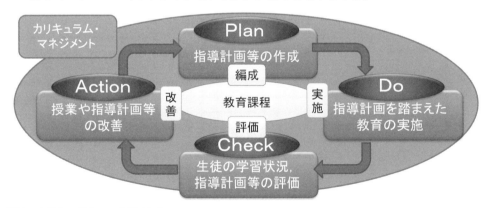

図1　カリキュラム・マネジメント

①　学習指導要領の目標と内容から、単元や題材などを構想する。
②　単元や題材などにおいて育成する資質・能力（目標）と評価規準を設定する。
③　育成する資質・能力から単元や題材などのストーリーやコンテクスト（文脈）を考え計画を立てる。
④　単元や題材などにおける学習指導と学習評価の計画を立てる。

⑤　「指導に生かす評価」を基に「指導と評価の一体化」を通して授業を実践する。

⑥　「指導に生かすとともに総括としても生かす評価」を行う。

⑦　単元や題材などのリフレクションからブラッシュアップを図り次年度に備える。

⑤と⑥における「指導に生かす評価」と「指導に生かすとともに総括としても生かす評価」という表記を本書では採用している。児童生徒の資質・能力を育成するために、学習とその指導をよりよくするのが学習評価である。評価と指導とを一体化し、評価を指導に生かした授業づくりが求められる。

1.　学習指導要領の目標と内容から、単元や題材などを構想する

最も大きな内容のまとまりやその下位のまとまりに、育成したい資質・能力を踏まえ、単元や題材などのまとまりを位置付け構想する。また、その際、当該の学年や校種だけでなく、他の学年や校種の目標と内容を基に、その単元や題材などにおける大切なことや貫く概念、見方・考え方などを捉えることによって、「これまで」と「これから」を踏まえた単元や題材などを構想する。

また、育成したい資質・能力に関わる児童生徒の実態などを捉え、それらを踏まえた学習後の望ましい児童生徒の姿を想定する。本書のⅡ章3節「各教科等の授業づくりの実際」において、各実践の2ページ目の最後に示している「目指す児童生徒像」と、3ページ目に示している「単元（又は題材）で目指す児童生徒像の育成に向けてのポイント」を参照されたい。

2.　単元や題材などにおいて育成する資質・能力（目標）と評価規準を設定する

単元や題材などに相当する学習指導要領の目標と内容から、〔知識及び技能〕〔思考力、判断力、表現力等〕〔学びに向かう力、人間性等〕の3つの資質・能力に即して育成する資質・能力（目標）を設定する。教科等、単元や題材などによっては、学習指導要領の文章をそのまま当てる場合もある。育成する資質・能力（目標）の文末の表現は「〜する（こと）」となる。

その育成する資質・能力（目標）を踏まえて、評価規準は、「知識・技能」、「思考・判断・表現」、「主体的に学習に取り組む態度」の3つの観点に即して設定する。評価規準の文末の表現は、育成する資質・能力（目標）の文末「〜する（こと）」を、「知識・技能」と「思考・判断・表現」は「〜している」又は「〜することができている」、「主体的に学習に取り組む態度」は「〜しようとしている」のように、児童生徒が実現している状況として記述する。そのような児童生徒の状況が見て取れる場合、「おおむね満足できる」状況と判断する。なお、評価規準を設定するに当たっては、小学校と中学校は教科等ごとに

「『指導と評価の一体化』のための学習評価に関する参考資料」（2020）（以下、「参考資料」とする）が文部科学省国立教育政策研究所から提供されているので参考にしたい。なお、2020年度においては、平成30年版に準拠した高等学校の参考資料は、まだ提供されていない。高等学校は、2022年度から平成30年版が年次進行で実施されるので、2021年度中に提供されるであろう。また、「学習評価の在り方ハンドブック（小・中学校編、高等学校編）」（2019）が文部科学省国立教育政策研究所から提供されているので、学習評価を進めるに当たって参考にするとよい。ただし、国立教育政策研究所は文部科学省の直轄の機関ではあるが、これらは参考資料やハンドブックであることに留意したい。学習指導要領を基に教育課程を編成するのは各学校である。各学校は、学習指導要領や根拠となる法令等を基にして、国立教育政策研究所や設置者等から発出される資料等を参考に、何よりも学校の実情や児童生徒の実態を踏まえて、教育課程を編成しカリキュラム・マネジメントを推進することが大切である。教育課程の編成・実施・評価・改善において、各学校の批判的思考（クリティカル・シンキング）や創意工夫などが求められる。

　ただ、教科等、単元や題材などによっては、必ずしも3つの資質・能力ごとに育成する資質・能力（目標）と評価規準が設定されるわけではないことに留意したい。教科等の特性や単元や題材などを踏まえ、育成する資質・能力（目標）と評価規準を設定する。本書のⅡ章3節における「各教科等の授業づくりの実際」において、各実践の1ページ目に示している「単元（又は題材）で育成する資質・能力を踏まえた評価規準」を参照されたい。ただし、「単元（又は題材）で育成する資質・能力」と「単元の指導計画」における「評価規準」は、紙幅の都合で割愛している。

3. 育成する資質・能力から単元や題材などのストーリーやコンテクスト（文脈）を考え計画を立てる

　単元や題材などにおいて目指す児童生徒像を踏まえ、育成する資質・能力（目標）と評価規準を基に、単元や題材などの計画を立てる。その際、育成する資質・能力（目標）と評価規準から学習活動を考え、単元や題材などのストーリーや文脈を考え、次（つぐ）や授業を位置付け構築していく。初めに学習活動ありきではなく、育成する資質・能力（目標）と評価規準を実現するための、各教科等の見方・考え方を働かせることと主体的・対話的で深い学びが位置付いた学習活動からなるストーリーや文脈を考え、単元や題材などを計画することが大切である。本書のⅡ章3節における「各教科等の授業づくりの実際」において、各実践の1ページ目に示している「単元（又は題材）の指導計画」を参照されたい。

4. 単元や題材などにおける学習指導と学習評価の計画を立てる

　単元や題材などを計画する際、育成する資質・能力（目標）と評価規準を実現するために、各教科等の見方・考え方を働かせることと主体的・対話的で深い学びが位置付いた学習活動において、どのように指導し評価していくかを検討する。指導に当たっては、各教科等の見方・考え方を働かせることと主体的・対話的で深い学びをどのように行うのかをよく検討して、児童生徒の資質・能力が育成される学習活動を行うようにしたい。本書のⅠ章4節 Q7「主体的・対話的で深い学びとは」と Q8「各教科等の見方・考え方を働かせるとは」を参照されたい。

　評価の計画を立てる際、評価する場面や方法を検討するとともに、評価を指導に生かす中で、「指導に生かすとともに総括としても生かす評価」をどこに位置付けるかをよく検討したい。評価を指導に生かすことで「指導と評価の一体化」を充実させ、児童生徒の資質・能力を育成することが大切である。そして、育成された児童生徒の状況を評価して総括することで評定（ABC や 54321 などに記号化するという意味）として学習成績に反映させるのである。本書のⅠ章4節 Q2「資質・能力を育成する『指導と評価の一体化』とは」を参照されたい。また、本書のⅡ章3節における「各教科等の授業づくりの実際」を参照されたい。各教科等における各単元や題材などにおいて、評価を指導に生かすことで「指導と評価の一体化」を充実させ、児童生徒の資質・能力を育成するようにしている。「指導と評価のポイント」と「指導と評価の一体化」については、各2ページ目に示しているので参照されたい。

　なお、参考資料は、これまで「評価規準の作成、評価方法等の工夫改善のための参考資料」（小学校・中学校は 2011、高等学校は 2012・2013）として提供されていた。名称を変更したのは、学習評価において「指導と評価の一体化」の重要性の現れと捉えることができる。また、「指導と評価の一体化」の実施と、学習指導と学習評価おける児童生徒の資質・能力の育成に改善の必要があったと捉えることもできる。どちらにしても、「指導と評価の一体化」を充実させ、児童生徒の資質・能力を育成することが望まれる。

5. 「指導に生かす評価」を基に「指導と評価の一体化」を通して授業を実践する

　これまで述べてきたとおり、授業を行う際、「指導に生かす評価」から「指導と評価の一体化」を図り、学習指導と学習活動の改善と充実を行うことは、児童生徒の資質・能力を育成する上で、大切なことである。

　ただ、普段の授業は、児童生徒の状況に応じて指導の修正を図りながら行っているのではないだろうか。オンラインによる授業では、学習者の顔が見られないことがあり、たと

え講義式の授業であってもやりにくい。双方向ならなおさらである。授業において、指導者と学習者、学習者同士における言語活動や対話的な学びは、言語だけでなくノンバーバルな情報も大切なのである。

指導要録における「観点別学習状況の評価」と「評定」では、評価規準に即して目標に準拠した評価をより適正に行うことが求められるが、授業においては評価で得られた情報を基に目の前の児童生徒の指導に生かすことが大切である。「指導に生かす評価」で得られた情報とともに、リアルタイムな児童生徒の状況（表情やつぶやきなど）を捉え、児童生徒への即時的な指導を行い、結果としてプラスの変容を促すようにすることが大切である。対面の授業だからこそできる「指導と評価の一体化」である。

実際の授業の例としては、本書のⅡ章3節における「各教科等の授業づくりの実際」における各実践の4ページ目に示しているので参照されたい。

6. 指導に生かすとともに総括としても生かす評価

「観点別学習状況の評価」において、「知識・技能」では、単位時間で習得を図れるものもあれば、理解を深めたり概念を形成したりするためには、単元や題材、次（つぐ）などある程度のまとまりを通して学ぶ必要がある場合もある。また、単元や題材、次（つぐ）などに関する「思考・判断・表現」と「主体的に学習に取り組む態度」では、そのまとまりにおいて育成して評価する。ただ、そのまとまりにもよるが、そこで得られた評価の情報を総括して評定（ABCや54321などに記号化するという意味）する必要はない。各教科等の目標に位置付けられているような、より汎用的な資質・能力は、それぞれの単元や題材などを踏まえて学期や年間など長い期間を通して育成して評価することが大切である。本書のⅠ章4節Q2「資質・能力を育成する指導と評価の一体化とは」を参照されたい。

指導要録の「観点別学習状況の評価」における総括は、「知識・技能」と、「思考・判断・表現」及び「主体的に学習に取り組む態度」では違ってくる。「知識・技能」はまとまりや学期ごとの習得の状況に関する評価の資料を基に総括するのに対して、「思考・判断・表現」はまとまりや学期ごとの評価の資料を基に年間を通した育成の状況を評価して総括することが考えられる。また、「主体的に学習に取り組む態度」は大きなまとまりごとの評価の資料を基に年間を通した涵養の状況を評価して総括することが考えられる。より汎用的な資質・能力は、年度の最後における児童生徒の成長した姿や状況が反映するような総括が望まれる。次ページの図2は、「学力評価計画を作る上でのモデル」（西岡加名恵、2004)[※]を基に、上述のことや改訂された学習指導要領における学習評価の在り方を踏まえて、筆者が作成した「指導要録における観点別学習状況の評価の総括の例」である。

観点	評価方法	単元・題材 1	単元・題材 2	単元・題材 3	単元・題材 4	…	単元・題材 n	年間を通した総括評定（A、B、C）
知識・技能	・筆記テスト ・パフォーマンス評価 など	◎	◎	◎	◎	…	◎	まとまりや学期ごとの習得の状況に関する評価の資料を基に評定（A、B、C）する。
思考・判断・表現	・筆記テスト ・パフォーマンス評価 など		◎		◎	…	◎	まとまりや学期ごとの評価の資料を基に、年間を通した育成の状況を評価して評定（A、B、C）する。
主体的に学習に取り組む態度	・パフォーマンス評価 ・学習の記録 など				◎	…	◎	大きなまとまりごとの評価の資料を基に、年間を通した涵養の状況を評価して評定（A、B、C）する。

平成29・30年告示学習指導要領の指導要録における観点別学習状況の評価の総括の例
西岡加名恵氏（京都大学大学院）の「学力評価計画を作る上でのモデル」（2004）*を参考に作成

◎　総括的な評価として記録した資料
※　総括的な評価の前に、指導と評価の一体化を通して、資質・能力の習得・育成・涵養が図られていることが大切である。

＊西岡加名恵（2004）「学力評価計画を作る上でのモデル」横浜国立大学教育人間科学部附属横浜中学校校内研修会資料

図2　指導要録における観点別学習状況の評価の総括の例

7. 単元や題材などのリフレクションからブラッシュアップを図り次年度に備える

　「指導に生かす評価」から「指導と評価の一体化」を図る場合だけでなく、総括して評定（ABCなどに記号化するという意味）した評価からも、学習指導と学習活動の改善と充実を図ることが大切である。本書のⅡ章3節「各教科等の授業づくりの実際」において、各実践の1ページ目に示している「単元（又は題材）の指導計画」の「評価規準」では、「指導に生かす評価」と「指導に生かすとともに総括としても生かす評価」として示し、必ず指導に生かすようにしている。教科担任制である中学校と高等学校であれば、担当する学級の数だけ同じ授業を行うので、各学級の生徒に対応しつつ、「指導に生かす評価」で得られた情報を基に授業改善を図っていくことは可能である。ただ、学級担任制を採用している場合が多い小学校では、授業は年に1回である。改善した授業をすぐには行えないもどかしさがある。ただ、学級担任制と教科担任制とに関係なく、次年度のために、評価で得られた情報を基に単元や題材などのリフレクションからブラッシュアップを図っておくことは大切なことである。Ⅱ章3節における各実践の「単元（又は題材）で育成する資質・能力を踏まえた評価規準」と「単元（又は題材）の指導計画」に、授業が終えたところで朱書きを入れ、次年度以降に生かせるようにしておきたい。

第 **3** 節 資質・能力を育成する 単元・題材と授業 ―その課題と改善・充実―

　授業における資質・能力の育成は、意図的・計画的に行われなければならない。そこで、あらかじめ児童生徒に、いつ、どのようにして、どのような資質・能力を育成するのか、ということを開示することが大切である。このことは、学習指導と学習評価の内容や方法を学習者に示すという、授業についてのインフォームド・コンセント化を図ることでもある。

　学習の主体は児童生徒であり、児童生徒が学習の「見通し」をもつことは、児童生徒が自己の学習内容を事前にメタ認知することにもなる。そこで、例えば後述する「学習プラン」のような形で単元や題材の学習のプロセス（各時間の内容や評価等）を、児童生徒が理解できるように示すことが重要となる。そのためには、まず授業を行う教師が単元や題材ごとの指導計画をきちんと立案しておかなければならない。

　そこでは単元や題材の中の各時間で育成する資質・能力（身に付けたい力）を示すとともに、それを実現するための学習活動の具体や、その順序を示すことも必要となる。さらに、身に付けた力に対して、いつ、どのように評価を行うのか、そして評価規準や評価の方法を明らかにすることも必要である。

　これらのことを踏まえて、資質・能力を育成するための授業づくりについて、以下に国語科を例として述べる。

1. 国語科の単元づくりと学習指導案

　平成29 〜 31年版に言う「主体的・対話的で深い学び」の実現を目指す授業改善に向けては、各学校の教師が「授業研究」に取り組むことが肝要である。この「授業研究」について、28答申では、次のように指摘している。

　　我が国では、教員がお互いの授業を検討しながら学び合い、改善していく「授業研究」が日常的に行われ、国際的にも高い評価を受けており、子供が興味や関心を抱くような身近な題材を取り上げて、学習への主体性を引き出したり、相互に対話しながら多様な考え方に気付かせたりするための工夫や改善が続けられてきている。こうした「授業研究」の成果は、日本の学校教育の質を支える貴重な財産である。(p.48)

　授業研究を進めるに当たり、多くの場合「学習指導案」が作成される。これまでの我が

国の授業研究では、1時間1時間の授業を大切にし、学習指導案も「本時案」を詳細に記述することが行われてきた。もちろん、1時間1時間の授業、そしてその積み重ねが大切であることは論を俟たないが、これからの授業づくりでは、単元や題材のまとまり（以下、「単元」）の中で児童生徒が「何ができるようになるか」を明確にしながら、「何を学ぶか」という学習内容と、「どのように学ぶか」という学びの過程を計画し実行することが必要になる。そこでは、授業について単元の全体を通して、どのような学習内容を取り上げるのか、それをどのような方法で行うのかを考え、授業デザインを描くことが求められる

　ここで言う「単元」とは、28答申に示されているとおり、「各教科等において、一定の目標や主題を中心として組織された学習内容の有機的な一まとまり」のことであり、「単元の構成は、教育課程編成の一環として行われる」（p.26 脚注55）ものであるから、当然ながら学習指導案も単元全体の計画を示すものでなければならない。したがって、学習指導案も、これまでの1時間（本時）を対象としたものから、単元としての学習指導案へと転換しなければならない。

　もちろん、学習指導案の形式に定められたきまりがあるわけではなく、また、大学の教職課程で学ぶ学生や教育実習における研究授業等では「本時案」を綿密に作成することが必要な場合もあろう。しかし、日々の授業においては、前述のとおり単元の全体を通して、「何を学ぶか」という学習内容と、「どのように学ぶか」という学びの過程を計画し実行すること、すなわち「授業デザイン」を描くことが必要である。そこでは、目標に準拠した評価として行われる観点別学習状況の評価が機能するのであり、学習指導案の作成に当たっては、当該単元において育成する資質・能力を「評価規準」として設定しなくてはならない。

　また、これまで、国語科の学習指導案に示される単元名は「走れメロス」「故郷」のように教材となる作品名そのままであるか、「〜を読んで〜をしよう」といった、言語活動を記述する場合がほとんどであった。平成29〜31年版におけるこれからの授業では、単に作品そのものを教える授業や活動中心の授業から脱却して「何が身に付いたか」をきちんと示すことが求められている。であるとすれば、単元名もいわゆる「資質・能力ベース」で記述しなければならないと考えられる。

2.　単元の学習指導案から「学びのプラン」へ

　単元を見通した学習指導案を作成したら、指導と評価の計画をあらかじめ児童生徒と共有するという視点から、単元の学習指導案を児童生徒に公開し共有するための「学びのプラン」をあわせて作成することも大切である。

　通常、学習指導案は授業を行う教師のため、あるいは授業研究の参加者のために作成されるものであるが、学習指導要領において「見通し」と「振り返り」が重視されているこ

とに加えて、文部科学省の平成31年3月29日の通知「小学校、中学校、高等学校及び特別支援学校等における児童生徒の学習評価及び指導要録の改善等について」（以下、「31通知」とする）に「学習評価の方針を事前に児童生徒と共有する場面を必要に応じて設けることは、学習評価の妥当性や信頼性を高めるとともに、児童生徒自身に学習の見通しをもたせる上で重要である」（p.5）とあるように、単元における学習の進め方だけでなく、学習評価についても、「いつ、どこで（どのような言語活動を通して）、どのような資質・能力を育成し、どのように評価するのか」ということを「事前に児童生徒と共有する」ことが求められている。したがって、学習指導案に記述した内容を児童生徒に示すことが必要である。ただし、学習指導案そのものを児童生徒に示しても、例えば、その単元で育成する資質・能力を示した「評価規準」を全ての児童生徒が読んで理解することは無理がある。したがって、学習の主体であり、「主語」である児童生徒が読んで理解することができるよう「この単元で身に付けたい力」というような形で示す必要がある。

　髙木展郎は、「学校教育における学力は、自然に学習者が獲得する学力とは異なり、意図的・計画的に育成することが行われなくては、学校教育の意味がなくなってしまう。そこで、学習者に、いつ、どのようにして、どのような学力を育成するのか、ということが分かる教育課程の開示が重要となる。このことは、教育内容を学習者に示すという学習内容のインフォームドコンセント化を図ることでもある」と指摘している。「学びのプラン」とは、「学習者に、いつ、どのようにして、どのような学力を育成するのか」を開示し、「学習内容のインフォームドコンセント化を図る」ためのツールであると言える。

　筆者が作成した中学校国語科の学習指導案及び「学びのプラン」の例をp.34～35に示す。これは、中学校1年生の国語の授業で、教科書に取り上げられている「大人になれなかった弟たちに…」（米倉斉加年）と小学校で学習した「ちいちゃんとかげおくり」（あまんきみこ）を教材として、場面の背景や登場人物の心情を考えながら朗読するという言語活動を通して、文章を読んで理解したことに基づいて、自分の考えを確かなものにする資質・能力を育成する単元の例である。

　なお、前述のとおり学習指導案の形式について定められたきまりがあるわけではない。次に示すのは，あくまで筆者からの提案であることを念頭に置いて読み進められたい。

3. 国語科における単元の学習指導案と「学びのプラン」の具体例

（1）単元の学習指導案

　「1　単元名」には、前述のとおり教材名や言語活動ではなく、資質・能力ベースで「どのような資質・能力を育成するのか」について、学習指導要領の「2　内容」の指導事項に基づいて記述する。

　「2　単元で育成する資質・能力を踏まえた評価規準」の「知識・技能」は、基本的に、

当該単元で育成を目指す資質・能力に該当する〔知識及び技能〕の指導事項の単元の学習における具体的な姿について、「～を理解している」「～の知識を身に付けている」「～の技能を身に付けている」等のように文末を「～している」として評価規準を作成する。なお、育成したい資質・能力に照らして、指導事項の一部を用いて評価規準を作成することもある。

「思考・判断・表現」は、基本的に、当該単元で育成を目指す資質・能力に該当する〔思考力、判断力、表現力等〕の指導事項の単元の学習における具体的な姿について、冒頭に当該単元で指導する一領域を「（領域名を入れる）において、」と明記し、文末を「～している」として評価規準を設定する。なお、育成したい資質・能力に照らして、指導事項の一部を用いて評価規準を作成することもある。

「主体的に学習に取り組む態度」は、「当該単元で取り組む言語活動を通して、粘り強い取組を行うとともに、自らの学習の調整を行いながら、他の２観点（〔知識及び技能〕〔思考力、判断力、表現力等〕）において重点とする内容を実現しようとしている」という形で評価規準を設定する。言語活動を評価するのではないことに留意する必要がある。

「3　単元の指導計画」の「◎○評価規準（評価方法）」には、「2　単元で育成する資質・能力を踏まえた評価規準」で設定した評価規準と評価方法を記述する。評価方法は、スピーチ等の行動を教師が観察して評価する場合は（**行動の観察**）、学習活動の中で児童生徒がノートやワークシート等に記述した内容を評価する場合には（**記述の確認**）とする。また、「主体的に学習に取り組む態度」の評価において、児童生徒が記述した振り返り等の内容を分析的に評価する場合は（**記述の分析**）とする。また、それぞれの評価が「指導に生かす評価」である場合は○。指導に生かすとともに総括としても生かす評価である場合は◎を付ける。「・学習活動」には、当該単元で資質・能力を育成するための言語活動について簡潔に記述する。

（2）「学びのプラン」

「1　単元名」は、学習指導案と同一である。

「2　身に付けたい資質・能力」は、学習指導案の「2　単元で育成する資質・能力を踏まえた評価規準」に記述した内容を、児童生徒が自分自身の学びの姿としてイメージすることができる表現にして記述する。文末は「知識・技能」「思考・判断・表現」は「～している」、「主体的に学習に取り組む態度」は「～しようとしている」とする。

「3　この単元で学習すること」には、当該単元で扱う教材名や言語活動を冒頭に示す。表中の「単元を通して身に付けたい資質・能力」には「2　身に付けたい資質・能力」の内容を示し、「評価の方法」は学習指導案の評価方法の具体的な内容を「→」に続けて記述する。「学習の内容」は、学習指導案の「学習活動」と同様に、当該単元で資質・能力を育成するための言語活動について簡潔に記述する。

この「学びのプラン」には、当該単元で育成する資質・能力としての評価規準ごとに、

「ここでの学習の振り返り」（「身に付けたい資質・能力」の（番号）について）を児童生徒が記述する欄を設けてある。児童生徒がこれを記述することにより、当該単元の学習の過程で自らの学びをメタ認知する機会とするとともに、児童生徒が自らの学習の調整を行っている姿を見るための資料とすることができる。

国語科 中学校1年	小学校での既習教材を活用し、小説の朗読を交流する

1．単元名　文章を読んで理解したことに基づいて、自分の考えを確かなものにする資質・能力を育成する

2．単元で育成する資質・能力を踏まえた評価規準

知識・技能	思考・判断・表現	主体的に学習に取り組む態度
① 事象や行為、心情を表す語句の量を増やし、文章を読むことを通して語感を磨き語彙を豊かにしている。	② 「読むこと」において、文章を読んで理解したことに基づいて、自分の考えを確かなものにしている。	③ 事象や行為、心情を表す語句の量を増やし、文章を読むことを通して語感を磨き語彙を豊かにしたり、文章を読んで理解したことに基づいて、自分の考えを確かなものにしたりすることに向けた粘り強い取組を行うとともに、自らの学習を調整しようとしている。

3　単元の指導計画　○指導に生かす評価　◎指導に生かすとともに総括としても生かす評価

次	時	○◎評価規準（評価方法）	・学習活動
第一次	1		・学習の見通しをもつ。 ・「大人になれなかった弟たちに…」「ちいちゃんのかげおくり」の朗読を聞き、登場人物の置かれていた状況や心情について考え、記述する。
	2	○知識・技能① 　事象や行為、心情を表す語句の量を増やし、文章を読むことを通して語感を磨き語彙を豊かにしている。（行動の観察）	・二つの作品を音読する。 ・どちらかの作品の自分が朗読したい部分を選び、場面の情景や登場人物の心情を考えながら朗読の仕方を考え、練習をする。
第二次	3	◎思考・判断・表現② 　「読むこと」において、文章を読んで理解したことに基づいて、自分の考えを確かなものにしている。（記述の確認）	・3〜4人のグループで朗読の発表を交流する。 【言語活動】 「『大人になれなかった弟たちに…』『ちいちゃんのかげおくり』を場面の背景や登場人物の心情を考えながら朗読しよう」 ・朗読の交流を踏まえて、それぞれの作品についての自分の考えをまとめ、記述する。
第三次	4	○◎主体的に学習に取り組む態度③③ 　事象や行為、心情を表す語句の量を増やし、文章を読むことを通して語感を磨き語彙を豊かにしたり、文章を読んで理解したことに基づいて、自分の考えを確かなものにしたりすることに向けて、粘り強い取組を行うとともに、自らの学習を調整しようとしている。（記述の分析）	・学習を振り返り、それぞれの作品を読むことを通して自分が学んだことを記述する。

学びのプラン

1　単元名　文章を読んで理解したことに基づいて、自分の考えを確かなものにする資質・能力を育成する。

2　身に付けたい資質・能力

知識・技能	思考・判断・表現	主体的に学習に取り組む態度
①　出来事や行動、登場人物の気持ちを表す語句の量を増やし、文章を読むことを通して意味を理解したり話や文章の中で使うことができたりする語句を増やしている。	②　「読むこと」の学習で、文章を読んで理解したことに基づいて、自分の考えを持ち、それを文章に書いている。	③　文章を読んで理解したことに基づいて朗読することを通して、粘り強く取り組むことを身に付けたり、学習課題に沿って朗読の仕方を工夫したり朗読を交流して自分の考えを記述したりしながら、自分の考えを確かなものにしたりしようとしている。

3　この単元で学習すること

米倉斉加年「大人になれなかった弟たちに…」　　あまんきみこ「ちいちゃんのかげおくり」

月日	次	時	単元を通して身に付けたい資質・能力と評価の方法	学習の内容
	第一次	1		1　学習の見通しをもつ。 2　「大人になれなかった弟たちに点」「ちいちゃんのかげおくり」の朗読を聞き、登場人物の置かれていた状況や心情について考え、記述する。
		2	【身に付けたい資質・能力】（知識・技能） ①　出来事や行動、登場人物の気持ちを表す語句の量を増やし、文章を読むことを通して意味を理解したり話や文章の中で使うことができたりする語句を増やしている。 →　このことについて、朗読の練習の様子によって評価します。 この学習での振り返り（「身に付けたい資質・能力」の①について）	3　二つの作品を音読する。 4　どちらかの作品の自分が朗読したい部分を選び、場面の情景や登場人物の心情を考えながら朗読の仕方を考え、練習をする。
	第二次	3	【身に付けたい資質・能力】（思考・判断・表現） ②　「読むこと」の学習で、文章を読んで理解したことに基づいて、自分の考えを持ち、それを文章に書いている。 →　このことについて、自分の考えをまとめて記述した文章によって評価します。 この学習での振り返り（「身に付けたい資質・能力」の②について）	5　3～4人のグループで朗読の発表を交流する 6　朗読の交流を踏まえて、それぞれの作品についての自分の考えをまとめ、記述する。
	第三次	4	【身に付けたい資質・能力】（主体的に学習に取り組む態度） ③　文章を読んで理解したことに基づいて朗読することを通して、粘り強く取り組むとともに、学習課題に沿って語句を身に付けたり、朗読の仕方を工夫したり朗読を交流して自分の考えを記述したりしながら、自分の考えを確かなものにしたりしようとしている。 →　このことについて、学習の振り返りの中で自分の考えが書かれているかどうかを評価します。 この学習での振り返り（「身に付けたい資質・能力」の③について）	7　学習を振り返り、それぞれの作品を読むことを通して自分が学んだことを記述する。

第4節 授業づくりQ&A

Q1 単元等を通した授業づくりとは？

（1）単元等を通して資質・能力を育てるための指導計画

　これまで、1時間の授業展開を考えるときに、「導入・展開・まとめ」といった学習過程で考えることが重視されてきました。この学習過程の授業では、1時間の授業の評価規準が設定され、その実現に向け授業展開が考えられました。「導入」で児童生徒に興味・関心をもたせ、「展開」ではその1時間で身に付けさせたい事項を指導し、「まとめ」で定着を図るという授業展開です。1時間で付けたい知識や技能等が身に付くようそれぞれの時間配分も考えられ、効率的に展開するような授業づくりが成されてきました。このような学習過程は知識の伝達を目的とする授業においては効果的でした。

　平成29〜31年度版では、育成する資質・能力として〔知識及び技能〕〔思考力、判断力、表現力等〕〔学びに向かう力、人間性等〕が示されました。この3つの資質・能力の育成に当たっては、前述のような学習過程では育成を図ることが難しい面もあると考えられます。単元等を通してどのような資質・能力を育成するのかという見通しをもって単元計画を立てることが求められています。つまり、毎時間、評価規準を設定する必要がなく、単元等で設定した評価規準は単元を通して実現するということです。資質・能力を育成するために設定した学習活動が、1時間で完結するとは限りません。また、一つの評価規準を実現するのに複数時間の学習活動が必要な場合もあります。よって、単元等の全体を見通して、どの資質・能力をどの時間に育成するのかを考え、1時間1時間の授業づくりをするとよいでしょう。

　単元等の指導計画を作成するに当たって、単元全体を見渡せるⅡ章3節の各事例における1ページ目の学習指導案を作成することが考えられます。このような形式にすることで、単元等を通して育成する資質・能力の道筋が指導計画の評価規準の中に見て取れます。

　このようにして作成した学習指導案を校内のイントラネット内の共有のフォルダに保管しておけば、誰もが必要なときに取り出すことができます。また、実際に授業した後に、「コメント機能」を利用して注釈を加筆しておけば、次にその単元等を授業する際に生かすことができます。このようにすることで、カリキュラム・マネジメントを実現させます。

（2）児童生徒と共有する「学びのプラン」

　単元等を通して資質・能力を育てるための指導計画としての学習指導案を、児童生徒が分かりやすい表現にして書き改めた「学びのプラン」（p.35 を参照）として提示すると、その単元での「学びの道すじ」を示すことができます。どんな資質・能力を育成するために、どの時間にどのような学習をするのかが事前に分かっていれば、児童生徒は見通しをもって学習に取り組むことができ、児童生徒の学習意欲を高めることにもつなげることができます。また、次の時間の課題も分かるので児童生徒が予習に取り組むこともできるでしょう。

　この「学びのプラン」に評価規準も示しておけば、児童生徒が自分の学びの状況を評価規準に照らしてメタ認知することもできます。自身の不十分なところを見つけて復習したり改善したりするという児童生徒の姿も期待されます。なお、「学びのプラン」は、小学校の低学年の児童には難しい場合もあります。各学校の児童生徒の実態に応じた「学びのプラン」を作成し使用していくことが大切です。

（3）授業における話合い活動

　授業の中で「思考力、判断力、表現力等」や学習意欲を高めるために、児童生徒が学び合う活動を取り入れることが有効であるということが言われています。また、授業改善の視点として「主体的・対話的で深い学び」が示され、話合い活動を授業に取り入れる実践も増えてきました。だからといって、これらの活動を毎時間取り入れるのは時間数の関係上難しい面があります。よって、このような活動を設定するに当たっては、どのような資質・能力を育成するためにどの時間に設定する必要があるのかを考えなくてはならないでしょう。

　また、話合い活動においては、話合いをすることが目的化される事例が散見されます。話合い活動では、教師は児童生徒が活発に話し合うようにしなくてはいけないと考えがちであり、とにかく児童生徒が話している姿が見られると安心してしまうことがあります。話し手が一方的に話して満足するのでは意味がありません。話合いは目的や目標ではなく、あくまでも資質・能力を育成するという目標の実現のための手段であり、大切なのは話し合われる内容であることを忘れてはいけません。

　授業で学び合いを成立させるためには、まず、授業に参加している学習者が自分の考えをしっかりもつことが大切です。そのために、学習問題を提示したり課題を設定したりした後に、一人で考える時間を確保します。解決に至らなくてもよいから、自分の考えをもって全体での話合いに臨ませるのです。その際に、自分がどこまでは分かり、何が分からないのかを児童生徒が言えるようにしておくとよいでしょう。解決に至らなかった児童生徒が、何が分からないかを全体に投げかけて、それを参加している学習者全員で解決していくような授業を展開していきます。

Q2 資質・能力を育成する「指導と評価の一体化」とは？

(1) 学習評価を通して児童生徒の資質・能力を育成する

学習評価において、学習指導要領に示されている目標や内容、そして評価規準に照らして、学習の過程（プロセス）と結果（プロダクト）における児童生徒の状況を評価して指導に生かし、教員による学習指導や児童生徒の学習活動を改善したり充実したりしていくことで、授業の改善を図り、児童生徒の資質・能力を育成することが大切です。

(2) 「指導と評価の一体化」を通して児童生徒の資質・能力を育成し評価の総括に用いる

学習評価の営みの一部を担うものに学習成績があります。学習成績、通知表、いわゆる内申点（高校や大学入試などの進路選択の資料）、テストの点数、パフォーマンスの結果（成果物や実技のできなど）など、児童生徒、保護者、そして教員にいたっても、そのような結果（プロダクト）にとらわれることが多いです。それらの結果は、過程（プロセス）での取組や努力があってのことです。だからこそ、学習前における「診断的な評価」、学習中における「形成的な評価」や「指導に生かす評価」、そして、「指導と評価の一体化」を充実させ、児童生徒の資質・能力を育成することが最も大切なことなのです。このようにして育成された児童生徒の状況を評価して総括して、「観点別学習状況の評価」と「評定」における評定（ABCや54321などに記号化するという意味）に反映させます。

(3) 「観点別学習状況の評価」における総括の在り方

各教科等の資質・能力は、単元や題材などある程度のまとまりを通して育成されます。「知識及び技能」は、単位時間で習得を図れるものもありますが、理解を深めたり概念を形成したりするためには、ある程度のまとまりを通して学ぶ必要がある場合もあります。また、単元や題材などに関する〔思考力、判断力、表現力等〕や〔学びに向かう力、人間性等〕は、そのまとまりを通して育成されますが、各教科等の目標に位置付けられているようなより汎用的な資質・能力は、それぞれの単元や題材を踏まえて学期や年間などの長い期間を通して育成されたり涵養されたりします。

これらのことを踏まえるならば、指導要録の「観点別学習状況の評価」における総括は、「知識・技能」と、「思考・判断・表現」及び「主体的に学習に取り組む態度」では違ってきます。「知識・技能」はまとまりや学期ごとの習得の状況に関する評価の資料を基に総括するのに対して、「思考・判断・表現」はまとまりや学期ごとの評価の資料を基に年間を通した育成の状況を評価して総括することが、「主体的に学習に取り組む態度」は大きなまとまりごとの評価の資料を基に年間を通した涵養の状況を評価して総括するこ

とが考えられます。より汎用的な資質・能力は、年度の最後における児童生徒の成長した姿や状況が反映されるような総括が望まれます。本書の I 章 2 節における「『指導と評価の一体化』を位置付けた授業づくりとその実践」における図 2（p.29）を参照してください。

（4）「目標に準拠した評価」と「個人内評価」で児童生徒の資質・能力を育成する

　指導要録における「観点別学習状況の評価」と「評定」は、「目標に準拠した評価」で行います。「目標に準拠した評価」は、資質・能力の育成に適した評価と言えます。ただ、「目標に準拠した評価」は、目標や評価規準に対して実現できているかどうかを評価するので、児童生徒にとっては「できた・できない」や成果の状況にとらわれやすいです。また、努力や進歩の状況が反映されていないと感じることもあります。それらを補うのが、「個人内評価」です。学習の過程における指導や支援、面談でのコメント、通知表の所見などを通して、児童生徒へフィードバックし、児童生徒が目標を実現できるようにすることが大切です。「目標に準拠した評価」と「個人内評価」をそれぞれ適切に行うことで、児童生徒の資質・能力を育成するようにします。

（5）まとまりを通して「指導と評価の一体化」を図り児童生徒の資質・能力を育成する

　単元や題材などのまとまりを通して資質・能力を育成するには、「指導と評価の一体化」が大切です。「診断的な評価」及び「形成的な評価」や「指導に生かす評価」で得られた情報を指導に生かし、学習指導と学習活動の改善と充実を図り児童生徒の資質・能力を育成します。そこでの評価の情報はあくまでも指導に生かすものであり、学習成績の資料にするものではありません。ただ、学習後の変容を捉えるために学習前の「診断的な評価」や、学習中の「形成的な評価」の情報を負担にならない範囲で簡単に記録することはあります。それは、学習後の成長した児童生徒の実現の状況を捉えるためであり、学習前や学習中の評価の情報を成績に反映させるようなことはあってはなりません。

　評価は学習成績のためと考え、より多くの評価の情報を学習成績に反映させようとする場合が見られます。きめ細かな評価の情報を収集することが、妥当性や信頼性を高め、説明責任を果たすことにつながると考えるからです。そうなると、「評価のための評価」や「評定のための評価」に陥ることがあり、学習評価は加重な負担となり、働き方にも影響します。何より児童生徒がいわゆる「評価漬け」になり不幸です。説明責任も大切ですが、その前に遂行責任を果たすことです。つまり、目の前の児童生徒の資質・能力を育成することです。そして、育成され成長した児童生徒の姿や状況を、「総括的な評価」として評価し評定（ABC や 54321 などに記号化するという意味）して成績に反映させるのです。

Q3 生きて働く〔知識及び技能〕の習得とその評価とは？

(1)〔知識及び技能〕とは

　資質・能力の育成は、児童生徒が「何を理解しているか、何ができるか」に関わる〔知識及び技能〕の質や量に支えられており、知識や技能なしに、思考や判断、表現等を深めることや、社会や世界と自己との多様な関わり方を見いだしていくことはできません。一方で、社会や世界との関わりの中で学ぶことへの興味を高めたり、思考や判断、表現等を伴う学習活動を行ったりすることなしに、児童生徒が新たな知識や技能を得ようとしたり、知識や技能を確かなものとして習得したりしていくこともまたできません。こうした〔知識及び技能〕と他の2つの柱との相互の関係を見通しながら、発達の段階に応じて、児童生徒が基礎的・基本的な知識及び技能を確実に習得できるようにしていくことが重要です。

　知識については、児童生徒が学習の過程を通して個別の知識を学びながら、そうした新たな知識が既得の知識及び技能と関連付けられ、各教科等で扱う主要な概念を深く理解し、他の学習や生活の場面でも活用できるような確かな知識として習得されるようにしていくことが重要となります。また、芸術系教科における知識は、一人一人が感性などを働かせて様々なことを感じ取りながら考え、自分なりに理解し、表現したり鑑賞したりする喜びにつながっていくものであることが重要です。教科の特質に応じた学習過程を通して、知識が個別の感じ方や考え方等に応じ、生きて働く概念として習得されることや、新たな学習過程を経験することを通して更新されていくことが大切です。

　こうした学習の過程はこれまでも重視され、習得・活用・探究という学びの過程の充実に向けた取組が進められてきました。今回の改訂においては、各教科等の特質を踏まえ、優れた実践に共通して見られる要素が「主体的・対話的で深い学び」として示されています。

　今回の改訂においては、こうした知識及び技能に関する考え方は、確かな学力のみならず「生きる力」全体を支えるものであることから、各教科等において育成することを目指す〔知識及び技能〕とは何かであるかが、発達の段階に応じて明確にされました。

　例えば、言語能力を構成する資質・能力としての知識・技能には、言葉の働きや役割に関する理解、言葉の特徴やきまりに関する理解と使い分け、言葉の使い方に関する理解と使い分け、言語文化に関する理解、既有知識（教科に関する知識、一般常識、社会的規範等）に関する理解が挙げられます。特に、「言葉の働きや役割に関する理解」は、自分が用いる言葉に対するメタ認知に関わることであり、言語能力を向上する上で重要な要素であると言えます。

　また、情報活用能力を構成する資質・能力としての知識・技能には、情報と情報技術を

活用した問題の発見・解決等の方法や、情報化の進展が社会の中で果たす役割や影響、情報に関する法・制度やマナー、個人が果たす役割や責任等について、情報の科学的な理解に裏打ちされた形で理解し、情報と情報技術を適切に活用するために必要な技能を身に付けていること等を挙げることができます。

(2)「知識・技能」の指導と評価

　(1)で述べたように、知識の理解の質を高めることが今回の改訂においては重視されており、各教科等の指導に当たっては、学習に必要となる個別の知識については、教師が児童生徒の学びへの興味を高めつつしっかりと教授するとともに、深い理解を伴う知識の習得につなげていくため、児童生徒がもつ知識を活用して思考することにより、知識を相互に関連付けてより深く理解したり、知識を他の学習や生活の場面で活用できるようにしたりするための学習が必要となります。

　技能についても同様に、一定の手順や段階を追っていく過程を通して個別の技能を身に付けながら、そうした新たな技能が既得の技能等と関連付けられ、他の学習や生活の場面でも活用できるように習熟・熟達した技能として習得されるようにしていくことが重要となるため、知識と同様に「主体的・対話的で深い学び」を目指す授業づくりが必要となります。

　「知識・技能」の評価は、各教科等における学習の過程を通した知識及び技能の習得状況について評価を行うとともに、それらを既有の知識及び技能と関連付けたり活用したりする中で、他の学習や生活の場面でも活用できる程度に概念等を理解したり、技能を習得したりしているかについて評価するものです。

　このような考え方は、現行の評価の観点である「知識・理解」（各教科等において習得すべき知識や重要な概念等を理解しているかを評価）、「技能」（各教科等において習得すべき技能を児童生徒が身に付けているかを評価）においても重視されてきましたが、平成29～31年版に示された知識及び技能に関わる目標や内容の規定を踏まえ、各教科等の特質に応じた評価方法の工夫改善を進めることが重要です。

　具体的な評価方法としては、ペーパーテストにおいて、事実的な知識の習得を問う問題と、知識の概念的な理解を問う問題とのバランスに配慮するなどの工夫改善を図るとともに、例えば、児童生徒が文章による説明をしたり、各教科等の内容の特質に応じて、観察・実験をしたり、式やグラフで表現したりするなど実際に知識や技能を用いる場面を設けるなど、多様な方法を適切に取り入れていくことが考えられます。

Q4 未知の状況にも対応できる〔思考力、判断力、表現力等〕の育成とその評価とは？

(1)〔思考力、判断力、表現力等〕とは

　児童生徒が「理解していることやできることをどう使うか」に関わる〔思考力、判断力、表現力等〕は、社会や生活の中で直面するような未知の状況の中でも、その状況と自分との関わりを見つめて具体的に何をなすべきかを整理したり、その過程で既得の知識や技能をどのように活用し、必要となる新しい知識や技能をどのように得ればよいのかを考えたりしたりするなどの力であり、変化が激しく予測困難な時代に向けて、ますますその重要性は高まってきています。また、〔思考力、判断力、表現力等〕を発揮することを通して、深い理解を伴う知識が習得され、それにより更に思考力、判断力、表現力等も高まるという相互の関係にあるものと言えます。

　学校教育法第30条第2項において、「思考力、判断力、表現力等」とは、「知識及び技能」を活用して課題を解決するために必要な力であると規定されています。この「知識及び技能を活用して課題を解決する」という過程については、28答申が指摘するように、大きく分類して次の3つがあると考えられます。

- 　物事の中から問題を見いだし、その問題を定義し解決の方向性を決定し、解決方法を探して計画を立て、結果を予測しながら実行し、振り返って次の問題発見・解決につなげていく過程
- 　精査した情報を基に自分の考えを形成し、文章や発話によって表現したり、目的や場面、状況等に応じて互いの考えを適切に伝え合い、多様な考えを理解したり、集団としての考えを形成したりしていく過程
- 　思いや考えを基に構想し、意味や価値を創造していく過程

　各学校の教育課程においては、これらの過程に必要となる〔思考力、判断力、表現力等〕が、各教科等の特質に応じて育まれるようにするとともに、教科等横断的な視点に立って、それぞれの過程について、例えば言語能力、情報活用能力等の現代的な諸課題に対応して求められる資質・能力の育成を目指す中で育まれるようにすることが重要となります。

　例えば、言語能力を構成する資質・能力としての〔思考力、判断力、表現力等〕としては、テクスト（情報）を理解したり、文章や発話により表現したりするための力として、情報を多面的・多角的に精査し構造化する力、言葉によって感じたり想像したりする力、感情や想像を言葉にする力、言葉を通じて伝え合う力、構成・表現形式を評価する力、考えを形成し深める力等が挙げられます。

　また、情報活用能力を構成する資質・能力としての〔思考力、判断力、表現力等〕は、様々な事象を情報とその結び付きの視点から捉え、複数の情報を結び付けて新たな意味を

見いだす力や、問題の発見・解決等に向けて情報技術を適切かつ効果的に活用する力を身に付けていること等と考えられます。

（2）「思考・判断・表現」の指導と評価

　「思考・判断・表現」の評価は、各教科等の知識及び技能を活用して課題を解決するために必要な〔思考力、判断力、表現力等〕を身に付けているかどうかを評価するものです。

　「知識及び技能を活用して課題を解決する」過程については、（1）に示した3つの過程があると考えられます。各教科等において求められる〔思考力、判断力、表現力等〕を育成していく上では、こうした学習過程の違いに留意することが重要です。

　これらの過程には、多くの場合言語活動が介在します。したがって、「思考・判断・表現」に係る指導や評価は、言語活動を通して行うことが基本となります。

　このような考え方は、現行の「思考・判断・表現」の観点においても重視されてきたところですが、平成29〜31年版に示された、各教科等における〔思考力、判断力、表現力等〕に関わる目標や内容の規定を踏まえ、各教科等の特質に応じた評価方法の工夫改善を進めることが重要となります。

　具体的な評価方法としては、ペーパーテストのみならず、論述やレポートの作成、発表、グループでの話合い、作品の制作や表現等の多様な活動に取り組ませるパフォーマンス評価を取り入れたり、それらを集めたポートフォリオを活用したりするなど評価方法を工夫することが考えられます。

　「パフォーマンス評価」とは、知識や技能を活用することを求めるような評価方法の総称であり、「選択回答式（いわゆる「客観テスト」）の問題」以外の評価方法を指すこともあります。具体的には、作文やレポート、展示物等の成果物や、スピーチやプレゼンテーションであり、協働での問題の解決、実験の技能等の「狭義のパフォーマンス」や、観察・実験等を通しての課題の解決等の「広義のパフォーマンス」を評価するものです。

　一方、「ポートフォリオ」とは、「紙入れ」「札入れ」を意味するイタリア語 portafoglio に由来し、元来「かばん」「書類ケース」「ファイルフォルダ」を意味する語ですが、学習指導や学習評価の文脈でこの語が用いられる場合は、通常、学習の過程や成果を示す多様な児童生徒の成果物と自己評価及び教師の指導と評価の記録を蓄積したもの、そして、蓄積した成果物を並び替えたり取捨選択したりして、系統的に整理したものを指します。

　「ポートフォリオ」による評価は、ポートフォリオを作成することを通して児童生徒の自己評価・メタ認知を促すとともに、教師が児童生徒の学習活動と自らの教育活動を評価するアプローチであると言えます。

Q5 学びを人生や社会に生かそうとする〔学びに向かう力、人間性等〕の涵養とその評価とは？

（1）「観点別学習状況の評価」において「知識・技能」と「思考・判断・表現」を踏まえ「主体的に学習に取り組む態度」を評価する

　平成20年の学校教育法の改正において、第30条第2項では次のような学力の重要な3つの要素が明確化されました。

- ・基礎的・基本的な知識・技能の習得
- ・知識・技能を活用して課題を解決するために必要な思考力・判断力・表現力等
- ・主体的に学習に取り組む態度

　このことで学力は法的に規定され、戦後の学習指導要領の変遷とともに起こっていた様々な学力観による学力論争に終止符が打たれました。しかし、認知的な「知識・技能」と「思考力・判断力・表現力等」はともかく、情意的な「主体的に学習に取り組む態度」が学力に位置付くことに、未だに懐疑的であったり違和感を抱いたりする場合が見られます。ただ、この問題は自明です。生物であるヒト、社会の人間である私たちは、認知だけでものごとを成し遂げることは困難です。認知と情意があって、最適解を求めたり問題や課題の解決を図ったりすることができます。やる気がない状態でものごとに取り組んだり、否応なしに勉強させられたりしても、効率が悪かったり、考えることもままならず覚えることもできないということを経験したことがあるのではないでしょうか。いわゆる「一夜漬け」と言われる勉強では、直近のテストはできたとしても、暗記したことは持続しません。学習において主体的に取り組むからこそ、「知識・技能」を身に付け、「思考力・判断力・表現力等」を育成することができるのです。ゆえに、この3つの学力の要素をバランスよく育成するための指導と評価が大切となります。

　そして、平成29〜31年版では、目標と内容が、〔知識及び技能〕〔思考力、判断力、表現力等〕〔学びに向かう力、人間性等〕という資質・能力の3つの柱で再整理されました。この3つの資質・能力に即した指導と評価を行います。なお、〔学びに向かう力、人間性等〕は、「観点別学習状況の評価」の「主体的に学習に取り組む態度」の観点において「目標に準拠した評価」として評価する部分と、感性や思いやりなど「個人内評価」として評価する部分があることに留意が必要です。また、認知と情意の関係を踏まえるならば、「観点別学習状況の評価」における「主体的に学習に取り組む態度」は、「知識・技能」と「思考・判断・表現」を踏まえて評価します。例えば、振り返りにおいて、「楽しかった」や「やり甲斐があった」など情意的なことだけでなく、見通しを踏まえ「分かったこと」や「できるようになったこと」、そして「新たな課題」や「今後の取組に向けて」など認知的なことを可視可することで、指導者は児童生徒の学習への取組の状況を評価することができるようになります。このような認知面の振り返りを促す指導を工夫すること

で、情意である「主体的に学習に取り組む態度」を養うとともに評価することが大切です。

（2）1年を通して〔学びに向かう力、人間性等〕を涵養して評価する

　〔知識及び技能〕は、単位時間で習得を図れるものもあれば、理解を深めたり概念を形成したりするためには、単元や題材などある程度のまとまりを通して学ぶ必要がある場合もあります。また、単元や題材などに関する〔思考力、判断力、表現力等〕と〔学びに向かう力、人間性等〕は、そのまとまりにおいて育成して評価します。さらには各教科等の目標に位置付けられているような、より汎用的な〔思考力、判断力、表現力等〕と〔学びに向かう力、人間性等〕は、それぞれの単元や題材などを踏まえて学期や年間など長い期間を通して育成したり涵養したりして評価します。〔学びに向かう力、人間性等〕は、一朝一夕で身に付くものではなく、ゆっくりと養い育てることが肝要です。そして、その評価は、学期や年度の最後における児童生徒の成長した姿や状況が反映するような総括が望まれます。本書のⅠ章2節「『指導と評価の一体化』を位置付けた授業づくりとその実践」における図2（p.29）を参照してください。

（3）評価の前に学習を主体的に取り組めるようにする指導を行う

　「児童生徒の学習評価の在り方について（報告）」（中央教育審議会、2019）では、「観点別学習状況の評価」における「主体的に学習に取り組む態度」の評価において、次のように2つの側面から評価することを求めています。

① 　知識及び技能を獲得したり、思考力、判断力、表現力等を身に付けたりすることに向けた粘り強い取組を行おうとする側面と、
② 　①の粘り強い取組を行う中で、自らの学習を調整しようとする側面

　この2つの側面を評価する前に、まずは児童生徒が学習を進める中で、目標の実現のために粘り強く取り組もうとする態度や、学習を調整できるための資質・能力を育成することが大切です。「指導に生かすとともに総括としても生かす評価」を行うには、指導して育成することが前提です。

　学習を粘り強く取り組もうとする態度や学習を調整できるための資質・能力を育成するには、メタ認知に関わる資質・能力を育成することが有効と考えられます。そのためには、学習を進める中で、児童生徒が自らの学習を振り返り、その後の学習に向かうことができるような機会を設定することです。単元や題材などにおいて、見通しをもつことができる学習場面や、学習の過程における節目において振り返りを行い自ら学習を調整できるような学習場面を位置付け、その「指導と評価の一体化」を充実させることが大切です。

Q6 「読解力」の育成と言語活動の充実とは？

(1)「読解力」とは

　OECD（経済協力開発機構）の生徒の学習到達度調査（PISA）は、義務教育修了段階の15歳児（日本では高校1年相当学年）を対象に、2000年から3年ごとに、読解力、数学的リテラシー、科学的リテラシーの3分野で実施されています。

　初めて実施された2000年調査において日本は参加32か国中読解力が8位、数学的リテラシーが1位、科学的リテラシーが2位という結果でした。さらに2回目の2003年調査では第14位とOECDの平均程度まで低下していることが明らかになりました。この状況を踏まえて、文部科学省はワーキンググループを設置し、平成17（2005）年12月に「読解力向上プログラム」「読解力向上に関する指導資料—PISA調査（読解力）の結果分析と改善の方向—」の2つの指針を提示しました。

　この「読解力」という語について、昭和33年中学校学習指導要領の国語の目標に「文章を正確に読解し」と示されて以降、国語の授業において育成が図られてきた「読解力」とPISA調査の「読解力」（Reading Literacy）とは様相を異にしています（そのため「読解力向上プログラム」では、PISA調査における「読解力」を「PISA型『読解力』」と称しています）。PISA型「読解力」の定義とは、次のようなものです。

・自らの目標を達成し、自らの知識と可能性を発達させ、社会に参加するために、テキストを理解し、利用し、評価し、熟考し、これに取り組むこと。

　前述の「読解力向上プログラム」において「読解力」とは、「文章や資料から「情報を取り出す」ことに加えて、「解釈」「熟考・評価」「論述」することを含むものであり、以下のような特徴を有している」とし、次の4点を挙げています。(p.97)

---

①テキストに書かれた「情報の取り出し」だけではなく、「理解・評価」（解釈・熟考）も含んでいること。

②テキストを単に[読む]だけではなく、テキストを利用したり、テキストに基づいて自分の意見を論じたりするなどに「活用」も含んでいること。

③テキストの「内容」だけではなく、構造・形式や表現法も、評価すべき対象となること。

④テキストには、文学的文章や説明的文章などの「連続型テキスト」だけでなく、図、グラフ、表などの「非連続型テキスト」を含んでいること。

　そして、テキストを読む場合のプロセスとして、次の3つを設定しています。

① 　情報の取り出し（テキストの中の情報を取り出す。テキストに書かれていることを理解し、示す。）

②　テキストの解釈（書かれた情報から推論してテキストの意味を理解する。）

③　熟考・評価（書かれた情報を自らの知識や経験に関連付ける。）

2009年調査では、日本の子供たちはこのプロセス中の①は得意であるが、②や③に課題があることが明らかになりました。

（2）「読解力」と言語活動の充実

このような PISA 型「読解力」で育成される資質・能力は、「受信（input）→思考（intake）→発信（output）」というプロセスの中で獲得されるものです。ここに「思考力・判断力・表現力」を、言語活動を通して育成する方向性が示されています。

平成20年1月17日の中央教育審議会答申において、「各教科等における言語活動の充実は、今回の学習指導要領の改訂において各教科等を貫く重要な改善の視点である」（p.53）とされ、同年3月告示の学習指導要領の総則で、「各教科等の指導に当たっては、児童（生徒）の思考力、判断力、表現力等をはぐくむ観点から、（略）言語に対する関心や理解を深め、言語に関する能力の育成を図る上で必要な言語環境を整え、児童（生徒）の言語活動を充実すること」に配慮すべきであるとされました。（小学校 p.16、中学校 p.18）

このことは平成29〜31年版でも継承され、総則に「各学校においては、児童（生徒）の発達の段階を考慮し、言語能力、情報活用能力（情報モラルを含む。）、問題発見・解決能力等の学習の基盤となる資質・能力を育成していくことができるよう、各教科等の特質を生かし、教科等横断的な視点から教育課程の編成を図るものとする」ことを示した上で（小学校 p.5、中学校 p.5、高等学校 p.5）、「（略）言語能力の育成を図るため、各学校において必要な言語環境を整えるとともに、国語科を要としつつ各教科等の特質に応じて、児童（生徒）の言語活動を充実すること」としています。（小学校 p.8、中学校 p.8、高等学校 p.279）

これについて解説では、「主体的・対話的で深い学びの実現に向けた授業改善を進めるに当たっては、単元や題材など内容や時間のまとまりを見通して、各教科等の特質に応じた言語活動をどのような場面で、またどのような工夫を行い取り入れるかを考え、計画的・継続的に改善・充実を図ることが期待される」と指摘しています。（小学校 p.83、中学校 p. 82）

「思考力・判断力・表現力」を育成するに当たって、子供たちが「思考」したり「判断」したりする内容は、「表現」されなければ指導することも評価することもできません。その「表現」は通常「言語」によって行われます。このことからも、資質・能力の育成に当たって、記録・要約・説明・論述・話合いといった言語活動の充実が不可欠であることは自明と言えるでしょう。

Q7 「主体的・対話的で深い学び」とは？

（1）「主体的・対話的で深い学び」は何のため？

28答申で示された次の図1はよく目にしたことではないでしょうか。

「主体的・対話的で深い学び」とは、「どのように学ぶか」という学び方の在り方として示されています。その目的や目標は、「何ができるようになるか」のとおり、知識・技能の習得、思考力・判断力・表現力等の育成、学びに向かう力・人間性等の涵養です。1つ前の平成20・21年告示の学習指導要領の改訂においては、各教科等における言語活動の充実が求められましたが、言語活動が目的や目標になったことが問題となりました。学力の3つの要素をバランスよく育成するための言語活動だったのですが、授業研究において話合いや発表などに終始する場合が見られました。今回の改訂では、同じ轍を踏まないようにして、「主体的・対話的で深い学び」を実現することで児童生徒の資質・能力を育成することが大切です。

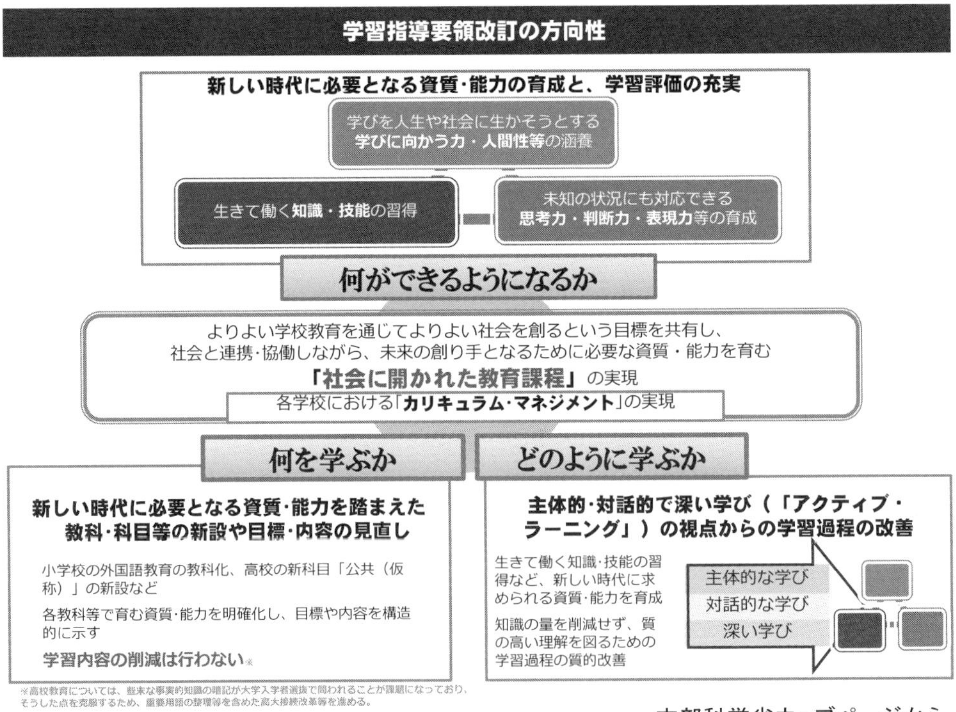

学習指導要領改訂の方向性

新しい時代に必要となる資質・能力の育成と、学習評価の充実

学びを人生や社会に生かそうとする
学びに向かう力・人間性等の涵養

生きて働く**知識・技能**の習得 — 未知の状況にも対応できる
思考力・判断力・表現力等の育成

何ができるようになるか

よりよい学校教育を通じてよりよい社会を創るという目標を共有し、
社会と連携・協働しながら、未来の創り手となるために必要な資質・能力を育む
「社会に開かれた教育課程」の実現

各学校における「**カリキュラム・マネジメント**」の実現

何を学ぶか

**新しい時代に必要となる資質・能力を踏まえた
教科・科目等の新設や目標・内容の見直し**

小学校の外国語教育の教科化、高校の新科目「公共（仮称）」の新設など

各教科等で育む資質・能力を明確化し、目標や内容を構造的に示す

学習内容の削減は行わない※

どのように学ぶか

主体的・対話的で深い学び（「アクティブ・ラーニング」）の視点からの学習過程の改善

生きて働く知識・技能の習得など、新しい時代に求められる資質・能力を育成

知識の量を削減せず、質の高い理解を図るための学習過程の質的改善

**主体的な学び
対話的な学び
深い学び**

※高校教育については、従来は事実的知識の暗記が大学入学者選抜で問われることが課題になっており、そうした点を克服するため、重要用語の整理等を含めた高大接続改革等を進める。

文部科学省ウェブページから

図1　学習指導要領改訂の方向性（中央教育審議会答申、2016）

（2）「主体的・対話的で深い学び」とは

　なぜ「主体的な学び」が求められるのでしょうか。学習において主体的に取り組むことで、〔知識及び技能〕を身に付け、〔思考力、判断力、表現力等〕を育成することができます。やらされている勉強では、資質・能力の育成は難しいです。学習に見通しをもち粘り強く取り組み、学習の過程における節目で振り返り必要に応じて学習を調整したりすることで、主体的に学習に取り組む態度を育成して新たな学習につなげることができます。

　また、なぜ「対話的な学び」が求められるのでしょうか。次の図2のような言語活動で授業改善を図り、言語を介して他者と対話します。他者と関わったり協働したりすることで、思考を深めたり発展させたりして、問題や課題を解決することで、〔知識及び技能〕を身に付け、〔思考力、判断力、表現力等〕を育成することができます。

　そして、「主体的」と「対話的」を「・」で結んで1つのまとまりとし、「深い」を「で」でつないでいます。学習を主体的・対話的に取り組むことで、深い思考を促したり理解を深化させたりして学習を深い境地にします。このように「主体的・対話的で深い学び」を実現することで、生きて働く〔知識及び技能〕を習得し、未知の状況にも対応できる〔思考力、判断力、表現力等〕を育成し、学びを人生や社会に生かそうとする〔学びに向かう力、人間性等〕を涵養します。

例えばこんな言語活動で授業改善

文部科学省　言語活動の充実に関する指導事例集【高等学校】
言語活動を通じた授業改善のイメージ例　　から

図2　例えばこんな言語活動で授業改善（文部科学省、2012）

Q8 各教科等の見方・考え方を働かせるとは？

(1) 各教科等の見方・考え方とは何か

　平成 29 ～ 31 年版では、各教科等の目標の示し方が大きく変わりました。その各教科等の目標の冒頭に示されたのが「見方・考え方」です。

　28 答申では、次の図 1 のように示されています。

言葉による見方・考え方	自分の思いや考えを深めるため、対象と言葉、言葉と言葉の関係を、言葉の意味、働き、使い方等に着目して捉え、その関係性を問い直して意味付けること。
社会的事象の地理的な見方・考え方	社会的事象を、位置や空間的な広がりに着目して捉え、地域の環境条件や地域間の結び付きなどの地域という枠組みの中で、人間の営みと関連付けること。
数学的な見方・考え方	事象を、数量や図形及びそれらの関係などに着目して捉え、論理的、統合的・発展的に考えること。
理科の見方・考え方	自然の事物・現象を、質的・量的な関係や時間的・空間的な関係などの科学的な視点で捉え、比較したり、関係付けたりするなどの科学的に探究する方法を用いて考えること
音楽的な見方・考え方	音楽に対する感性を働かせ、音や音楽を、音楽を形づくっている要素とその働きの視点で捉え、自己のイメージや感情、生活や社会、伝統や文化などと関連付けること
造形的な見方・考え方	感性や想像力を働かせ、対象や事象を、造形的な視点で捉え、自分としての意味や価値をつくりだすこと
体育の見方・考え方	運動やスポーツを、その価値や特性に着目して、楽しさや喜びとともに体力の向上に果たす役割の視点 から捉え、自己の適性等に応じた『する・みる・支える・知る』の多様な関わり方と関連付けること
技術の見方・考え方	生活や社会における事象を、技術との関わりの視点で捉え、社会からの要求、安全性、環境負荷や経済性等に着目して技術を最適化すること。
外国語によるコミュニケーションにおける見方・考え方	外国語で表現し伝え合うため、外国語やその背景にある文化を、社会や世界、他者との関わりに着目して捉え、目的・場面・状況等に応じて、情報や自分の考えなどを形成、整理、再構築すること。

図 1　各教科等の特質に応じた見方・考え方のイメージ（28 答申より抜粋）

　これまでの授業実践は、「活動あって学びなし」とも言われるように、児童生徒が学習活動に取り組んでいるものの、学習の深まりという点では不安のあるものも見られたとの反省がありました。そこで、「主体的・対話的で深い学び」の実現に向けた授業改善を進める際、深い学びの鍵として「見方・考え方」を働かせることが重要になるとされました。

　平成 29 ～ 31 年版解説総則編では、「見方・考え方」について、次のように説明されています。

> 各教科等の「見方・考え方」は、「どのような視点で物事を捉え、どのような考え方で思考していくのか」というその教科等ならではの物事を捉える視点や考え方である。
>
> 各教科等を学ぶ本質的な意義の中核をなすものであり、教科等の学習と社会をつなぐものであることから、児童生徒が学習や人生において「見方・考え方」を自在に働かせることができるようにすることにこそ、教師の専門性が発揮されることが求められること。

　教師としては、各教科等で求められる資質・能力を育成するため、それぞれの教科を学ぶことの本質的な意義を明確にし、その中核として「見方・考え方」を捉えることが重要です。また、授業においては児童生徒が社会とのつながりを意識し、各教科等の見方・考え方を働かせて取り組む学習活動を設定することが求められます。

(2) 各教科等の見方・考え方を働かせるために

　各教科等の目標では、「言語活動」（国語）、「課題を追究したり解決したりする活動」（社会）、「数学的活動」（数学）などのように、各教科等の見方・考え方を働かせる活動についても示されています。各教科等の見方・考え方を働かせるためには、授業において各教科等で求められる活動を効果的に位置付けることが必要です。

　例えば、「雨」について、「五月雨」「夕立」のように「雨」を表す語句や「ざあざあ」「しとしと」などの擬音語や擬態語などに着目するのは、国語科で求められる「言葉による見方・考え方」と言えます。

　国語の授業において、「雨」をテーマにした詩歌を創作したり、物語や小説等において「雨」がどのような役割を果たしているかを考えてまとめたりするなどの言語活動を設定することで、児童生徒が自ら言葉による見方・考え方を働かせて取り組むことができます。

　ほかに、社会科では降水量や特徴等に着目して地域による違いを追究したり、理科ではどうして雨が降るのかなど科学的に探究したりするなど、各教科の特質に応じた見方・考え方を働かせた学習が考えられます。

　児童生徒が見方・考え方を働かせることは、各教科等の資質・能力を育成するためであり、それ自体が総括的な評価として評価されるものではないことに留意することも重要です。

Q9 「授業評価」とは?

(1)「授業評価」とは

　「授業評価」とは、通常、授業の改善のために、授業者、児童生徒、さらには授業研究の参加者等が、当該授業における児童生徒の学習の様子や教師の指導・評価の在り方、そしてその授業の成果について評価を行うものと考えられます。それでは、「授業評価」と「学習評価」についてどのように考えればよいでしょうか。

　28答申は、その第9章において、学習評価の意義として「学習評価は、学校における教育活動に関し、子供たちの学習状況を評価するものである。『子供たちにどういった力が身に付いたか』という学習の成果を的確に捉え、教員が指導の改善を図るとともに、子供たち自身が自らの学びを振り返って次の学びに向かうことができるようにするためには、この学習評価の在り方が極めて重要であり、教育課程や学習・指導方法の改善と一貫性を持った形で改善を進めることが求められる」と述べ（p.60）、「また、学習評価については、子供の学びの評価にとどまらず、『カリキュラム・マネジメント』の中で、教育課程や学習・指導方法の評価と結び付け、子供たちの学びに関わる学習評価の改善を、さらに教育課程や学習・指導の改善に発展・展開させ、授業改善及び組織運営の改善に向けた学校全体のサイクルに位置付けていくことが必要である」ことを指摘しています（p.73）。また、「児童生徒一人一人の学習状況を多角的に評価するため、各教科の目標に準拠した評価の観点による学習評価を導入し、学習評価を基に授業評価や指導評価を行い、教育課程編成の改善・充実に生かすことのできるPDCAサイクルを確立することが必要である」という記述もあります（p.114）。これは特別支援教育についての言及ですが、すべての授業について言えることです。（いずれも下線は引用者、以下同じ）

　このことを受けて、例えば平成29年版中学校解説総則編では、「カリキュラム・マネジメントの充実」において、教育課程の実施状況を評価してその改善を図っていくことは「学校評価と関連付けながら実施することが必要である」とし（p.42）、また「カリキュラム・マネジメントの実施と学校評価との関連付け」において、「教育課程を中心として教育活動の質の向上を図るカリキュラム・マネジメントは学校評価と関連付けて実施することが重要である」と指摘しています（pp.121-122）。

　これらのことから、授業評価は教育課程の改善・充実を目指して行われるものであり、それはカリキュラム・マネジメントにおいて学校評価と関連付けて実施することが必要であることを理解することができます。

(2)「学校評価」とは

　学校評価については、文部科学省から「学校評価ガイドライン」（平成28年改訂）が

示されています。そこでは、学校評価の実施手法を以下の３つの形態に整理し（p.3）、自己評価を行う上では、「児童生徒による授業評価を含む、児童生徒、保護者、地域住民に対するアンケート等（外部アンケート等）の結果を活用する」としています（p.15）。

（1）各学校の教職員が行う評価【自己評価】

（2）保護者、地域住民等の学校関者などにより構成された評価委員会が、自己評価の結果について評価することを基本として行う評価【学校関係者評価】

（3）学校とその設置者が実施者となり、学校運営に関する外部の専門家を中心とした評価者により、自己評価や学校関係者評価の実施状況も踏まえつつ、教育活動その他の学校運営の状況について専門的視点から行う評価【第三者評価】

「学校評価ガイドライン」では、学校評価を行う際の評価項目・指標等の設定について検討する際の視点の例として、学校運営における12分野ごとに例示しています。授業評価に関わるものとしては、「教育課程・学習指導」の分野の「各教科等の授業の状況」として、「説明、板書、発問など、各教員の授業の実施方法」「体験的な学習や問題解決的な学習、児童生徒の興味・関心を生かした自主的・自発的な学習の状況」「個別指導やグループ別指導、習熟度に応じた指導、児童生徒の興味・関心等に応じた課題学習、補充的な学習や発展的な学習などの個に応じた指導の方法等の状況」「ティームティーチング指導などにおける教員間の協力的な指導の状況」「コンピュータや情報通信ネットワークを効果的に活用した授業の状況」「授業や教材の開発に地域の人材など外部人材を活用し、より良いものとする工夫の状況」等の視点が挙げられています（p.49）。

実際の学校では、これらの項目について児童生徒へのアンケート調査で実施する例が多く、また、校内研修や公開発表会として実施される授業研究の機会を通して、参加者、指導教員、管理職、指導主事等によって授業評価が行われ、授業者にフィードバックされることもあります。さらに、第三者評価として、外部の専門家による授業観察や施設等の点検を通しての授業評価が実施されることも考えられます。一方、授業の主体は児童生徒であることから、授業研究の際に授業に参加した児童生徒に授業者自身や参観者がインタビューを行い、児童生徒の学びを直接聞き取ることも、学習者からの授業評価として大変有効なものと考えられます。

いずれにしても、授業評価は教育課程の改善・充実を目指して行われるものであり、カリキュラム・マネジメントのPDCAサイクルに位置付けて実施するということを常に意識して実施するようにしたいものです。

Q10-1 小中高を通して、国語科のカリキュラム・マネジメントにおける授業づくりで大切なこととは？

（1）教科書に依存したカリキュラムからの脱却

平成29・30年版における国語科の目標は、次のように示されています。

> 言葉による見方・考え方を働かせ，言語活動を通して，国語で正確に理解し適切に表現する資質・能力を次のとおり育成することを目指す。

このことによって、国語科は「言語活動を通して言語の資質・能力を育成する」教科であることが改めてはっきり示されたと言えます。

しかし、社会人に「小中高の国語の授業で何を学びましたか？」という質問をすると、おそらく「羅生門」「故郷」「ごんぎつね」といった作品名を挙げる人がほとんどではないかと思われます。このような「国語の学習＝教材となる作品を読むこと」という考え方が形成されることになった第一の理由は、明治36（1903）年に国定教科書の制度が制定され、教科書を表紙から順番に全て行うことが求められ、それが定着していったことにあります。そこでは教材（となる作品）の内容が重視され、いわゆる「教科書信仰」とでもいうべき事態が生じるに至りました。

教科書については、教科書「を」教えるのか、教科書「で」教えるのか、という議論が以前から行われているにもかかわらず、多くの国語の授業では相変わらず教科書に掲載されている内容を目次の順に従って学習することが行われ、それによって先に挙げたような教科書に掲載されている文章を読むことが国語の学習であるという思い込みが続いてきたのではないでしょうか。

しかし、国語科の学習において、そのような「教科書に依存したカリキュラム」にはいくつかの限界があることが明らかです。平成29〜31年版では「社会に開かれた教育課程」ということが強調され、学校と社会の壁を越えることが求められていますが、（複数の出版社から発行されているとは言え）全国一律の内容の教科書だけでは、地域の素材や地域の教育資源を活用することができません。また、小・中・高の系統性がいっそう重視され、校種間の壁を越える「学校段階間の接続」を図ること、すなわち、目指す子供像の共有や学び方の連続を図ることが求められていますが、教科書のみに依存したカリキュラムではそれを実現することは難しいでしょう。

さらに、平成29〜31年版においては、教科等の壁を越える「教科等横断的な視点に立った資質・能力の育成」に向けて、カリキュラム・マネジメントの視点から、各教科等を通して育成すべき資質・能力を関連させることが求められています。しかし、各教科の教科書は複数の出版社から発行され、様々な出版社のものが採択され使用されているため、教科書に依存したカリキュラムではそれを打ち出すことはできません。

　これからの（本来はこれまでも）国語の授業は、学習指導要領に示されている国語の資質・能力を育成することが必要です。したがって、教科書に掲載されている教材を必ずしもその目次順のとおりに扱う必要はありませんし、児童生徒の実態に応じて資質・能力（平成29〜31年版の「内容」）を繰り返し扱ったり、「学び直し」をしたりする必要が生じることもあります。そのような授業を定められた年間の授業時数の中で無計画に行ったのでは、資質・能力をきちんと身に付けることができなくなってしまうおそれがあります。したがって、学校のグランドデザインに基づいて国語科のグランドデザインを作成し、学習指導要領に示された資質・能力をどのような教材や言語活動を通して身に付けるのか、それはどの時期に、どのくらいの時間をかけて行い、どのように評価するのかを示した年間指導計画・評価計画を作成し、さらに単元ごとにそこで育成する資質・能力や学習のプロセスを明示した学習指導案や「学びのプラン」を作成する、といったカリキュラム・マネジメントが必要となります。

（2）国語科におけるカリキュラム・マネジメント

　平成29〜31年版総則には、言語能力が学習の基盤となる資質・能力であること、そして、教科等横断的な視点から教育課程の編成を図る必要があることが指摘されています（小 p.19、中 p.21、高 p.20）。国語の学習で身に付けた資質・能力としての言語能力は、ただちに他の教科等の学習や、児童生徒にとっての社会生活の場面である学校生活や地域での生活に生きて働くものであることが必要です。そのためには、言語能力を育成するための言語活動も、それを通して資質・能力を育成するという視点で構成し、またそのことを学びの主体である児童生徒と共有する必要があります。

　これからの国語科の教材研究は、教材としての作品の研究を行うだけでは十分ではありません。その教材や言語活動によってどのような資質・能力（すなわち平成29〜31年版の「内容」）を育成するかに主眼を置き、単元の学習においてどのようなプロセスで指導し評価するのかをしっかり計画することが必要です。そしてそれは、ある教師一個人が行うのではなく、学校全体のカリキュラム・マネジメントの中で、その学校の国語科として授業づくりに取り組むことが求められますし、単元の学習指導案に基づく「学びのプラン」を学習の主体である児童生徒と共有することにより、児童生徒にとっては学びの見通しと振り返りのためのツールとなり、教師にとっては説明責任を果たすための資料となるとともに評価の妥当性・信頼性を高めることにも役立ちます。さらに、そうして作成し実践した学習指導案と「学びのプラン」は、次年度の授業をよりよくするための貴重な資料となります。

Q10-2 小中高を通して、社会科、地理歴史科、公民科のカリキュラム・マネジメントにおける授業づくりで大切なこととは？

　社会科は内容教科や理解教科と言われ、暗記事項を再生すれば点数や「評価・評定」につながる教科という認識が根強く残っています。その理由として、高等学校や大学入学者選抜（入試）に対応するために、学問上の知見を効率的に「事実的な知識」として獲得することに終始することなどが挙げられます。したがって、社会科を論じるときには、授業で取り上げる内容と進め方を切り口とした話から始まりやすく、学習評価も総括的な評価に着目し、かつ、知識の測定に偏っている傾向にあることが散見されます。

　これからは、今までの優れた社会科の理論や授業実践を継承しつつも、指導者一人一人が「社会科」に対する教科観・授業観・評価観の転換、すなわち、各校種・学校の特徴や児童生徒の実態に応じた資質・能力を育むことを主眼としたグランドデザインの構築が大切です。また、学校教育目標と学習指導要領や校内における社会科の目標、それを実現するための児童生徒が目指す学ぶ姿などを、社会科を担当する者の間で共有することは必須です。より一層ゴールを明確化し、児童生徒の豊かな学びのイメージをつくりましょう。その前提を踏まえた上で、社会科におけるカリキュラム・マネジメントを通した授業づくりの重要な視点として3点を挙げます。

　まずは「課題を設定したり解決したりする学習活動を重視して、単元計画や年間計画を作成すること」です。その際、「見通す」「振り返る」学習活動を適宜、適切に取り入れます。また、学びのプロセスの中で、粘り強く取り組んだり自らの学習を調整したりして、児童生徒がより適切な解を見いだすことができるように、学習環境を設定する工夫が求められます。

　次に「児童生徒にとって必然性のある問いや、日常の生活場面や実社会に見られる課題を学びの文脈に取り入れるなど、社会との関わりを意図的に組み入れること」です。まさに社会科が率先して意識しなければなりません。そのために、単元を通して本質的な問題や課題をどのように設定するのかが問われます。例えば学校行事との接続や博物館などの外部機関と連携を図るなど、社会科の本質を追究するためのしかけづくりや児童生徒が考えたくなるような深い学びへと誘う問いを、各校種や学校現場の実態に合わせて設定します。

　最後に「『社会的な見方・考え方』（以下、「見方・考え方」）を明確化し、それを働かせた授業や単元を展開すること」です（図1）。従来も「見方・考え方」は重視されてきましたが、内容との関連性は具体的でなかったことから、平成29〜31年版に明記された経緯があります。これは、社会科を学ぶ本質的な意義の中核をなし、各校種を越えて社会科、地理歴史科、公民科を貫く「見方・考え方」が構成要素として整理されました。特に

児童生徒自らが「見方・考え方」を自覚して働かせることができるように工夫します。

　小中高を通した授業づくりでは、主権者教育や防災教育、持続可能な開発のための教育（ESD）に関連する内容など、各校種で「社会参画」を意識した内容が共通します。いずれも他校種で育まれる資質・能力を念頭におきながら指導や支援に当たりたいものです。小学校では、問題解決において多角的な思考から選択・判断したことを論理的に説明する力を養います。社会科の授業を通して、中学校や高等学校の学びの接続を指導者が意識するとともに、社会科の学習で生きる汎用的な追究方法の定着を図ります。中学校では、社会的事象の「地理的分野」「歴史的分野」「公民的分野」の「見方・考え方」を有機的に関連させて、多面的・多角的な考察や深い理解を通して、根拠や論拠を明確にした上で選択・判断したり議論したりする力を養います。高等学校では、「地理総合」「歴史総合」「公共」が必修となりました。したがって、9年間の学びの連続性に留意しつつ、個別の事象のみの学習に矮小化せずに学びのメタ認知を意識して、現代の諸課題の解決を視野に入れた広く深い探究ができるようにします。

社会的な見方・考え方とは？
社会的事象等の意味や意義・特色や相互の関連を考察したり、社会に見られる課題を把握して、その解決に向けて構想したりする際の視点や方法

	科・分野	見方・考え方	着目点	関連付ける内容
高等学校	公民科	人間と社会の在り方についての見方・考え方	倫理、政治、法、経済などに関わる多様な視点（概念や理論など）	よりよい社会の構築や人間としての在り方生き方についての自覚を深めることに向けて、課題解決のための選択・判断に資する概念や理論などと関連付けて
	地理歴史科	社会的事象の歴史的な見方・考え方	時期や推移など	類似や差異などを明確にしたり事象同士を因果関係などで関連付けたりして
		社会的事象の地理的な見方・考え方	位置や空間的な広がり	地域の環境条件や地域間の結び付きなどの地域という枠組みの中で、人間の営みと関連付けて
中学校	社会科 公民的分野	現代社会の見方・考え方	政治、法、経済などに関わる多様な視点（概念や理論など）	よりよい社会の構築に向けて、課題解決のための選択・判断に資する概念や理論などと関連付けて
	社会科 歴史的分野	社会的事象の歴史的な見方・考え方	時期や推移など	類似や差異などを明確にしたり事象同士を因果関係などで関連付けたりして
	社会科 地理的分野	社会的事象の地理的な見方・考え方	位置や空間的な広がり	地域の環境条件や地域間の結び付きなどの地域という枠組みの中で、人間の営みと関連付けて
小学校	社会科 （第3～6学年）	社会的事象の見方・考え方	位置や空間的な広がり 時期や時間の経過 事象や人々の相互関係	比較・分類したり総合したり地域の人々や国民の生活と関連付けたりして

図1　28答申における社会科、地理歴史科、公民科における「社会的な見方・考え方」のイメージを基に筆者が作成

　以上の内容を踏まえた上で、単元ごとや年度末に学習や指導を振り返るためのカリキュラムの評価を行い、その修正・改善を図ります。資質・能力の育成において、児童生徒の実態や学習状況に寄り添う中で、より具体的なイメージをもって柔軟にカリキュラムを修正・改善できるかがよりよい授業づくりの鍵となります。さらに、社会科のカリキュラム・マネジメントの実質的な効果を生むためには、研修会等を通して他の教科・領域におけるカリキュラムの評価を共有します。その際の情報共有や気付きが社会科のカリキュラム作成につながり、ひいては豊かな学校文化を醸成するきっかけとなります。それらの一体的で可変的かつ継続的な営みが、各学校における「社会に開かれた教育課程」の実現につながります。

Q10-3 小中高を通して、算数、数学科のカリキュラム・マネジメントにおける授業づくりで大切なこととは？

（1）学校教育目標と算数・数学科の目標から「目指す児童生徒像」を明らかにする

　カリキュラム・マネジメントの視点で算数・数学科の授業を考える際、まずすべきことは、地域など学校を取り巻く方々や同僚の教員とともに、学校で「目指す児童生徒像」の共通理解を図ることです。その視点は、1つは学校教育目標であり、もう1つは算数・数学科の目標です。算数・数学科の目標は共通して「数学的に考える資質・能力」を育成することなので、これを踏まえつつ、さらに学校教育目標の達成に重点を置いた算数・数学科の授業づくりを日々意識することが大切です。その上で、同僚の教員と協働して算数・数学科のグランドデザインを作成し、日々の授業づくりに生かしていくことが大切です。

　例えば、筆者が勤務する中学校の学校教育目標は「自主自律の精神をもち、広い視野に立って行動する生徒を育成する」です。そのために各教科等では、生徒が探究の楽しさを味わえるような授業の工夫をしています。数学科では、授業を通して「自主自律」の精神を涵養できるように、日々の授業にできるだけ数学的活動を位置付け、他者任せではなくまずは自力で挑むこと、及び自らの問いを生み出したり考えを調整したりしながら探究的に学び進めることを促せるように、単元での発問や教材配列等の工夫を試みています。また、「広い視野」に立って物事を考えられるように、他者の考えを聞いたり読み取ったりする機会を単元に意図的に設けたり、身の回りや他教科などで数学が活用されている場面を積極的に紹介したりするようにしています。これらの取組は、数学的に考える資質・能力を生徒が身に付ける上でも必要であると考えています。

　その上で、単元の指導と評価の計画（単元計画）を作成して実施し、必要に応じて評価・改善していきます。その際、それぞれを人的、物的な体制の確保・調整を関連付けながら行っていくことで、児童生徒の実態に基づいた、資質・能力を育てる授業づくりが実現できます（次頁の図1を参照）。算数・数学のきめ細やかな指導のための支援員確保や、個別最適な学びや協働的な学びを効果的に実現するためのICT環境の整備なども含まれます。

（2）単元計画を作成して実施し、評価・改善する

　「目指す児童生徒像」を踏まえ、単元の指導を始める前に単元目標を設定します。既存の教科書の節や問の順序を参考にしながらも、そればかりに縛られず、単元を通して「児童生徒にどうなってほしいのか」というゴールを意識して、単元の最後から最初までを逆算していきます。そして、児童生徒が「何を、どの順で、どのくらいの時間で、どのように学ぶと効果的か」を構想していくと、児童生徒が資質・能力を身に付けていくためにど

う指導していけばよいかが少しずつ見えてきます（逆向きのアプローチ）。その際、総合的な学習（探究）の時間や他教科において、目的に応じて式の計算や測量、関数・統計の図・表・グラフなどが活用できるように、教科横断的な文脈の問題場面において数学的な見方・考え方や数学的な知識・技能のよさを児童生徒が実感できるような学習場面を意図的・計画的に設けることが大切です。

ただ、それだけでは、教師がつくった"レール"を児童生徒がただ受動的にたどりながら学ぶことになるかもしれません。児童生徒には、自身やクラスの状況を捉えながら目標や問いをその都度設けながら学んでいってほしいものです。なぜなら、それが〔学びに向かう力、人間性等〕を児童生徒が身に付けることにつながるからです。そこで、児童生徒が「自分自身がどうなりたいのか」という目標を創発しながら主体的に学ぶことができるように、児童生徒が抱くであろう問い（単元／小単元／授業の問い）を軸にして単元を構成すると効果的です（前向きのアプローチ）。もちろん、教師の想定通りにならなくて当然ですし、個人差もあるでしょう。とはいえ、それぞれの児童生徒の中で何らかの問いが少しずつ連鎖していくことができれば、児童生徒はその単元で数学を学ぶ意味や意義を自覚しながら探究的に学び、既習の数学的な知識等を整理・統合しながら深く学ぶことができると考えられます。学習評価を生かし、必要に応じて教師は単元計画を調整し、生徒は取組の仕方をよりよく調整しながら学べることを目指したいものです。

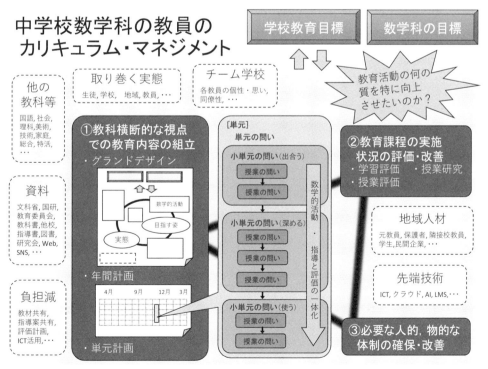

図1　中学校数学科の教員のカリキュラム・マネジメントの例

Q10-4 小中高を通して、理科のカリキュラム・マネジメントにおける授業づくりで大切なこととは?

　理科のカリキュラム・マネジメントを推進する上で、平成29〜31年版の理念、そして各校種の理科の目標と内容を理解し、目標に示されている3つの資質・能力である知識と技能の習得、問題解決する力と科学的に探究する力の育成、主体的に問題解決しようとする態度と科学的に探究しようとする態度の涵養を図ることが大切です。理科は内容教科と言われることがありますが、単元等のある程度のまとまりにおいて、内容を学ぶことを通して、この3つの資質・能力をバランスよく育成します。

　そのためには、小学校では問題解決を、中学校と高等学校では科学的な探究をより一層充実させ、探究的に学べるようにします。その際、中学校と高等学校であれば、小学校の問題解決で育成された資質・能力を引き出し、更によりよくしていきます。小学校では、問題を見いだす、予想や仮説を発想する、解決の方法を発想する、より妥当な考えをつくり出す、比較する、関係付ける、条件を制御する、多面的に考えるなど行っています。これらのことと学んだ内容を踏まえ、単元を構想し授業をつくり実践します。小学校であれば、問題解決を通して3つの資質・能力を育成するとともに、学年や発達の段階における科学的な概念の形成を目指します。その際、その科学的な概念が中学校と高等学校において、どのように更新されていくかを念頭において指導に当たりたいものです。

　単元の学習をより主体的、より探究的に学べるようにするために、単元の初めに自然事象の観察等から疑問や問題を見いだします。そして問題や課題を設定することで、問題や課題を自分のこととして捉えられたり見通しをもてたりして、問題解決や探究の各過程を進んで取り組めるよう指導に当たります。また、各過程において、見通しに対して振り返り学習の状況を批判的（クリティカル）に捉えることで、観察・実験の方法や考えをより妥当なものにするなど学習を調整できるようにする機会を設定することで学習をよりよくします。

　問題や課題を解決するために、はじめに従属変数を確認する、従属変数から独立変数や要因を考える、仮説を設定する、仮説を検証する観察・実験の方法を立案する、条件の制御を考える、観察・実験の結果を予想するなどして、観察・実験を計画します。計画を充実させることは、観察・実験の質を高めたり、結果の分析・解釈をより深く考えたりさせることになります。小学校だけでなく中学校と高等学校においても、観察・実験を行う際、「変える条件は?」や「変えない条件は?」と生徒へ問うことで、比較することや条件を制御すること、因果関係を考えるなどすることで探究を深めることができます。

　問題解決や科学的な探究の過程は決して固定的なものではありません。内容、観察・実験、児童生徒の発達の段階や実態等に応じ、重点的に扱ったり省略したりします。ただ、因果関係を扱いにくかったり見いだしにくかったりする自然事象の観察・実験において、

いかに探究的に学習を進めるかが工夫のしどころです。その鍵は理科の見方・考え方と言えるでしょう。内容や単元に即して「見方・考え方を働かせる」ことで、学習を探究的で深いものにすることができます。例えば細胞の観察ならば、様々な細胞の比較（理科の考え方）を通して、共通点や多様性（理科の見方）などの視点を導入することで、体のつくりと働きを関連付ける（理科の考え方）考察をすることができ、学習をより探究的に進めることができます。このような工夫を考え指導の改善と充実を図ることが理科を担当する教員の面白さであり醍醐味です。指導者としてそれを享受するとともに、理科の楽しさやすごさなどを児童生徒にも実感させたいものです。

　図1のように、観察・実験レポートなどのパフォーマンス評価やペーパーテストを通して評価することで、理科の指導や学習の改善と充実を図ります。それには、形成的な評価が大切であり、指導と評価の一体化を充実させることです。そして、育成された児童生徒の実現状況を評価して総括に生かします。ペーパーテストにおいては、全国学力・学習状況調査の理科の枠組みを参考に、問題を作成することで、活用できる状況にある〔知識及び技能〕や、児童生徒にとって未知なる自然事象を解き明かすことができる〔思考力、判断力、表現力等〕を評価することができます。総括的な評価の結果も、指導と学習の改善と充実に生かします。

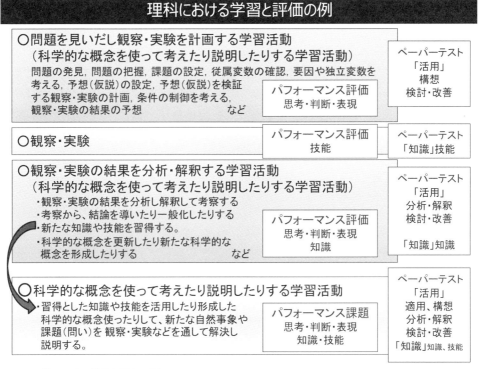

図1　理科における学習と評価の例

　このようにして理科におけるカリキュラム・マネジメントを推進して、児童生徒の理科における資質・能力を育成します。

Q10-5 生活科のカリキュラム・マネジメントにおける授業づくりで大切なこととは？

　平成29年版において、生活科は、具体的な活動や体験を通して、身近な生活に関わる見方・考え方を生かし、自立し生活を豊かにしていくための資質・能力を育成することを目指すことが明確にされました。「身近な生活に関わる見方・考え方」とは、身近な人々、社会及び自然を自分との関わりで捉え、よりよい生活に向けて思いや願いを実現しようとすることです。

　また、生活科は、各教科等との関連を積極的に図り、低学年教育全体の充実を図り、中学年以降の教育に円滑に移行することが明示されました。その観点から、合科関連、教科等間の横のつながりと、幼児期における遊びを通した総合的な学びから、小学校における自覚的な学びへの円滑な移行など、発達の段階に応じた縦のつながりとの結節点としての役割が期待されています。次は、平成29年版における生活科の目標です。この目標は、第2学年の終わりまでに実現することを目指します。

　　具体的な活動や体験を通して、身近な生活に関わる見方・考え方を生かし、自立し生活を豊かにしていくための資質・能力を次のとおり育成することを目指す。
(1) 活動や体験の過程において、自分自身、身近な人々、社会及び自然の特徴やよさ、それらの関わり等に気付くとともに、生活上必要な習慣や技能を身に付けるようにする。（知識及び技能の基礎）
(2) 身近な人々、社会及び自然を自分との関わりで捉え、自分自身や自分の生活について考え、表現することができるようにする。（思考力、判断力、表現力等の基礎）
(3) 身近な人々、社会及び自然に自ら働きかけ、意欲や自信をもって学んだり生活を豊かにしたりしようとする態度を養う。（学びに向かう力、人間性等）

　今回の改訂で、生活科の9つの内容は、一文の中に次の4つが構造的に組み込まれています。
① 児童が直接関わる学習対象や実際に行われる学習活動等
② 思考力、判断力、表現力等の基礎
③ 知識及び技能の基礎
④ 学びに向かう力、人間性等

　全ての内容は、「〜を通して（具体的な活動や体験）、〜ができ（思考力、判断力、表現力等の基礎）、〜が分かり・〜に気付き（知識及び技能の基礎）、〜しようとする（学びに向かう力、人間性等））のように構成されています。

　生活科の授業づくりにおいては、生活科で育成を目指す資質・能力が明確に組み込まれている「各内容の文言」を、学校の環境や地域、児童の実態に照らし合わせて咀嚼するところから始めます。具体的な児童の姿を思い浮かべながら文言を咀嚼し、各内容を通して

身に付ける資質・能力を正しく理解する必要があります。まずは、2年間の学びと育ちを見通して単元構想を立てていくことになりますが、1年間の横軸となる学びのストーリーと、2年間の縦軸となる学びのストーリーそれぞれを低学年のブロックとして検討し、各内容の学びを関連付けるなど、低学年の教育を充実させていくことが重要です。

　生活科の単元は、複数の内容で構成されることが多いものです。単元構成においては、主内容と従内容を決め、単元目標や評価規準は、構成した内容を織り交ぜながら設定していくことになります。この際、内容の文言の咀嚼や吟味、分析や理解が曖昧になると、ねらいと活動内容、指導内容と評価の観点、単元を通した教師の指導や支援に一貫性がなくなり、一見、活発に見える活動がなされていたとしても、内容に組み込まれた資質・能力が育成されない授業展開をし続けていることになりかねず、注意が必要です。

　残念ながら、生活科の授業づくりにおいては、このような内容そのものの誤読や咀嚼不足が起きがちで、構造的に組み込まれた資質・能力の育成がねらいに明確に位置付いていないことがあります。先述した①児童が直接関わる学習対象や実際に行われる学習活動等と、④学びに向かう力、人間性等だけを単元のねらいとして、②思考力、判断力、表現力等の基礎や③知識及び技能の基礎などの資質・能力が抜け落ちることがないようにしたいものです。

　次の表1は、ありがちな内容の誤読の例となります。

表1　内容の誤読の例

内容	抜け落ちがちな資質・能力	誤った単元の展開
内容（5） 季節の変化と生活	それらの違いや特徴を見付けることができ（思考力、判断力、表現力等の基礎）	夏や秋など、一つの季節そのものを感じることだけに展開の重点が置かれる
内容（6） 自然や物を使った遊び	その面白さや自然の不思議さに気付く（知識及び技能の基礎）	「おもちゃを作る」活動がねらいとなり、試行錯誤を繰り返す過程が位置付いていない

　生活科の指導では、各教科等との関連を積極的に図り、互いに補い合い、支え合う関係にあることを指導計画に具現化することが求められています。そのためには、全校行事や児童会活動を含め、その学年の各教科・領域、特に、「特別の教科道徳」の年間指導計画との横断的な関連を図ることも重要です。4月の入学式・始業式の週から、生活上必要な習慣を身に付けたり、季節の特徴を見付ける活動や体験をしたり、記録写真を撮り、環境に残して他教科や他の単元とつなげたりしていくことも、大切な授業づくりの仕掛けとなります。この時期の発達の段階を背景として、児童なりの「問い」をもち、どうしたら解決していけるのか協働して考えていくこと、その過程において、自分たちで解決できるという充実感や満足感を体感し、自信をもって生活していけるような授業づくりを行いたいものです。学習を通して得た意欲や自信が、これからの学びの土台となります。

Q10-6 小中高を通して、音楽科のカリキュラム・マネジメントにおける授業づくりで大切なこととは？

（1）音楽科のカリキュラム・マネジメントとは

　音楽科では、「音楽に対する感性を働かせ、音や音楽を、音楽を形づくっている様子とその働きの視点で捉え、自己のイメージや感情、生活や文化（中：生活や社会、伝統や文化／高：音楽の文化的・歴史的背景）となどと関連付けること」という「音楽的な見方・考え方」を働かせて、学習を積み重ねていくことによって、児童や生徒の発達の段階に応じた、〔知識及び技能〕の習得、〔思考力、判断力、表現力等〕の育成、〔学びに向かう力、人間性等〕の涵養が実現していきます。このことを繰り返していくと、「音楽的な見方・考え方」自体も広がったり深まったりしていく。今回の改訂では小・中・高を通して〔共通事項〕が位置付けられたこと、〔共通事項〕を含め目標や内容が共通の構造になったことを踏まえ、カリキュラムを考え、実践し、評価する中でより質の高い授業を目指して深化させることが大切です。

（2）音楽科の評価の課題とは

　課題として「教師の主観にとらわれる面がある」「技能や知識の記憶に偏っている」「一人一人を見た評価とならない面もある」「評価の結果を次の学習へ生かしていない」などが挙げられます。ともすると、「ピアノが弾ける子がA、できない子はC」「鑑賞では作文が上手な子はA」となりがちです。評価するとは、教育活動の効果について教育の目的（本時のねらい等）に照らして評価をすることであり、育みたい「資質・能力」をより具体的な姿として捉えることでもあります。不十分であれば指導方法を改善していく、あるいは、Cと判断した児童生徒に寄り添い、課題を成果へと変えていくことが大切です。したがって、ここでの評価はジャッジメント【judgment】からアセスメント【assessment】へ、すなわち判定から児童生徒の達成度を評価し、評価を生かした支援・指導への転換が大切です。

（3）児童生徒が主体となる授業づくりのために

　主体的・対話的で深い学びの視点からの授業改善を行うには、まずは、魅力ある教材との「すてき！」「やってみたい！」などの出会いが大切です。次に主体的に学習に取り組めるよう学習の見通しを立てるには、「できるかな？」「試しにやってみよう！」という試行が大切であり、「ちょっと難しいなあ」と感じたときに、「これならできる！」という自分の力に合った表現及び楽譜等を選べたりすると効果的です。さらに毎時間の学習したことを振り返り、自身の学びや変容を自覚できる場面を設定すると同時に、次の目標を立てることが大切です。対話の場面では、言葉だけでなく音楽で表現して伝え合う場面を設定

すれば、効果的に自分の表現を広げたり深めたりすることができるようになるでしょう。

　また、授業前と後の比較が大切です。例えば、歌唱や器楽の授業において、「曲想を工夫しよう」と投げかけたものの、何をどのようにしていいか分からず、工夫をひねり出すものの、曲そのもののよさを生かした工夫にはなっておらず、かえって工夫しない方が曲そのもののよさが表れてよかったといった例が散見されます。工夫には音や音楽に基づく、思考・判断の拠りどころとなる主な音楽を形づくっている要素〔共通事項〕等の根拠が必要です。

　本題材・主題及び本時でどんな力を付けたいのかを明確にし、子供の実態【before】をつかみ、身に付けたい学習後の姿【after】を想定する。その際、適した教材を選択し、適した授業方法を考えていくのです。すなわち教材を教えるのではなく、教材で身に付けたい資質・能力に迫っていくのです。その際、【before】【after】の把握だけではなく、3つの評価観点で適宜、評価規準を基に子供の姿を捉え、指導内容や方法に修正を加えていくことが大切です。成果を実感し、課題が明確になれば「次はこれをやろう！」という意欲も高まります。

　【before】【after】の間にある学習活動ですが、ここでの評価は先生の評価だけではなく、学習活動としての評価も有効です。学習前では、自分の今もっている力を知ることで、自分に合った楽譜や楽器、パートを選択できます。学習過程においては、子供同士の言葉がけだけでなく、実際に演奏するなどの、学び合いにおける友達との双方向の相互評価が有効です。総括的な場面では、友達や教師だけでなく、保護者や地域、異学年が演奏を聴き、「上手だった！」などの他者評価をもらうことで、自己有用感が高まります（図1）。この【after】が高まらなければ学習活動が十分でなかった、あるいは【before】の実態把握が甘かったとなり、指導を改善します。この営みこそがカリキュラム・マネジメントとなります。

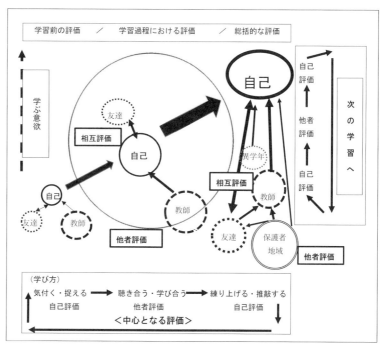

図1　「自己評価」「他者評価」の関わり

Q10-7 小中高を通して、図画工作、美術科のカリキュラム・マネジメントにおける授業づくりで大切なこととは?

(1)「いつまでもお日様を描かせておいていいの?」
〜まずは「児童理解」を踏まえる

　小学校の先生方から、こういうご質問をいただくことがよくあります。こんなときは「低学年の子供たちはなぜお日様やお空を描くのでしょう」というところから説明を始めます。この時期の児童が描く絵に「基底線」といわれるものが現れ、それと対応する形で"お空"や"お日様"が登場する。だから「お日様を描いている子は、そういう段階にあると理解するとよいのでは?その子に"描く理由"がなくなれば描かなくなりますよ、きっと」……そんな子供の絵の発達にまつわるリクツの数々を挙げながらお話ししていました。

　特に図画工作科でカリキュラム・マネジメントを考える際は、教科横断的な資質・能力（これを"横方向"とするなら）の育成の前に、「縦方向」に当たる児童の発達の特性と表現及び鑑賞の在りようを確認しておく必要があります。

(2) 系統性や体系性に配慮する

　平成29〜31年版では高等学校でも〔共通事項〕が新設され、造形的な視点を豊かにするために必要な「知識」（図画工作では〔思考力、判断力、表現力等〕も）が、全校種を通して位置付けられました（図1）。これと同じように、各領域（「A表現」「B鑑賞」）の学習内容についても、系統性・体系性に配慮した指導計画を立てる必要があります。

　小学校の場合、教科書や指導資料集等に掲載されている題材例を参考にして指導を進めることが多いと思われます。そのような場合でも少し立ち止まって、その題材を扱うことの意味を問い直してみましょう。今の、この子供たちを対象にして、なぜこの題材、材料、用具を扱っているのか……。それを踏まえて指導の改善を図っていくことが、そのままカリキュラム・マネジメントにつながります。ただし、児童の発達は理屈通りには進みませんし、個人によっても特性が異なります。あくまでも目の前の児童の実態や特性から、こうした取り組みを進めることが大切です。

	小学校（低学年→中学年→高学年）			中学校	高等学校
	自分の感覚や行為を通して、……			形や色彩、材料、光など	造形の要素
知識	形や色などに **気付く**	形や色などの感じが **分かる**	造形的な特徴を **理解する**	性質や、それらが感情にもたらす効果／造形的な特徴などを基に、全体のイメージや作風などで捉えることを **理解する**	働き ／ 全体のイメージや作品、様式などで捉えることを **理解する**
造形的な要素	形、線、色、触感	形、色、組合せ、明るさなど	動き、奥行き、バランス、色の鮮やかさ	色彩の色味や明るさ、鮮やかさ／材料の性質や質感／優しさ、楽しさ、寂しさ／組合せ、構成／余白、空間、立体感、遠近感、量感、動勢／見立て、心情、作風や様式などの文化的な視点	温かさ、軟らかさ、安らぎ ※中学校段階までの内容や取り扱いを踏まえて
	自分	**他者**	**社会**（文化、歴史……）		

図1 〔共通事項〕の扱いと発達の特性・学習の広がり

（3）「教科横断的」に触手を伸ばす

　平成29年版解説総則編には、教科横断的な教育内容について様々な例示があります。「学習の基盤となる資質・能力」育成のための「言語活動の充実」では、アイデアスケッチや鑑賞での位置付けが示されています（中学校総則 p.82）。また、「情報活用能力」のプログラミング的思考（小学校総則 p.85）は、デザインや工芸などで、目的や機能を考えながら作品制作する過程で頻繁に働いています。学習の過程でこのような資質・能力が育成されていることを、指導者自身が自覚したり、保護者等も含めた教科外の関係者に説明したりできるようにしておくとよいでしょう。

　また、小・中学校の解説総則編巻末の「付録6」では、「現代的な諸課題に関する教科等横断的な教育内容」の一覧表を示しています。ページを繰りながら図画工作、美術が登場する欄にマーカーを引いてみましょう。他教科等とのつながりが見えてきます。

（4）資質・能力ベースでのつながりを意識する

　一つ注意したいのは、あくまでも育成を目指す資質・能力に視点を置いて、他教科や学校行事等との関連を図ることです。これを踏まえずに、恒例の行事等に合わせて作品づくりをすることが"目的化"している実態が散見されます。

　例えば"恒例"の「6年生を送る会」の会場装飾が必要だから、そこに「共同してつくりだす活動」を形だけ位置付けたりする、中学校等で修学旅行のしおりの表紙づくりを"学年から要請"されて、"例年通り"に指導計画に位置付けたりする、などです。学校教育全体に目を向けつつも、教科指導の側からの必然性を見失うことのないようにカリキュラム・マネジメントに参画することが大切です。

（5）社会に開かれた図画工作・美術科を思い描く

　図画工作・美術科は、学習の成果を"作品"という形でのみ受け止められがちです。学習を通して育成した資質・能力が、将来にわたってどう生きて働くのかを、指導者自身が把握し、周囲に対して説明できるようにしておく必要があります。

　近年、異分野の有識者がそれぞれの専門分野と結び付けて、図画工作、美術教育を取り上げるようになりました（図2）。教科指導の指南書に加えて、他分野にまたがる様々な言説にも関心をもち、日々の授業が子供たちの未来でどう開花していくのかを、常に思い描くことができるようにしたいものです。

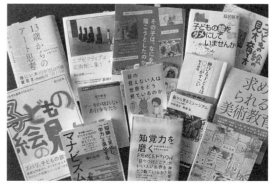

図2　脳科学、支援教育、子育て本、ビジネス界などから様々な言説が……中には書店で平積みされている書籍も。

67

Q10-8 小中高を通して、体育、保健体育科のカリキュラム・マネジメントにおける授業づくりで大切なことは？

（1）授業づくりでおさえるべきこと

　体育・保健体育科には、運動に親しみ、健康を保持増進し、一人一人に応じた体力の向上を図ることで、豊かなスポーツライフの実現のために、小学校の段階から、それらの基礎となる資質や能力を身に付けていくことができるよう発達の段階に応じて指導する内容を明確化しつつ、学校段階の接続を踏まえて指導内容の体系化を求められています。

　体育・保健体育科が目指す児童生徒の授業での具体的な姿は、「運動や健康についての課題の解決に向けて思考し判断し、他者から学んだり他者に伝えたりしながら互いに高め合い、自己の健康の保持増進と体力の向上を目指して学ぶ姿」です。そのためには、「解決に向けて試行錯誤を重ねながら、思考を深め、よりよく解決しようとする学び」や、「『する、みる、支える』等の多様な喜びを味わい、生涯にわたって心身の健康を保持増進し豊かなスポーツライフを実現するための資質・能力を身に付けていこうとする学び」が展開されることになります。

　また、豊かなスポーツライフの実現と、スポーツとの多様な関わり方を楽しむことができるようにする観点から、体力や技能の程度、性別や障害の有無等に関わらず、運動やスポーツの多様な楽しみ方を共有することができるよう、共生の視点を踏まえたカリキュラム・マネジメントが大切であることも付け加えます。

　体育・保健体育科の現状や課題として、体育面では、子供の体力について、昭和60年頃と比較すると低い状況にあることや、運動する子供としない子供の二極化傾向が続いていることなどから、豊かなスポーツライフを実現する資質や能力を育成することや、「する、みる、支える」などの多様なスポーツとの関わり方を楽しむことができる資質や能力を育成すること、体力や生活に応じて自己の運動課題の見直しを図り、学習したことを実生活や実社会で生かし、運動の習慣化につなげるとともに体力の向上を図ることのできる能力を育成することなどが課題とされています。保健面では、健康に関する関心を高め、健康の保持増進を目指して主体的、協働的に取り組むことや、健康情報を分析し、健康課題の解決や自他の生活の改善に活用すること、少子高齢化や疾病構造の変化による現代的な健康課題の解決に役立つ内容が不十分である可能性があることなどが課題とされています。

　そのような現状や課題を踏まえて、体育分野を例にすると、資質・能力の3つの柱を踏まえた内容構造を見直して、豊かなスポーツライフを継続することができるよう、小学校、中学校、高等学校の12年間を通じた系統性を踏まえて、指導内容の体系化を図ることを重視しています。

　その12年間を見通して、各種の運動の基礎を培う時期、多くの領域の学習を経験する時期、卒業後も運動やスポーツに多様な形で関わることができるようにする時期といった

発達の段階のまとまりを踏まえ、小学校から高等学校への接続と見通しを重視し、系統性を踏まえた指導内容を設定し、授業づくりができるようにします。

（2）体育・保健体育科の学習プロセスを踏まえ、対話的な学習を展開する

　主体的・協働的な学習活動を重視し、「主体的・対話的で深い学び」の実現に向けた授業づくりや工夫・改善を進めることが求められます。体育・保健体育科の学習には、ベースとなる学習プロセスがあると考えられます。それを示したのが図1です。深い学びのために不可欠な基礎的・基本的な知識・技能を獲得するための「タスク（Task）活動」、そこで明らかになった問題発掘から設定された課題を克服・解決するための「ストラテジー（Strategy）活動」、その過程を説明したり、説明や発表、表現・実践したりする「パフォーマンス（Performance）活動」です。

　単元の特性や児童生徒の実態等によっては、図2のように、それがサイクルとなって展開されます。そのような学習プロセスを踏まえて、次のような学習場面の展開が考えられます。

〈体育分野〉
- 運動観察を通して課題を指摘したり、課題解決のアイデアを伝え合ったりする活動
- 個人やグループの課題解決に向けて、合意形成に貢献する活動
- 課題解決の過程を踏まえ、目標や課題の設定と練習方法を選択、実践し見直す活動
- ICT、学習カード等の活用による課題や作戦、戦術等を分析するなど、運動観察や自己評価、相互評価する活動
- 競技会や発表会の主体的な企画や運営につなげる活動　等

〈保健分野〉
- 健康課題の発見する活動　　　　　・課題解決の方法を検討する活動
- 健康情報の収集・分析する活動　　・個人及び社会生活への適用・応用につなげる活動　等

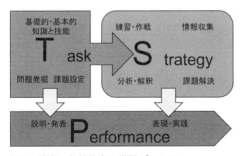

図1　体育・保健体育の学習プロセス
　　　【イメージ1】

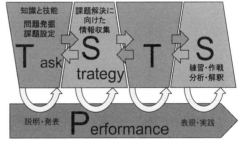

図2　体育・保健体育の学習プロセス
　　　【イメージ2】

　体育、保健体育科のカリキュラムは、目の前の児童生徒とほぼ毎日生活を共にしている学校の教員が、子供と社会の実態やニーズを土台にして、地域や保護者の願いを受け止めつつ、目指す人づくりに向けて子供を導くために必要なことを適確に捉えて作成するものです。そのために、子供とどのように向き合い、どのように育てたいのかといった、ビジョンやストラテジー、ゴール等を明確にしていくことが大切となります。カリキュラムの実践を通して、児童生徒一人一人にしっかりと向き合った指導内容と学習活動であるか、常に立ち返りつつ、学習活動の展開中に改善や工夫が図られていきます。

Q10-9 技術・家庭科〔技術分野〕のカリキュラム・マネジメントにおける授業づくりで大切なこととは?

(1) 技術分野とは

　技術・家庭科の技術分野は小学校にも高等学校にもない教科なので、他校種との関わりについて意識されていないケースが多く見られます。しかし、義務教育で唯一、技術教育を専門に扱う本教科だからこそ、小学校や高等学校と連携し、国民として必要な技術的視野を育てていく責務があります。小学校との連携では、例えば図画工作だけでなく小学校5年生の社会などと連携することで、多角的に技術について考える素地を育てられます。また、情報教育については、プログラミング教育を軸に小・中・高で連携を進めていく必要があります。

　本稿では、特に情報教育について、他校種との連携を視野に入れた「技術分野のカリキュラム・マネジメントを通した授業づくり」について考えます。

(2) 情報教育での連携

　平成29年版総則において、情報活用能力が言語能力等と同様に「学習の基盤となる資質・能力」に位置付けられました。しかし、その要とも言える中学校の技術分野では、いまだに文書作成ソフトウェアや表計算ソフトウェアの使用方法の指導に終始している実践例が見られます（本来、取り扱う内容ではないのにもかかわらず、です）。今後の情報教育の充実のため、技術分野では小・高との連携を視野にいれた指導方法を考え実践していく必要があります。

(3) 小学校との連携のポイント

　小学校では、プログラミング教育が導入されました。また、Society 5.0が実現されると、コンピュータに関する基礎的な技能はもちろんのこと、情報の取り扱いや活用方法等に関わる資質・能力の育成がますます重要となります。そこで小学校と中学校とで連携し、長期的な視点で情報活用能力を育成していくことが求められます。この連携については、基本的に同じ学区内もしくは市区町村単位で進められると思われます。そのポイントについて、①コンピュータの基本操作の習得　②プログラミング的思考の育成　の2点に注目して考えてみましょう。

　まず、①のコンピュータの基本操作の習得についてです。最初に確認したいこととして、コンピュータの基本操作については、技術分野で扱うべき内容としては取り上げられていない、ということです。その上で、例えば中学校における総合的な学習の時間等を含めた教育課程上で、どのようにコンピュータを活用させるのか念頭に置きながら、小学校段階で習得させるべきキーボード操作やソフトウェアの使用方法等を、（小・中学校間で）

協議し連携していく必要があります。

　次に、②のプログラミング的思考の育成についてです。プログラミング教育に関わる授業のアイディアについて、現在も数多くの小学校において、手探り状態で研究が進められています。そこで例えば、これまで技術分野で扱ってきた情報の内容（デジタルの特徴やエアコンの温度管理の仕組み等）に関する指導方法や教材・教具を小学校に紹介することで、小学校と中学校の連携が進み、より効率的にプログラミング的思考を育むことができるでしょう。

（4）高等学校との連携のポイント

　「高等学校においては、情報科において共通必履修科目「情報Ⅰ」を新設し、全ての生徒がプログラミングのほか、ネットワーク（情報セキュリティを含む）やデータベースの基礎等について学習」*することとなりました。全ての生徒が、小・中学校での情報教育を基に、より発展させた情報に関する内容を学んでいきます。この内容は、例えば「アルゴリズム」「データサイエンス」「モデル化とシミュレーション」等であり、技術分野における内容「D　情報の技術」での学びを基礎として進められます。高等学校の情報科を見据えた技術分野における指導のポイントとして、例えば、課題に対してどんな"条件"に注目して"自分なり"に課題の解決を目指すのか、を考えさせるような展開が挙げられます。条件を踏まえた課題解決の経験が技術を活用する素地を育て、より高次の技術を活用して課題を解決できるようになります。そのためにはまず平成29年版解説をしっかりと押さえ実践していくことが大切でしょう。

＊「高等学校情報科の指導におけるICTの活用について」、文部科学省, 2020.9.11

（5）まとめ

　技術分野におけるカリキュラム・マネジメントについて、情報教育の視点から考えてきました。今後はさらに小・中・高での連携がスムーズに進められるよう、例えばどんなソフトウェアやプログラミング言語等を選択し用いていくか考え実践していく必要があります。

　小・中・高と、児童生徒に将来必要となる技術に関わる資質・能力を身に付けさせるためには、その要としての技術分野が重要な役割を担っています。地域の特性等も踏まえ、学校教育目標の実現のため、技術分野においてできることを考え取り組んでいきましょう。

技術・家庭科（技術分野）

Q10-10 家庭科、技術・家庭科〔家庭分野〕のカリキュラム・マネジメントにおける授業づくりで大切なこととは？

（1） 小学校は2学年間、中学校は3学年間を見通した指導計画の作成

　家庭科、技術・家庭科（家庭分野）は、教科の目標と内容が学年ごとではなく、まとめて示されていることから、指導計画を作成する際には、児童生徒や学校、地域の実態に応じて適切な題材を設定し、小学校は2学年間、中学校は3学年間を見通して効果的に配列する必要があります。題材の構成に当たっては、家庭生活を総合的に捉えることができるよう、関連する内容の組合せを工夫し、効果的な学習が展開できるよう配慮します。その際、児童生徒の家庭生活の状況、生活経験の有無などにより、児童生徒の生活に対する興味・関心、身に付いている知識や技能などは様々であることを踏まえ、内容に関する児童生徒の実態を的確に捉え、学校、地域における行事等との関連を図るなど、より身近な題材を設定するよう配慮する必要があります。また、他教科との関連を明確にするとともに、小・中学校を通して系統的な指導ができるよう配慮します。

〈指導計画作成のためのチェックポイント〉

① 家庭科、技術・家庭科（家庭分野）で育てたい資質・能力を身に付けた児童生徒の姿が明確になっている。
② 年間の指導の流れを考え、題材を配列している。
③ 指導内容の関連を図って題材を構成している。
④ 各題材に適切な授業時数を配当している。
⑤ 指導すべき内容に漏れがないかを確認している。

（2） 他教科等との関連を図るために

　各教科等の学びは相互に関連し合っていることから、指導計画を作成する際には、家庭科、技術・家庭科（家庭分野）の学習と他教科等との関連についても明確にする必要があります。そのためには、まず、関連のある他教科等の内容を洗い出し、児童生徒の学習状況を把握します。次に、他教科等の学習時期を考慮して、題材の設定や配列を工夫します。さらに、指導計画に他教科等との関連を位置付け、小学校では第5学年、中学校では第1学年の4月に実施するガイダンスにおいて、これからの学習に見通しをもたせます。

（3） 小・中学校の学習を見通した系統的な指導計画を作成するために

　まず、小・中学校が連携し、小・中学校の各内容について理解を深め、系統性について確認します。調理や製作では、児童生徒の知識及び技能の習得状況等を把握するとよいでしょう。次に、中学校の学習を見通して、小学校の指導内容を明確にした上で題材を設定

し、段階的に配列するようにします。

　次に示す表1は、小・中学校5年間の食に関する指導内容を明確にし、調理の基礎における系統性を示したものとなります。また、表2は、表1を踏まえて、小・中学校5年間を見通した食の題材配列を示したものです。

表1　小・中学校5年間の食に関する指導内容

	小学校（家庭科）	中学校（技術・家庭科　家庭分野）
調理	・必要な材料の分量（1人分のおよその量） ・手順を考えた調理計画 ・材料に応じた洗い方（野菜類），調理に適した切り方，味の付け方（食塩，しょうゆ），盛り付け配膳の基礎 ・材料に適したゆで方（青菜，じゃがいもなど），いため方 ・米飯とみそ汁の調理（和食の基本となるだしの役割）	・基礎的な日常食の調理（魚，肉，野菜等） ・1食分の献立の調理計画 ・食品に応じた適切な洗い方，調理に適した切り方，調理の目的に合った調味（食塩，みそ，しょうゆ，さとう，食酢，油脂） ・材料に適した加熱調理の仕方（煮る，焼く，蒸す等） ・地域の食材を用いた和食の調理（だしを用いた煮物又は汁物）
安全・衛生	・用具や食器の取扱い（包丁の安全な取扱い）（食器，まな板，ふきんの衛生的な取扱い） ・野菜類の洗い方 ・加熱用調理器具の安全な取扱い ・後片付け ・実習の指導（生の魚や肉は扱わない）（食物アレルギーへの配慮）	・用途に応じた食品の選択（生鮮食品，加工食品，食の安全を確保する仕組み） ・調理用具等の管理（包丁などの刃物の安全な取扱い，ふきんやまな板の衛生的な取扱い） ・食品の管理（保存方法と保存期間，食中毒）（魚や肉など生の食品の取扱い） ・熱源の安全な取扱い ・実習の指導（食物アレルギーへの配慮）
食文化	・伝統的な日常食（米飯とみそ汁：だしの役割） ・盛り付け，配膳 ・日常の食事の仕方（食事のマナー，挨拶など）（お茶の入れ方・供し方）	・地域の食文化（地域の伝統的な行事食や郷土料理） ・地域の食材を用いた和食の調理（だしを用いた煮物又は汁物）

表2　小・中学校5年間を見通した食に関する題材配列表

	学年	小学校 第5学年		小学校 第6学年		中学校 日常食の調理			中学校 日本の食文化と和食の調理
	題材	ゆでておいしく食べよう	日本の伝統の味ご飯とみそ汁をつくろう	いためておいしく食べよう	栄養のバランスを考えた1食分の食事を整えよう	野菜やいもの蒸し料理にチャレンジ	肉の調理にチャレンジ	魚の調理にチャレンジ	地域の調理にチャレンジ
	実習題材	青菜のおひたしゆでじゃがいも温野菜サラダ	ごはんみそ汁	三色野菜いため	主菜：野菜のベーコン巻き，オムレツ，ツナポテトハンバーグ　など　副菜：ゆで野菜の和えもの，ナムル　など	とり肉とキャベツの蒸しもの	ハンバーグ付け合わせ（せんキャベツ，野菜とじゃがいものソテー）	鮭のムニエルミネストローネスープ	筑前煮きゅうりとわかめの酢の物すまし汁
食材	米		○						
	野菜	ほうれん草などの青菜キャベツ　にんじんブロッコリーアスパラガス　など	長ねぎ大根	キャベツ　にんじんピーマン　など	にんじん　ピーマンキャベツブロッコリー　など	キャベツにんじん長ねぎ	ブロッコリーにんじんキャベツ玉ねぎ	にんじん玉ねぎキャベツ	にんじんごぼうれんこんさやえんどう
	いも類	じゃがいも			じゃがいも		じゃがいも		
	卵				○		○（つなぎ）		○
	魚や肉			魚や肉の加工品（ベーコン，ソーセージ，ちくわ　など）	魚や肉の加工品（ベーコン，ちくわ，ツナ缶　など）	鶏むね肉	合い挽肉	鮭ベーコン	鶏もも肉
	その他		油あげ　豆腐煮干し				パン粉	トマト水煮缶	干し椎茸こんにゃく
調理方法	計量		計量スプーン計量カップ	計量スプーン	計量スプーン	○	○	○	○
	洗い方	○	○	○	○	○	○	○	○
	切り方	○ひとロ大に切る	いちょう切り小口切り　短冊切り	○せん切り	○	ざく切り　細切り	○せん切り	○さいの目切り	輪切り　乱切りななめ切り　半月切り
	ゆでる	◎		◎	○		○		
	いためる			◎	○				
	炊飯		◎						
	煮る							○	◎
	焼く						◎	◎	
	蒸す					◎			
安全・衛生	用具や食器の取扱い	○	○	○	○	○	○	○	○
	加熱用調理器具の安全な取扱い	○	○	○	○	○	○	○	○
	後片付け	○	○	○（環境への配慮）	○	○	○	○	○
	実習の指導	○	○	○	○	○	○	○	○
	食文化		伝統的な日常食・だしの役割・配膳		日常の食事の仕方・食事のマナー・あいさつなど		料理（洋食）の様式に応じた盛り付けや配膳	料理（洋食）の様式に応じた盛り付けや配膳	地域の食文化（地域の伝統的な行事食や郷土料理）・だしを用いた煮物又は汁物

Q10-11　小中高を通して、外国語活動、外国語科のカリキュラム・マネジメントにおける授業づくりで大切なこととは？

　平成29年版の全面実施とともに、これまで小学校5年生から始まっていた外国語活動が小学校3年生から、そして、新たに教科としての外国語科が小学校5年生から開始となり、英語教育は大きな転換期を迎えました。

（1）外国語活動・外国語科の目標

　外国語活動及び外国語科の目標は以下のようになっています。

　外国語活動及び外国語科では、このように小・中・高等学校で一貫した目標の設定がなされています。目標を踏まえた上で、3つのポイントを提示します。

（2）外国語活動・外国語科におけるカリキュラム・マネジメント

①一貫した目標の把握、見通しをもったカリキュラム・マネジメント

　小・中・高等学校で一貫した外国語活動・外国語科の目標及び5つの領域ごとの目標を把握し、どのような位置付けにあるのかしっかり踏まえることが大切です。

　例えば、新たに小学校5年生から「書くこと」「読むこと」の指導が扱われます。そこでの指導内容は、その授業、その学年のみで捉えるのでなく、一貫した目標のどの位置付けにあるのか、ということを確実に踏まえ、カリキュラム・マネジメントを行い、授業を考える必要があります（図1）。多くの指導者が中・高等学校で経験した「書くこと」「読むこと」のイメージなどで考えない、ということです。

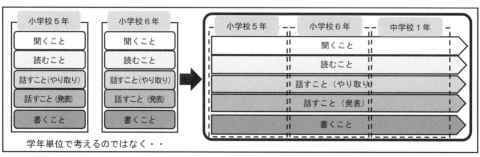

図1　5つの領域の一貫した目標イメージ

②繰り返しの視点をもったカリキュラム・マネジメント

　外国語活動・外国語科でも他教科同様に３つの柱の資質・能力を育成することを目指し、「外国語を使って何ができるようになるか」ということをしっかりと意識していかなければなりません。当然そこには、「外国語を使って」とあるように英語の力を育むことも大切になります。しかし、今回の学習指導要領改訂に当たり「コミュニケーションを行う目的や場面、状況等に応じて自分の考えや気持ちなどを適切に表現することに課題」と、これまでの英語教育における活用面での課題があげられています。

　「外国語を使って何ができるようになるか」と考えたときに、更に文法・語彙等の知識面の徹底、強化をしていくということではなく、言語活動を通じて、知識を活用できるだけの力を育む視点が大切です。言葉を習得していくには時間がかかります。同じ表現やトピックを、目的・場面・状況の設定された中で繰り返し活用し（図２）、言葉の力を育むカリキュラム・マネジメント及び授業づくりが大切です。

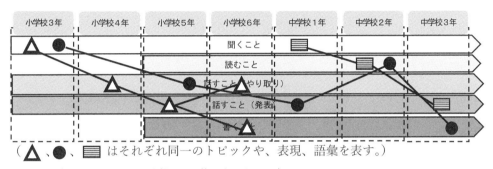

（△、●、▤ はそれぞれ同一のトピックや、表現、語彙を表す。）

図２　同一表現や同一トピックを繰り返し使用するイメージ

③教科横断の視点をもったカリキュラム・マネジメント

　学習者の〔思考力、判断力、表現力等〕を育んだり、〔学びに向かう力、人間性等〕を育んだりするには、言葉を扱う目的、場面、状況がしっかりと設定された中、児童生徒が興味を持ち取り組める題材の設定をすることが大切です。しかし、当然、「外国語（英語）による…」と目標にもあるように、母語ではない言葉を通じてということが前提となり、題材自体が児童生徒にとって全く新たなことであると、その理解に終始してしまうことが考えられます。

　児童生徒に育成を目指す資質・能力を育むためには、それまでに他教科等で扱っているなど、児童生徒が多少なりとも知っていたり、学んだりしたことを題材として取り上げ、それを活用しながら興味をもち取り組めるように設定するなどの工夫も必要です。資質・能力を育んだり、学習者が学びを深めたりするためにもその題材の設定においては、外国語を扱うということを踏まえ、教科等横断したカリキュラム・マネジメント、授業づくりがより一層大切ではないでしょうか。

外国語活動／外国語科

Q10-12 小中高を通して、道徳教育のカリキュラム・マネジメントにおける授業づくりで大切なこととは？

（1）道徳教育全体計画の確認

　道徳教育は一教諭の考えでのみ行われるものではなく、学校教育全体で取り組まれるものです。1時間の授業は日々の積み重ねの延長にあるものですから、学校としてどのような思いや考えをもって児童生徒を育てようとしているかをきちんと全職員で確認し進めるべきです。そのよりどころとなるのが「道徳教育全体計画」と考えられます。そこには、地域や保護者の願い、近隣の小学校や中学校との連携、他教科等との関わりなどが盛り込まれていることでしょう。そして何より、児童生徒の実態を踏まえたその学校ならではの重点目標が掲げられているはずです（図1）。

　その確認及び見直しなくして学校教育全体として取り組む道徳教育は始まりません。道徳教育のカリキュラム・マネジメントの第一歩はここからなのです。

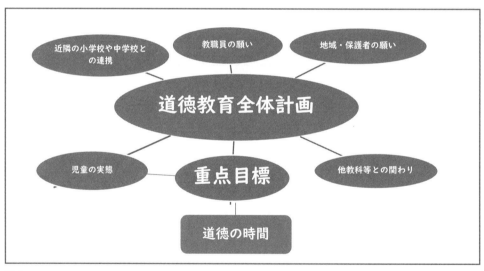

図1

（2）学年別内容項目の設定を踏まえた年間計画の確認

　道徳科の内容項目は小学校低学年で18項目、中学年19項目、高学年及び中学校は22項目です。年間最低指導時数は35時間（小学校1年生は34時間）ですから、複数時間指導する内容項目は自ずとその学校で重点と捉えた内容になると考えられます。

　さらに、どの内容項目をいつ行うか、年間計画が決められているはずです。それは各々の学校によって年間行事や特色ある教育活動などの時期が違うからです。そして、是非とも大切にしたいのが、他の教育活動との関わりです。それらが別葉という形でまとめられ

ているならば、そこに記されたものを参考にし、他の教育活動と絡ませながら毎週の道徳の時間を行うことが大切です。つまり、教科書を前から順に指導することなど考えられないことなのです。

(3) 道徳の時間の実践を通して

　そのようにして実践された道徳の時間に児童生徒がどのように自分自身を見つめ、生き方・考え方を振り返りこれからの生活に生かそうとしているかを見守るとともに、計画の中での位置付けがふさわしいものであったかを見直すことこそが道徳科におけるカリキュラム・マネジメントであると考えられます。事後に行事やイベントがある場合、学んだことがそこで生かされているかを見取るのは間違ったことではありませんが、その行事やイベントの事前指導が道徳科の授業そのものではありません。道徳科の目標は「①道徳的な価値の理解を基に②自分の経験や考え方を見つめ③ほかの人の考え方や感じ方、様々な場面など多面的・多角的に考え④さらに深く自分の生き方について考える」ことですから、そのような学習を全教育活動と絡めながら行うことができたかを、1つの授業の実践のみならず、年間計画・別葉の見直し、ひいては全体計画の見直しも含めてマネジメントしていくことが望ましいと考えられます（図2）。

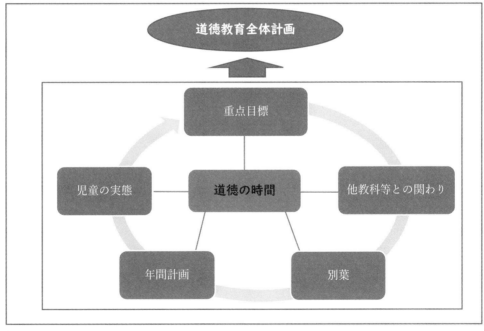

図2

Q10-13　小中高を通して、総合的な学習の時間、総合的な探究の時間のカリキュラム・マネジメントにおける授業づくりで大切なこととは？

平成 29 ～ 31 年版では、総合的な学習の時間と総合的な探究の時間は学校教育目標と直接的な関係をもつ時間として位置付けられています。各学校がカリキュラムを作成する上で、生活科や総合的な学習の時間がその中核となる存在として明確に位置付けられたと言えます。次は、平成 29 年版における小・中学校の総合的な学習の時間の目標です。

探究的な見方・考え方を働かせ、横断的・総合的な学習の学習を行うことを通して、よりよく課題を解決し、自己の生き方を考えていくための資質・能力を次のとおり育成することを目指す。

(1) 探究的な学習の過程において、課題の解決に必要な知識及び技能を身に付け、課題に関わる概念を形成し、探究的な学習のよさを理解するようにする。

(2) 実社会や実生活の中から問いを見いだし、自分で課題を立て、情報を集め、整理・分析して、まとめ・表現することができるようにする。

(3) 探究的な学習に主体的・協働的に取り組むとともに、互いのよさを生かしながら、積極的に社会に参画しようとする態度を養う。

各学校の総合的な学習の時間については、総合的な学習に時間の目標（第 1 の目標）と学校教育目標を踏まえて、各学校で目標を定めることになります。また、総合的な学習の時間の特質を踏まえた学習過程の在り方としては、次の事項を考慮していく必要があります。

○総合的な学習の時間に固有な見方・考え方（＊探究的な見方・考え方）を働かせること

1：各教科等における見方・考え方を総合的に働かせる

2：総合的な学習の時間に固有な見方・考え方を働かせる（＊探究的な見方・考え方）

○横断的・総合的な学習を行うこと

・対象や領域は、特定の教科等にとどまらず、横断的・総合的なものとする

・各学校が定める「探究課題」は、実社会や実生活の中から見いだされるものとする

○よりよく課題を解決すること

・簡単に解決しない課題について、自らの知識や技能等を総合的に働かせて、目前の具体的な課題を粘り強く対処し、解決しようとする資質・能力を育成する

○自己の生き方を考えていくこと

・人や社会、自然の一員として何をすべきか、どのようにすべきかなどを考える

　　　・自分にとって学ぶことの意味や価値を考える

　　　・これらを生かし、現在及び将来の生き方につなげて考える

　各学校において定める目標は、各学校が総合的な学習の時間での取組を通して、どのような資質・能力を身に付けた児童生徒を育てようとするのかを明確にする必要があります。この、「各学校において定める目標」を設定するに当たって、実現を目指す児童生徒の姿について具体的にイメージしたり、鮮明化したりする必要があります。また、「目標を実現するにふさわしい探究課題」を児童生徒と共に設定できるか否かで学びの質は左右されます。そのため、単元立ち上げの前に探究的に関わりを深める「人・もの・こと」の吟味が必須です。次の表1は指導計画のポイントを、表2は教師の役割を、表3は考えるための技法を整理したものです。

表1　指導計画のポイント

視点	カリキュラム・マネジメントのポイント
目標	各校が学校教育目標を踏まえて設定する
実態	地域・学校・学年・児童生徒の実態及び実現の可能性を見極める
資質・能力	資質・能力の3つの柱を踏まえて単元配列をする
各教科等との関連	各校の育成を目指す資質・能力を基にして単元配列を考える
見通し	実施時期・時数配当の見通しをもつ
柔軟性	弾力的で柔軟な計画（児童生徒の思考に沿って柔軟に変更する）
資源活用	人的環境・団体とのつながり・地域企業や社会施設との連携

表2　教師の役割

視点	教師の役割
主体的な取組	児童生徒自身が探究のプロセスを理解し、自ら学ぶ機会を設定する
学習材	目の前の児童生徒に適切な教材（学習材）を提供・準備する
指導性の発揮	どのような体験活動を仕組み、どのように考えを整理・分析して表現・発信していくのか、児童生徒の学習を活性化させる
展開イメージ	教師の明確なゴールイメージ、児童生徒の望ましい変容イメージをもち、どの場面でどのような指導をするのかを明確にする
授業活動の構想	学習活動においては、ファシリテーターとしての役割を果たす

表3　考えるための技法

視点	例
考える技法	比較する・分類する・関係付ける・多面的に見る・構造化する　等
整理・分析	「考えるための技法」を用いて思考力、判断力、表現力等を育成する
思考ツール	ベン図・マトリックス・ピラミッドチャート・PMI　等

　求められる「社会に開かれた教育課程」の実現には、「よりよい学校教育を通じてよりよい社会を創る」という目標を、学校と社会が共有し、連携・協働しながら新しい時代に求められる資質・能力を児童生徒に育むことが欠かせません。総合的な学習の時間と総合的な探究の時間の授業づくりにおいては、今一度、学校教育目標に立ち戻り「自己の生き方を考えていくための資質・能力」の育成を図りたいものです。

Q10-14 小中高を通して、特別活動のカリキュラム・マネジメントにおける授業づくりで大切なこととは？

（1）特別活動への期待

　これからの社会はAIの飛躍的な進歩も含めて一層複雑化し、予測困難な時代が到来すると言われています。そこで、自ら問題を発見し、その解決に向けた活動を通して自主的、実践的な態度を育てる特別活動への期待が一層高まっています。

　とりわけ人間関係の構築、社会規範の習得、いじめの未然防止、資質・能力の育成などの今日的な課題を見据え、我が国固有の教育活動である特別活動は、現在海外でも注目されているところです。

　その一方で、特別活動は教科書や指導者がなく、示されている活動も例であることから、指導の仕方が指導者によってまちまちで、児童生徒間で活動経験に差が見られます。学習指導要領解説では、活動を通して身に付ける資質・能力や学習過程が必ずしも明確でないことや、各活動等の関係性や意義、役割の整理が十分でないまま実践が行われてきたことが指摘されています（平成29年版の小学校解説特別活動編、p.6）。

（2）平成29〜31年版が目指すもの

　そこで平成29〜31年版では、指導上重要な視点として「人間関係形成」「社会参画」「自己実現」を挙げ、これまでの目標を整理するとともに育てたい資質・能力が明確化されました。

　また、学級活動・ホームルーム活動（1）では集団としての合意形成を、学級活動・ホームルーム活動（2）（3）では一人一人の意思決定をそれぞれ行うことを示し、学習過程の明確化を図りました。

　さらには、特別活動を要とし、学校の教育活動の全体を通してキャリア教育を適切に行うことが示されたことを受け、小学校に学級活動（3）を設けることによって、キャリア教育の視点からの小・中・高等学校のつながりが明確になるようにしました。

（3）活動の質を上げる

　以上のように、特別活動で育てたい資質・能力や学習過程の明確化を図り、取り組む活動の質を上げることが大切です。そこで、例として学級活動（1）の指導についてふれます。

　小学校の学級活動（1）の学習過程は、次の図1のように示されています。

　学級活動（1）では、いわゆる学級会が話題の中心になりがちですが（図1の②③）、活動の全体を通して児童生徒の資質・能力を育てていくことが大切です。そこで、まずは

活動の目的や必要性を全員が共通な理解をすることから始め（図1の①）、なぜその活動をするのか、どんな変容が期待できるのか、みんなでどう取り組んでいけばよいかなど、これまでの経験も生かしながら見通しをもって活動していくようにします。

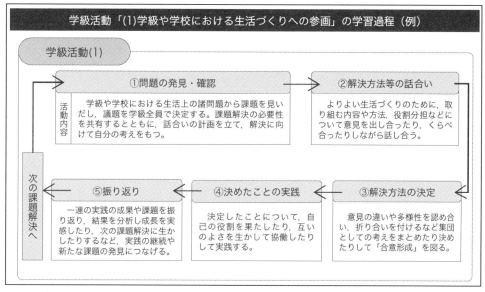

図1　平成 29 年版小学校解説特別活動編、p.45

　話合い活動では（図1の②③）、困りごとや決まっていることを確認し、一人一人の思いや願いを大切にして共通点や相違点を確認したり比較したりしながら、学級としての考えを合意形成していきます。その際、意見の折り合いが大切だとして初めから折衷案を考えたり、多数決はいけないものだと決めてかかったりするなど、形式的、固定的な考え方を避け、みんなで知恵を出し合って話合いを進めていくようにします。

　もっとも、話合い活動はいわば仮説を形成する場面であり、決めたことが妥当かどうかは実際に行ってみる必要があります（図1の④）。話合いを手段と捉え、必要があれば随時話し合うなど柔軟に考え、指導者は様々な機会に話し合うことのよさについてふれるようにします。

　そして、活動の終末には振り返りをします（図1の⑤）。この活動を通して何を学んだのか、集団としてどう成長したのかなど、次の活動への意欲付けも含めて行うようにします。

（4）小中連携の大切さ

　特別活動の実践が指導者の力量や意欲次第であるといった実態は、小・中学校共に見られます。とりわけ中学校では、小学校での経験が生かされていないとの声も聞かれ、それは学級担任制と教科担任制や児童会と生徒会の組織上の違いなども背景にあると思われます。しかし、今回の改訂では義務教育 9 年間を通して育てる資質・能力の大切さが言われています。キャリア教育の視点も踏まえ、小中連携を一層図りながら、地域の子供たちを共に育てていくという思いをもって特別活動を推進していきたいものです。

特別活動

Q10-15 小中高を通して、特別支援教育のカリキュラム・マネジメントにおける授業づくりで大切なこととは？

（1）特別支援教育における単元ごとの振り返り（カリキュラム・マネジメント）

　特別支援教育は、特別支援学校・特別支援学級・通級指導教室に加え通常の学級にも在籍している、障害のある児童生徒を対象としています。対象となる児童生徒の障害の状態等は多様で学習状況等も個々に大きく異なる場合が多く、知的障害のある児童生徒の学習上の特性として、学習によって得た知識や技能が断片的になりやすい面もあります。このことから生活場面に即しながら、繰り返して学習することにより、必要な知識や技能等を身に付けられるように継続的・段階的な指導を行います。「知識・技能」「思考・判断・表現」「主体的に取り組む態度」の3観点についての評価は、単元や題材など内容や時間のまとまりごとに評価することが重要です。

　特別支援教育においてもカリキュラム・マネジメントの基本的な考え方は変わりません。指導目標を設定し、指導計画を作成し、学習評価を行い、授業改善を目指すプロセスです。その過程で、教員が学習成果を的確に捉え指導改善を図り、児童生徒らが学習成果を振り返り次の学びに向えるようにします。

図1　「単元振り返りシート」の例

　例えば、図１のような「単元振り返りシート」を作成し、単元ごとの評価を実施し授業改善を目指します。シート中の単元目標は３観点ごとに記述することとし、その評価も３観点ごとに、実現の状況とその根拠となる児童生徒の様子を端的に書き込む様式としています。さらに３観点ごとに単元を振り返り、各単元の改善につなげます。

　このように単元ごとに振り返り、各単元のブラッシュアップを図るとともに、年間カリキュラムの改善につなげます。その手立てとして、年間「単元配列表」を作成し、各目標に着目しつつ年間を通しての各単元の関連を図ります。年間を通した単元配列を改善し、より効果的なカリキュラムの開発を目指します。

（2）アセスメント（Assessment）をPDCAサイクルに位置付ける

　障害のある児童生徒への教育を考える上で必要なことは、「合理的配慮の提供」を検討することです。平成28年４月に施行された障害者差別解消法では、公教育において合理的配慮を提供することは法的義務があるとされています。

　合理的配慮について具体的に検討するには、当該児童生徒本人（保護者）との「対話」が欠かせません。合理的配慮の提供を検討する過程は、「話し合いによる合意形成」を基本としています。本人（保護者）との対話によってのみ、本質的な支援や配慮にたどり着くことができます。さらに、本人（保護者）の言葉だけではなく、教員チームによる各種アセスメント等の結果もあわせて総合的に検討し、これをカリキュラム・マネジメントに位置付けることが重要です（図２）。

　PDCAサイクルのPlan（指導計画）の検討に先立ち、診断的な評価を実施することが必須となります。「実態把握」とも呼ばれるアセスメントから始めることにより、指導後に児童生徒一人一人にどのような資質・能力が身に付いたかという個々の学習成果を捉えることができます。そのことをもってAction（授業改善）を図り、児童生徒の次の学びへつなげます。

　特別支援教育は、個々の児童生徒の実態把握から始まります。多面的なアセスメントから的確な指導目標を設定し、生きる力の育成につながる実践を行います。それとともに、目標の妥当性や指導方法の適切さを評価し、カリキュラム改善につなげる組織的な取組が求められます。

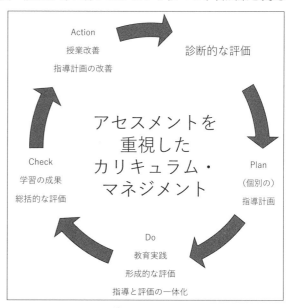

図２　アセスメントを重視したカリキュラム・マネジメント

特別支援教育

第 II 章

資質・能力を育成する
授業づくりの実際

カリキュラム・マネジメント
と授業づくり

1. 小学校編

（1）「校長の方針の下に」を具現化するには

　平成29年版解説総則編（p.120）には「ア　各学校においては、校長の方針の下に、校務分掌に基づき教職員が適切に役割を分担しつつ、相互に連携しながら、各学校の特色を生かしたカリキュラム・マネジメントを行うよう努めるものとする」という表記がある。そのほかにも、「校長のリーダーシップの下」という言葉が何度か登場する。いずれもカリキュラム・マネジメントを行うに当たって、校長の責任は重大であるという印象を強く与えるものである。

　年度当初、校長は自分の学校経営の方針を教職員に説明したり、文書にまとめて配付したりすることが多い。筆者が教員だったときに出会った校長先生方はどの方もそのようにされていた。そして、筆者が校長になったときにも、実際そのようにした。

　新しい学校に着任すると学校教育目標はすでに掲げられていることが多い。児童の実態がよく分からないまま、校長が学校経営の方針を教職員に語ることには戸惑いが大きい。以前からその学校に勤務している教職員たちは、自分が語る方針に対してどう思うであろうかということが気になるからだ。だから、新しい学校に着任した早々は、自分が学校教

令和2年度　学校経営の方針
1　基本的なスタンス
（1）教育活動の大前提は「安心・安全」…体の安心・安全。施設・設備の安全管理。「見逃し三振より空振り三振」
　　　　　　　　　　　　　　　　　　　…心の安心・安全。だれもが安心して豊かに生活できる。
（2）教育活動は地道な活動「凡事徹底」…当たり前のことを一生懸命、徹底して行う。
　　　　　　　　　　　　　　　　　　　…基礎・基本を大切にし、当たり前のことを当たり前に積み重ねる。
（3）「教育は人なり」教師は最大の教育環境である。…挨拶、言語環境。
　　　　　　　　　　　　　　　　　　　　　　　　…教師自らが謙虚に学ぶ姿勢。
2　子どもたちへの姿勢として
（1）子どもを多面的に見ることができる教師でありたい。…決めつけない。
　　　　　　　　　　　　　　　　　　　　　　　　　　…学年・ブロック研の充実。
（2）子どもの頑張りや活躍を心から喜べる教師でありたい。…子どもが好き。

（3）子どもに対して誠実な教師でありたい。…間違えたら謝る。

3　支え合う職場
（1）「ホウ・レン・ソウ」で情報・事実の共有を。
（2）一人で悩まず「自己開示」を。
（3）「風通しのよい職場」コミュニケーションを大切に。
（4）「チーム○○○」」お互いに補い合う。「三遊間を拾う」

図1　学校経営の方針

育に携わるに当たって大事にしていきたい基本的なスタンスを述べることにしたい。所信表明といったところである。そこで図１のような学校経営の方針を教職員に文書で示した。

（2）学校のグランドデザインを描く

　横浜市の公立小学校では、教育委員会が示したひな形を基に、全ての学校が中期学校経営方針を各学校のWebページに公表している。令和２年度は令和元年度の振り返りを基に、令和３年度も見据えた中期学校経営方針を作成し、各学校のWebページに公表したところである。

　この中期学校経営方針を作成するに当たって、本校では次のような手順を踏んだ。まずはこの一連の流れを説明することで本校のカリキュラム・マネジメントの概要を伝えたい。

①何ができるようになるか
　〜学校として「育成を目指す資質・能力」について話し合う〜

　学校教育目標は印象的な言葉や標語のような表現が多く、具体的な学校像や児童の姿を思い描くことが難しい。本校の学校教育目標は「力を合わせ　笑顔が光る　○○の子〜互いを思いやり　認め合い　進んで活動できるようにします〜」である。そこで、まずは、本校の児童の実態を踏まえ「何ができるようになるか」（育成を目指す資質・能力）について教職員で話し合い、児童の具体的な姿として共通な理解をもつことが大切であると考えた。

　本校の児童は、授業中、落ち着いて学習に取り組み、知識・技能の習得に向けて真面目に努力できる児童が多い。横浜市学力・学習状況調査の結果（図２）を見ても、学力の項目においては市の平均を上回っている。

　一方で、学習意識及び生活意識の項目では、１〜４年生までは市の平均を上回っているが、５・６年生になると下回っている。高学年では学習内容が難しくなり、学んだことを習得する時間に個人差が見られるようになる。その結果、学力の２極化や学習意欲の低下が見られるようになってきているのではないかと考える。

　そこで、本校の児童が、学習意欲をもって、主体的に学ぶようにするためには、「問題発見・解決能力」と「言語能力」を育てることが必要であると考えた。

　また、本校の児童は、自分に自信がも

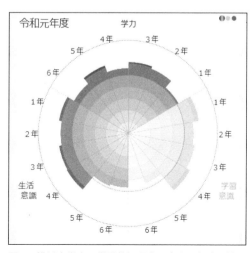

図２　横浜市学力・学習状況調査の令和元年度の結果

てなかったり、自己肯定感が低かったりする様子も見られる。そこで将来にわたって生きてはたらく力として「自分づくりに関する力」を育てることも重要であると考えた。

　資質・能力を検討する際には、表1の「横浜市立学校　カリキュラム・マネジメント要領　総則・総則解説（p.22）」を参考にした。

表1　横浜市立学校　カリキュラム・マネジメント要領　総則・総則解説（22頁）

言語能力	情報活用能力	問題発見・解決能力	心身ともにたくましく生きる力	自分づくりに関する力	持続可能な社会の創造に貢献する力	グローバル化の中で生きる力
学習の基盤となる資質・能力			現代的な諸課題に対応して求められる資質・能力			

②何ができるようになるか
～学年として「育成を目指す資質・能力」について話し合う～

　学校として「育成を目指す資質・能力」を定めたら、次は各学年の発達の段階や児童の実態を踏まえて、学年として具体的に「育成を目指す資質・能力」について話し合うことが重要である。それを「本校の教育課程全体で育成を目指す資質・能力」（表2）としてまとめた。これはその年によって多少の違いは出るものの、学校として縦の流れを意識したものにしたいと考える。新年度が始まってまだ間もないため、児童の実態把握が十分でないところもあるが、教職員で縦の流れも考慮しながら定めた。各学年・学級で展開する教育活動はこれが拠りどころとなることを意識して指導していく。

表2　本校の教育課程全体で育成を目指す資質・能力

本校の教育課程全体で育成を目指す資質・能力			
学年	自分づくりに関する力	問題発見・解決能力	言語能力
1年生	基本的な生活習慣をつくる態度	好奇心	感じたことを言葉にする力
2年生	自己のよさをわかろうとする姿勢	試行錯誤する能力	相手の思いを受け止めて聞く力
3年生	主体性・積極性	問題を発見する力	互いの考えの違いへの気付き
4年生	自分らしさを発揮しようとする姿勢	結果の検討をする力	伝える内容を明確にする力
5年生	伝え合うことで自分の考えを進化させる力	解決手段を定める能力	他者に的確に分かりやすく伝える力
6年生	つながりを考え合意形成する力	考えの妥当性を吟味する力	伝え合うことで集団の考えを発展させる力

③学校のグランドデザイン

　学校として、また、学年として「育成を目指す資質・能力」を定めたら、全体構造を図に表現する。横浜市では決まったひな形があり、本校も既にそれを使って作成し、Web

ページに公開している。

　それとは別に本稿を執筆するに当たり、髙木展郎（2017）が作成した枠組みのひな形にそれを落とし込んでグランドデザイン（図3）を作成することを試みた。こうすることで学校教育目標の実現に向けて、「育成を目指す資質・能力」をめぐる学校・家庭・地域の関わりが明確になり、それぞれが何をするべきかを意識することができるようになる。

【学校のグランドデザイン】　　　　　　　　　　　　　　　　　　　Ⓒ髙木展郎 2017

「学校教育目標」と「令和2年度重点目標」に向けて

力を合わせ笑顔が光る○○の子　〜互いを思いやり認め合い、進んで活動できるようにします〜
○学ぶことの意義や楽しさを感じながら、意欲的に学び続ける力を育みます。　　　　（生きてはたらく【知】）
○相手の立場や気持ちを思いやって行動できる優しさを育みます。　　　　　　　　　（豊かな心【徳】）
○健康を保持増進させる態度や、心身ともにたくましく生きる力を育みます。　　　　（健やかな体【体】）
○まちがよりよくなるために、自分ができることを考え、友達と力を合わせて行動する態度を育みます。
　　　　　　　　　　　　　　　　　　　　　　　　　　　　　　　　（公共心と社会参画【公】）
○価値観が異なる相手ともコミュニケーションを図りながら、共に生きていく力を育みます（未来を拓く志【開】）

豊かな人間性

・友達や自分のよさに気付き、友達や自分自身を大切にする。
・友達のよさを認め、思いやりをもって接する。
・自分から進んで明るく礼儀正しい挨拶をし、よりよい人間関係を築こうとする。

健康・体力

・自分から怪我や病気を予防したり栄養バランスを考えて食べたりする。
・外遊びや運動に意欲的に取り組み、体力の向上を目指す。

資質・能力の育成

何ができるようになるか
○学校教育の基本

・自分づくりに関する力
・問題発見・解決能力
・言語能力

何が身に付いたか
○学習評価を通じた学習指導の改善

・自ら問題を見つけ解決していこうとする態度。
・主体的に学ぶ姿勢。
・自分と意見が異なる相手ともコミュニケーションを図ろうとする態度。

子供の実態

・与えられた課題に真面目に取り組む。
・学ぶ姿勢が身に付いている。
・自己肯定感が低い。

子供の発達をどのように支援するか
○配慮を必要とする子供への指導

・ユニバーサルデザインの導入。
・少人数授業の実施。
・特別支援教室の活用。
・個別支援学級とのきめ細かな連携。
・スクールカウンセラー、SSW の活用。

目指す子供の姿

・自らの学習状況やキャリア形成を見通したり、振り返ったりして、自己評価を行うとともに、主体的に学びに向かう姿。
・友達と協力し認め合いながら、自分を高めようとしている姿。

何を学ぶか
○教育課程の編成

・理科、生活科、生活単元学習を核とした教育課程の編成。
・学校行事のねらいを意識した年間指導計画の作成。
・教科横断的な視点に立った年間指導計画の作成。
・地域とのつながりを大切にした単元づくり。
・自らのキャリア形成につながる単元づくり。

どのように学ぶか
○教育課程の実施

・問題解決学習の推進。
・対話的な学びの充実。
・体験活動や言語活動を充実させ、子供の思考の流れを意識した単元づくりと指導と評価の一体化。
・論理的な思考を育む ICT の活用。

実施するために何が必要か
○指導体制の充実、家庭・地域との連携・協働

・学年間の教科分担や専科による指導の拡充。
・異学年同士のつながりを生かしたたてわり活動やペア学年での学びの場の設定。
・スタンダードを活用した学習規律の徹底。
・地域学校協働本部との連携及び教育ボランティアの活用。

安心・安全を守る

・いじめ防止対策委員会の設置。
・避難訓練、交通安全教室等の実施。
・保護者、地域、学援隊との連携。
・安全点検の充実。

開かれた学校作り

・学校運営協議会における学校評価の活用。
・自治会、町内会との連携。
・外部団体、出前授業等の活用。
・学校 Web ページや便りを通しての発信。

図3　学校のグランドデザイン

（3）各学年のグランドデザイン

　中期学校経営方針を基に、各学年の学年経営案を作成した。本校ではこれまで、各学年が自由な形式で作成していた。しかし、それでは、中期学校経営方針との連動性が乏しく、学校教育目標や本校として「育成を目指す資質・能力」を意識した学年経営の実現性が高まらないと考え、形式を大きく変更した。中期学校経営方針と照らし合わせながら、学年会での話し合いを通して、学年経営案を作成している。

（4）授業の実際
①学校教育目標を実現するための重点研究会

　実際の授業を通して、児童の資質・能力を育成するに当たっては、重点研究会を活用している。本校では、理科、生活科、生活単元学習を取り上げ、児童の「知りたい、もっと学びたい」「やりたい、試してみたい」という気持ちを大切にし、児童の思考の流れを教師が価値付けながら問題解決学習を進め、「問題発見・解決能力」を育てる。また、子どもの思いや気付き、考えを大切にし、安心して発信することができる学習環境づくりを進め、一人一人の「言語能力」を育てる。相互理解を深めたり、新たな気付きを生んだり、学びを深めたりする「言語能力」は、主体的な学びを促進すると考えた。この2つの力を育成することで自己肯定感を高め「自分づくりに関する力」を育成したいと考えた（図4）。

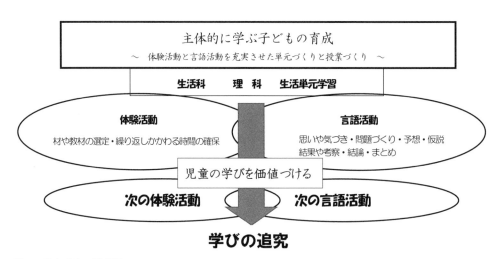

図4　重点研究の構想図

②重点研究を通して得た学びを教職員で共有する

　授業を伴う研究協議会を通して、次の図5のような主体的な学びを生み出す手立てを確認し、日々の授業に生かすことができた。どの教科の授業でも学校教育目標を実現することを意識して指導していくことは自明のこととしてある。日々の授業が大きな一つの方向性をもって実施され、PDCAサイクルの中で検証されていけば、各学校でのカリキュラム・マネジメントは進んでいくと考える。

○場の工夫	…多目的室、体育館、理科室等、活動によって適した場所を準備する。
○しかけの工夫	…やってみたい・わくわくするような教材の準備をする。
○共有の仕方	…自分の結果との比較方法　グラフやドットプロットの使用　発表の仕方
○結果の分析とその過程	…タブレットに録画をして繰り返し観察し、結果を明らかにする。
○実物やモデル	…実際に体験できることが大切。
○めあての把握	…子供に学習の見通しをもたせる。
○繰り返し関わる	…試行錯誤や実験の検証を改めて行う。⇒子供の思いが高まる。

図5　主体的な学びを生み出す手立て

2. 中学校編

（1）臨時休業期間中に学校の現状を知る

　平成 29 年版の全面実施を来年度に控えた令和 2 年 4 月に、私は現任校へ赴任した。コロナ禍による 3 月からの臨時休業真っ只中、新入生の入学式だけは生徒・教職員のみではあるが、対面で挙行できたことは幸いで、翌日の着任式も始業式も放送によるリモート実施とし、次の日からは再び臨時休業に突入した。

　休業期間中、自宅勤務等、教職員にも感染拡大予防措置を講じ職場での「密」を回避しつつ、市立学校の ICT インフラの現状を踏まえ可能な限り双方向を意識した学習保障に工夫した。また、生徒・保護者宛に、メール配信や HP 等を活用した、年間行事予定の変更等を含む本年度教育課程の修正についての発信を心がけた。そのような状況下、来年度である令和 3 年度の平成 29 年版に基づく教育課程編成に向けた進捗を鑑み、校長として少しずつ教職員への働きかけを始めた。

（2）なぜ「学校のグランドデザイン」と「各教科年間指導計画・評価計画」か

　学習指導要領改訂を一つの契機に、市も設置者としての教育行政方針を見直し、新たなビジョン等を全校に示す。それらを受け、各校で教育課程やすべての教育活動の在り方を改めて見つめ直すとともに、カリキュラムの改善・現代化を図ることに腐心する。このサイクルの中で、教育課程編成の主体である校長をはじめとする教職員は、平成 29 年版に基づく新しいカリキュラムへの理解を深め、日々の授業実践等に反映させていく。この一連のプロセスを、何を「切り口」にして辿っていったらよいか。本校では、それを「学校のグランドデザイン」と「年間指導計画・評価計画」にした。

　まず「学校のグランドデザイン」とした前提・背景として、平成 29 年版の第 1 章総則がある。

> 第 2　教育課程の編成
> 1　各学校の教育目標と教育課程の編成
> 教育課程の編成に当たっては、学校教育全体や各教科等における指導を通して育成を目指す資質・能力を踏まえつつ、各学校の教育目標を明確にするとともに、教育課程の編成についての基本的な方針が家庭や地域とも共有されるよう努めるものとする。……

とあり、また平成 29 年版解説には

> 第 2　教育課程の編成
> 1　各学校の教育目標と教育課程の編成
> …「社会に開かれた教育課程」の理念に基づき、目指すべき教育の在り方を家庭や地域と共有し、その連携及び協働のもとに教育活動を充実させていくためには、各学校の教育目標を含めた教育課程の編成についての基本的な方針を、家庭や地域とも共有してい

くことが重要である。そのためにも、例えば、学校経営方針やグランドデザイン等の策定や公表が効果的に行われていくことが求められる。

と書かれている。

これらを踏まえ、教職員全体への提案資料には次の図1のように補足した。

※ 保護者や地域に向けて「本校はこんな教育理念や目標を掲げ，こんな教育活動を展開している学校です」といった，学校としての基本的なスタンスを発信する一つのツールとしてグランドデザインを位置付けていると理解してよいでしょう。

※ これまでも保護者や地域向けに発信し，情報共有を心掛けてはきています。特段新しいことではありません(まちと共に歩む学校づくり懇話会の資料に掲載されている「全体構造図」がまさにそれ！)。ただ，もっと自覚的に，各学校の在り方について，明確に且つ簡潔に発信していこうということです。そのためには，「全教職員」で「ウチってどんな学校なんだろう!?」と考えていく必要があります。

ちょっとだけ解説！

様々なところで様々な説明がなされていますが…
グランドデザインとは「学校の教育理念や果たすべき役割を描いた経営全体構想」であり，各学校の特色など(学校教育目標，生徒の実態，目指す姿，重点目標，具体的な教育活動等)を分かりやすく1枚の図等にしたものと理解することが妥当であろうと考えています。

図1　教職員全体への提案資料における補足

また、「各教科年間指導計画・評価計画」の作成と改善は、学校教育目標を具現化していく日々の教育活動の根幹たる各教科の授業についてマネジメントするということであり、それはそのまま、「自分のこと」として自分の学校の在り方を見つめ直す視点と密接に関連していることを自覚する「切り口」となり得る。だからこそ、そこには学校教育目標を踏まえた各教科としての目標と単元や題材ごとに育成を目指す資質・能力を明確に位置付け、その資質・能力を育むために効果的な言語活動・学習活動、そして身に付いたかどうかを評価するための評価規準を、どう配置し明示させるか考えることが肝要である。

(3) 校内の中堅教員研修の一環に位置付ける

こうした取組の核となって取り組む人材を誰にしたらよいか。今回は、既存の校内分掌やセクションの業務とはせず、中堅教員研修（本市で必修としている5年次研修及び法定10年次研修）の対象教員を中心に、参加者を募った。

おおむね卒業生も一度は送り出し、各学年組織で少しずつ柱となり始めている5年前後。異動を経験し、学校の中でも相応のポジションで業務を託され始める10年前後。これから学校組織のリーダーとなっていくべき、こういった人材に、教員としての視野を広げる契機として本プロジェクトを位置付けた。

校長からの趣旨解説、例示、願いの説明に始まり、月間行事予定の「すき間」を見つけてプロジェクト会議を設定したり、時間の不足は校内グループウェアで情報交換と共有を図ったりしながら、中堅教員研修の一環として、適宜、校長からの助言や軌道修正を受け

つつ、参加教員たちは意欲的に取り組んでいた。

(4) 本校の「学校のグランドデザイン」の構造について

　助言として重点化したのは「社会に開かれた教育課程」を念頭に、保護者や地域に発信するに当たり、「シンプル」で「分かりやすい」ものに…という一点である。参加教員から、それぞれの案が出てきたが、全体的なデザイン（意匠）は、思い切っていろいろなものをそぎ落としシンプルにした教員の案をベースに、次のような考え方で構造化・意味付けをした（図2）。

① 本校のすべての教育活動の基本として

　　ア　横浜教育ビジョン2030（平成30年2月）でも改めて示されている3つの基本（知・徳・体）と2つの横浜らしさ（公・開）と連動するように

　　イ　本校の学校教育目標を見直し・策定　それらを踏まえ

　　ウ　3年のスパンで具現化していく中期学校経営方針を明示　さらに

　　エ　本校の生徒が活動の基本に据えている三つの指針（あいさつ・歌声・美化）を併記

② 本校におけるすべての教育活動を通して「育てたい生徒の資質・能力」

　　ア　①と「生徒の実態」「目指す生徒の姿」（☞　原案に教職員からの意見・コメントを募って適宜修正）を照らし合わせ

　　イ　本校のこれまでの成果と課題を整理し

　　ウ　すべての教育活動を通して「育てたい生徒の資質・能力」（☞　原案に教職員からの意見・コメントを募って適宜修正）を設定

③ 具体的な取組

　　ア　本校の学校教育目標、中期学校経営方針、三本柱を具現化するための日々の具体的な教育活動等の中から特徴的なものを取り上げ

　　イ　具体的な取組として、中学校3年間の学びと育ちを、各学年・各教科等・特別活動・行事・部活動等、小中連携における9年間の学びと育ちの連続性も踏まえて表現した

④ 学校評価や学校運営協議会を機能させて改善

　　ア　学校評価により年間の教育活動の成果と課題を洗い出し

　　イ　教職員による活動の見直しや組織改革につなげたり

　　ウ　学校運営協議会による提案も踏まえた、学校教育目標や教育活動等の見直しや改善を促したりする

図2　グランドデザインの更新に向けて

（5）平成29年版を踏まえた年間指導計画・評価計画フォームについて

　学習指導要領の改訂を機に、本校の各教科年間指導計画・評価計画のフォームを見直すに当たり、「各教科の授業は、『学校教育目標具現化の一翼を担うもの』として位置付いている」という、当たり前といえば当たり前のことを改めて助言した。だから、下の図3のどのフォーム案（1月末時点で、各教科で適宜フォームの修正は必要であるが、ベースとなる考え方は「C案」に絞り込んだ）にも「生徒の実態をふまえた本校における重点課題（○○科〈第□学年〉で重点化して育みたい資質・能力)」が明示されている。各教科で、

学校教育目標のどの部分を引き取って指導するのか、あるいは指導することが可能なのか、各教科担当教員に自覚的に指導に当たってほしいと考えてのことである。学校のグランドデザインの検討・策定のプロセスが、この段階で生きてくる。

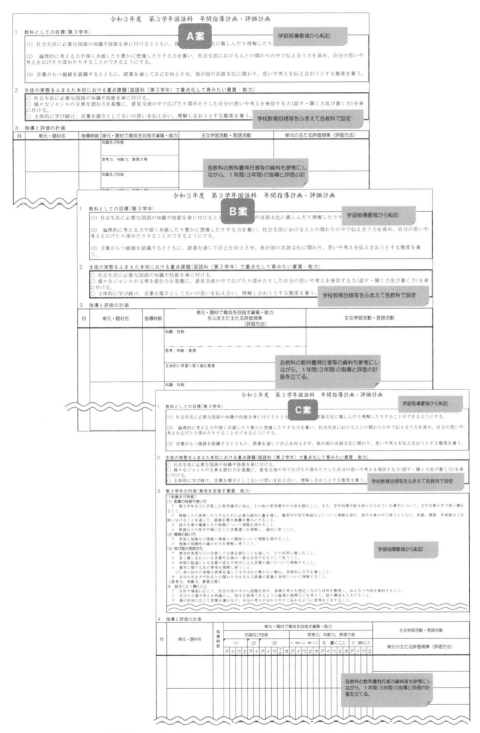

図3　各教科の年間指導計画・評価計画のフォーム案（第3学年国語科の例）

　本校の「学校のグランドデザイン」の参考とした、高木展郎（2017）が作成したグランドデザインの枠組みで表すと、次の図4のようになる。今後もカリキュラム・マネジメントを推進し、資質・能力を育成する授業等の教育活動を構想して実践していきたい。

【学校のグランドデザイン】　　　　　　　　　　　　　　　　　　©髙木展郎 2017

「学校教育目標」と「令和３年度重点目標」に向けて

学校教育目標
○主体的な学びを創り出します。〈知〉
○豊かな心と健やかな体を育みます。〈徳・体〉
○よりよい社会を築く力を養います。〈公・開〉

豊かな人間性
・自己肯定感や他者への思いやりを育む

健康・体力
・体力増進　・生活の自己管理　・安全への配慮

資質・能力の育成

何ができるようになるか
○学校教育の基本
◎主体的に学び続ける意欲を維持することができる
◎協働して課題解決していくための
　コミュニケーション能力を高めることができる

何が身に付いたか
○学習評価を通じた学習指導の改善
・ねばり強く課題に取り組んでいる
・学びを振り返り、自己調整をしようとしている
・協力しながら進んで仲間や地域社会に貢献しようとしている

生徒の実態
□ 知的好奇心と学習意欲が高く、基本的生活習慣が身に付いている生徒が多い。
□ 他者と交流しながら、物事を進めていくことができる。
□ 自分の考えを自分の言葉で発信していこうとする姿勢をもっている。

子供の発達をどのように支援するか
○配慮を必要とする子供への指導
・個に応じたきめ細かい指導
・SSW、SC、特別支援Coと連携し、一人ひとりの教育的ニーズを把握して支援する

目指す生徒の姿
□ 主体的に学び続け、身に付けた知識や思考力を活動の中で活かせる生徒。
□ 心身の健康を維持し、他者と協働していくができるバランスの取れた生徒。
□ 持続可能な社会の創造に活躍・貢献できる生徒

何を学ぶか
○教育課程の編成
・コミュニケーション能力・課題解決能力
・礼儀や規律・協働する力
・持続可能な社会の創造に貢献する力

どのように学ぶか
○教育課程の実施
・キャリアファイルの活用
・単元計画に沿った計画的な授業作り
・自己肯定感を上げる雰囲気作り

実施するために何が必要か
○指導体制の充実、家庭・地域との連携・協働
・迅速かつ適切な初期対応及びその後の丁寧な対応　・いじめ防止委員会
・特別支援委員会　・まちと共に歩む学校づくり懇話会　・教育相談

安心・安全を守る
・いじめのない誰もが安心して過ごせる学校環境
・防災や防犯の知識や経験を伝える
・安全点検

開かれた学校作り
・学校、家庭、地域との連携を強化して子供を地域で育てる
・学校情報をHPや通信を通して発信する

図4　髙木展郎（2017）フォーマット版の「学校のグランドデザイン」

3. 高等学校編

(1) はじめに

　令和2年度は、全国の高等学校にとって、日々の新型コロナウイルス感染症対策に加え、高大接続改革初年度、令和4年度からの平成30年版実施に向けた新教育課程編成表の完成等、様々な対応に追われる年となった。

　これまでのコロナ禍の学校を振り返ると、令和2年4月7日、1回目の緊急事態宣言が発出され、学校のみならず社会全体が、未曽有の危機に直面することとなった。学校現場では、「臨時休校はどうなるのだろう？」「生徒の学習保障は？」「期末テストは？」「評価は？成績は？」「卒業式・入学式は？」「消毒液は？」「健康観察は？」と、様々な対応に翻弄される毎日を送ることとなった。

　神奈川県では、約3か月間の臨時休校を経て、6月1日に分散登校、時差短縮授業として学校が再開し、7月13日から通常授業＋時差登校、短縮した夏期休業を経て、8月31日からは一部通常登校となった。本校では、東京都と隣接していることから、通勤ラッシュによる感染リスクを避け、時差登校は現在も続いている。その間、学校現場では、様々な課題が浮上し、その都度、教育現場、教育委員会が知恵を出し合って乗り越えてきた。特に、「臨時休校、分散登校中の学習の遅れ（オンライン授業の限界等）」「定期テストを実施しない中での評価と評定の問題」は、喫緊の課題となった。しかし、このことは、改めて「評価と評定」の問題を再確認するチャンスともなった。

　ここでは、令和4年度の平成30年版実施に向けて、「主体的・対話的で深い学び」を視点とした組織的な授業改善、新教育課程編成、グランドデザインの作成、指導と評価の一体化の徹底について、校長としてどのようにカリキュラム・マネジメントを実践していったかを紹介する。

(2) 高校現場の現状

　令和2年4月1日に、筆者は現任校に着任した。校長が着任してまず行うことは、着任校の現状と課題を認識するところから始まる。本校は、「英語教育」、「国際教育」、「芸術教育」を特色とした、大学・短大67％、専門学校19％、公務員・就職2％、進学準備12％のいわゆる中堅校である。生徒は落ち着いており問題行動も少ないが、入学志願者増に苦戦している。神奈川県北部で東京に隣接しており、同じような東京の私立学校に志願者が流れていることも考えられるが、広報の更なる工夫と、より魅力ある授業を展開し、「授業の麻生」を強く押し出していくことで志願者増につながると考えている。

　そこで、本校の「主体的・対話的で深い学び」を視点とした授業改善の進捗状況を把握すべく、教員一人一人の授業を観察した。若手教員を中心に一定程度の授業改善が進んでいることに安心はしたが、一部であるが旧態依然の授業が見られた。その都度、授業観察後の省察で指導・助言を行ったが、学校全体で組織的な授業改善を行っていく必要性を痛

感した。そこで、学習指導要領改訂、新教育課程編成、コロナ禍をチャンスと捉え、「授業改善＝指導と評価の一体化」を視点とした様々な施策をうっていった。

（3）組織的な「授業改善＝指導と評価の一体化」を目指した カリキュラム・マネジメントの実践例

①学校目標の設定

　学校目標に「主体的・対話的で深い学び」を視点とした授業改善を設定し、あわせて教科目標、個人目標にも同様の文言を入れることを指導した。目標の達成状況について、授業観察や授業研究、教科主任へのヒアリング、個人面談等で把握し、PDCA サイクルにのっとり、その都度、指導改善を行っている。

②新カリキュラムワーキンググループの設置と新教育課程編成

　令和2年度は、令和4年度から実施される学習指導要領改訂に基づく新教育課程編成を固める年であった。本校では、新カリキュラムワーキンググループを設置し、ワーキングを中心に学校全体で目指す学校像について議論した。具体的には、地域の期待、教育委員会からのミッションを踏まえ、10年後20年後にどのような学校にしたいのか、また、本校の生徒がこれからの時代をよりよく生きるための資質・能力を育成していくためには、本校の教育課程をどう編成していけばよいのかについて議論した。この議論をするには、必然的に平成30年版が目指す姿を理解していなければならず、「主体的・対話的で深い学び」を視点とした授業改善にもつながった。本校にとって、新教育課程編成は、学校を変える大きなチャンスとなった。

③勉強会の開催と各教科の鍵となる教員の育成

　「主体的・対話的で深い学び」を視点とした組織的な授業改善を推進するため、鍵となる教員の育成を目的とした校長主催の勉強会を開催した。内容は、「学習指導要領の理念」「カリキュラム・マネジメントとは？」「深い学びとは何なのか？」等である。あわせて、校長室に校長所有の授業改善等に係る本を校長文庫という形で設置し（図1）、借りに来た教員と授業改善について語る

図1　校長文庫

ことで、意識の向上を図っている。このようにして、鍵となる教員の育成を図っている。

④コロナ禍の学習指導と学習評価

　臨時休校、分散登校時の学びの保障を図るため、オンライン授業等のICT化が一気に進んだ。インターネットを介して教員と自宅の学習者を接続して、授業を受けたり生徒自

身で課題に取り組んだりすることになった。一方で、定期テストの中止やオンラインでの双方向授業の限界から、パフォーマンス課題を位置付け、生徒はその課題を解決したりそのレポートを作成したりすることで思考力・判断力・表現力等を育成するとともにそれを評価する場面が増えた。これをチャンスと捉え、改めて目標に準拠した評価について確認するとともに、評価規準を明確にし、生徒が理解しやすいものとすることを徹底した。このようにして、コロナ禍におけるカリキュラム・マネジメントを推進することができた。

⑤授業改善研修会の充実

　前述③のメンバーを中心に平成30年版、授業改善、学習評価に係る研修会の充実を図った。

　コロナ禍のため、ソーシャルディスタンスに配慮しながらの開催となったが、とても意義のあるものとなった。9月の研修会では、鍵となる教員を講師とし、改めて、平成30年版について共通の理解を図り、その後、各教科に分かれ「本校の生徒の現状と課題」、「本校で「主体的・対話的で深い学び」を行う上での課題」、「他教科との連携でどのようなことが考えられるか」について討議を行った。本校生徒の現状と課題を共有することで、平成30年版実施に向けて、各教科でどのような授業を展開すればよいのか共通理解を図ることができた。この討議を基に、10月の学習指導案の作成のための教科会を経て、11月に公開授業研究会を開催し、実践発表を行った。

⑥グランドデザインの構築

　グランドデザインの提出が着任早々であったため、既存のグランドデザインを具体的な取組を分かりやすく整理し作成した（図2）。しかし、本来、グランドデザインは、学校経営者である校長が指針を示した上で、トップダウンではなく、教員一人一人が考え、時間をかけ討議をしながら作成していくと効果的であると考えられる。そうすることで、目指す方向性を共有し、教育実践の整理がスムーズとなり、教員一人一人の参画への意識が向上するからである。そこで、高木展郎が作成したグランドデザインの枠組みに落とし込み（図3）、同じ枠組みの各教科・グループごとのグランドデザインを考えるようにしている。年度末には、平成30年版実施に向けた学校全体のグランドデザインととともに各教科・グループ等のグランドデザインが完成予定である。

（4）組織的に学習評価の質を高めるカリキュラム・マネジメント

　「主体的・対話的で深い学び」を視点とした授業改善を組織的に推進していくには、学習評価が重要で、教員一人一人が正しく理解していなければならない。これからの学習評価は、ペーパーテスト中心の評価からペーパーテストに加え、パフォーマンス評価（論述・レポート・発表・グループでの話し合い・作品など）を多面的に適切に評価することが重要になってくる。また、結果を値踏みする評価から、指導と評価の一体化を充実させ学びを支援する評価（Assessment）に転換していかなくてはならない。学習評価とは、学習指導要領の目標の実現状況を把握し、指導の改善や学習意欲の向上を図り、資質・能

力の育成を図る営みであることを共通の理解とし、あわせて、成績を付け進路選択の資料としたりするだけのものでもないことを共有しておく必要がある。その上で、「質の高い評価」が実現すると考える。本校では、田中保樹が作成した「教員が自身の学習評価の状

Senior High School   Grand Design
グランドデザイン

（本校のミッション） **高い志を持って国際社会に貢献できるグローバル人材の育成** 〜学力の向上、国際性の涵養、豊かな人間性・社会性の育成〜

Six Powers

本校で育成する 6つの力 （何ができるようになるか）	① 第1希望の進路実現に向けた主体的に学ぶ力 ② 自ら考え、判断し、表現する力 ③ 国際的視野の涵養と語学力・コミュニケーション力・課題解決力 ④ 豊かな感性と創造性 ⑤ 夢や目標の実現に向けて努力する意欲と向上心 ⑥ 他者を思いやる力、自己の役割と責任を果たす力、自他を大切にして協力し合う力
教育目標	●生徒の個性の伸長を図るとともに、学習することの意味を自覚させて学習意欲を高め、主体的に学習に取り組む姿勢を育成する。 ●自ら考え判断する能力と強い意志を養い、自律的な精神を育てる。 ●文化を愛し、知識を求め、創造的な能力を伸ばすとともに、芸術を愛好し、自然愛や人間愛への関心を深め、豊かな情操を育む。 ●互いに敬愛し、協力し合う精神を培い、健康の増進と体力の向上に努めることにより自分の大切さとともに他の人の大切さを認めることのできる人を育成する。

教育課程の編成（何を学ぶか）　　具体的な教育活動　　教育課程の実施（どのように学ぶた

学力向上	キャリア教育	人間性・社会性の育成
●基礎学力の定着 　（少人数授業・1年英語・数学） ●思考力・判断力・表現力の育成 ●「主体的・対話的で深い学び」 　の授業 ●ICTを利活用した授業 ●家庭学習習慣の確立 ●補習・夏期・冬期講習の充実 ●魅力ある新教育課程の編成	●組織的な進路相談体制 ●職業・学問研究の推進 ●外部との連携（インターンシップ・進路ガイダンス） ●高大連携（学部学科研究・大学体験入学） ●外部模試分析会 ●探究活動の充実 ●課題研究発表会の開催 ●進路説明会・進路学年集会 ●受験支援・小論文指導	●体育祭・文化祭（鴻志祭）等の学校行事の充実 ●主体的な生徒会活動 ●部活動の活性化 ●心の教育 　（思いやる心、自己肯定感） ●基本的生活習慣の確立 ●規範意識の醸成 ●「いのちの授業」の実施 ●教育相談体制の充実 ●いじめ防止の推進

国際教育
●国際交流 ●留学生の受入 ●留学の推進 ●国際教育講演会 ●スピーチコンテストへの参加 ●国際理解発表大会への参加 ●研修旅行 ●国際交流部の活性化 ●大学留学生、Camp 座間等交流

英語教育	芸術教育
●4技能を取り入れた授業 ●実践的英語力の習得 ●ALTの活用 ●英検準2級以上の取得を目指した指導	●1.2年芸術選択 　（合唱、器楽又は絵画、陶芸） ●芸術鑑賞会 ●合唱コンクール ●音楽大学との連携

地域に愛され地域とともにある開かれた学校づくり

図2　令和2年度グランドデザイン

「学校教育目標」に向けて

○生徒の個性の伸長を図るとともに、学習することの意味を自覚させて学習意欲を高め、主体的に学習に取り組む姿勢を育成する。
○自ら考え判断する能力と強い意志を養い、自律的な精神を育てる。
○文化を愛し、知識を求め、創造的な能力を伸ばすとともに、芸術を愛好し、自然愛や人間愛への関心を深め、豊かな情操を育む。
○互いに敬愛し、協力し合う精神を培い、健康の増進と体力の向上に努めることにより自分の大切さとともに他の人の大切さを認めることのできる人を育成する。

豊かな人間性

○他者を思いやる心を育成する。
○道徳心を身につけ、共感性を育成する。
○コミュニケーション能力を高め、対人関係能力を育成する。
○社会や組織の中で自分の役割を認識し責任ある行動ができる人材を育成する。

健康・体力

○健康の増進と体力
○基本的生活習慣の構築

資質・能力の育成

何ができるようになるか
○学校教育の基本

○主体的に思考し判断し表現することができる
○他者と協働し新たな価値を創造することができる
○自ら問いを見つけ課題を解決することができる
○夢の実現に向けて努力することができる
○他者を思いやることができる
○自己の役割と責任を果たすことができる

何が身に付いたか
○学習評価を通じた学習指導の改善

○主体的に学ぶ力・課題解決力
○自ら考え、判断し、表現する力
○国際的視野の涵養と語学力・コミュニケーション力
○豊かな感性と創造性
○夢や目標の実現に向けて努力する向上心
○他者を思いやる力、自己の役割と責任を果たす力

生徒の実態
○素直で穏和な生徒が多い
○行事に熱心に取り組む生徒が多い
○控え目な生徒が多い
○粘り強く挑戦し続ける力に課題がある

生徒の発達をどのように支援するか
○配慮を必要とする子供への指導

○信頼関係に基づくきめ細かい生徒指導
○組織的な教育相談体制の構築

目指す生徒の姿
○人を尊重し自分と異なる価値観を持つ人と関係を築ける生徒
○可能性に挑戦し学び続ける生徒
○社会の中で役割と責任を果たす生徒

何を学ぶか
○教育課程の編成

○教科・科目の目標の再構築
○各教科で育む資質・能力の明確化
○コミュニケーション能力を育む授業の充実
○探究学習（教科）の充実
○特別活動の充実

どのように学ぶか
○教育課程の実施

○「主体的・対話的で深い学び」を視点とした授業改善
○ICTを活用した学びの充実
○教科横断型の学びの充実
○「見通す・振り返る」活動の充実

実施するために何が必要か
○指導体制の充実、家庭・地域との連携・協働

＜職員の意識改革と資質の向上＞
○**授業研究改革**：教科会の充実、学習評価の研究と理解の共有、教科横断型授業の推進
○**校内研修会の充実**：新学習指導要領、主体的・対話的で深い学び、学習評価、カリマネ、ICT活用、高大接続
○職員の参画意識の向上、RPDCAサイクル（カリキュラム・マネジメント）の推進
○学校運営協議会を活用した地域との連携、外部機関との連携（総合教育センター、児相、SC,SSW等）

安心・安全を守る

○いじめ防止の組織的対策
○学校警察連絡協議会
○防災マニュアル、防災訓練、危機管理マニュアル

開かれた学校作り

○学校運営協議会を活用した学校評価と改善
○地域（町内会、小中学校、大学）との連携、充実
○HP、学校説明会、地域対象行事、マスコミを活用した情報発信

図3　髙木展郎（2017）フォーマット版学校のグランドデザイン

況を自己評価するためのシート」（田中、2020）[1] を参考に、「評価について正しく理解しているかチェックシート」（図4）を職員会議の冒頭に配付し、校長が評価について解説をした上で、教員一人一人にチェックを促すようにして共通な理解を図るようにした。

「評価」について正しく理解しているかチェックしてみよう！

☐　適切な観点別評価が行われている（観点⇒評価）

☐　「学習評価」について正しく理解し、妥当性や信頼性を高める工夫をして、「評価」を適切に行い、「資質・能力」の育成に資するようにしている。

☐　「評価」と「評定」の区別ができている。

☐　説明責任を果たそうとするがために「評価のための評価」に陥っていない。

☐　「観点別学習状況の評価」を理解し、生徒の「資質・能力」の育成を図ろうとしている。

☐　「観点別学習状況の評価」において、適切な「評価規準」を設定し、「目標に準拠した評価」を行っている。

☐　「指導と評価の一体化」がなされ、指導を改善したり充実したりすることで、「資質・能力」の育成が図られている。

☐　「パフォーマンス評価」「ペーパーテストによる評価」は適切に行われている。

☐　「自己評価」「相互評価」を活用し、生徒のメタ認知能力の育成を図り、「資質・能力」の育成に資するようにしている。

図4　学習評価についてのチェックシート

（5）おわりに

　令和2年度は、コロナウイルス感染症対策に追われながらも、令和4年度の平成30年版実施に向けて、「主体的・対話的で深い学び」を視点とした組織的な授業改善、新教育課程編成、グランドデザインの作成、「指導と評価の一体化」の徹底について、カリキュラム・マネジメントを実践してきた。しかし、その成果を具体的に検証していくには、時間と指標が必要である。そこで、大学進学状況、入試倍率、生徒による授業評価、学力調査、学校運営協議会委員の評価等を分析し、年度末に再度目標を設定し学校改革を推進していきたい。RPDCAサイクルによるカリキュラム・マネジメントを実践することで、毎年ステップアップしていく魅力ある学校を構築していきたい。いずれにしても、これからどのように生徒、職員、学校が変容していくかが楽しみである。

1　田中保樹・三藤敏樹・髙木展郎編著（2020）『資質・能力を育成する学習評価－カリキュラム・マネジメントを通して』東洋館出版社、p.52

第2節 主体的・対話的で深い学びを実現する学級づくり

1. 小学校編

(1)「分からない」児童を大切にする学級

　平成29年版で、授業改善の視点として「主体的・対話的で深い学び」が示され、授業では児童同士がグループや全体で対話する活動がより頻繁に行われるようになった。しかし、学習者同士がただ自分の考えを述べ合うだけの言語行為によって、そこに示される「主体的・対話的で深い学び」を実現することはできない。

　絶え間なく学習者が発言して進んでいる授業風景を見ると、「主体的であり」、「対話的な」授業と捉えられがちである。しかし、その発言内容に耳を傾けると、話し手が一方向的に発信しているだけということがよくある。

　教室において対話的な学びが成立しているということは、児童と他者との間や、学習者と学習材の間に双方向性の言語行為が成立しているということである。教室では、児童同士が「聴き手」と「話し手」の役割を交代しながら、相互作用のあるやり取りが展開されることが重要である。髙木[1]（2015）は、「子どもたちが学ぶ教室は、自分以外の他者が存在する場所であり、関わりの中で学ぶということが、学校で学ぶことの重要な意味でもある」と述べている。授業において、この「関わり」をいかに構築していくかが重要であると言えよう。

　小学校の授業においては、ほとんどの教科、領域等によって、学級担任とその学級の児童たちによって学びが営まれる。その中で、担任と児童の関係、児童たち同士の関係がその学級風土をつくり上げ、それが授業に影響する。その授業の中で児童たちの「聴き方」と「話し方」を育てることは、児童たちの学びを深めるだけでなく、学級における良好な人間関係を築くことにもつながっていく。授業で良好な人間関係を築いていくためには、まず、児童たちが授業の中で「分からない」「困っている」ことを躊躇することなく言えるようにすることが大切である。

　授業で「分からない」「困っている」姿を表明することは恥ずかしいから、児童たちにそのような思いをもたせたくないと考える教師は多い。そのため、発言させる内容は最初から「正しい内容」を言えるように、事前に少人数で話し合いをさせる活動を設定することがある。そうすることで、自分の考えに自信をもたせてから、全体で話させることができると教師は考えているからだ。もちろん、そのようにすることで児童同士の学び合いに

1　髙木展郎（2015）『変わる学力、変える授業。』三省堂 p.158

つながることもある。しかし、そのような考えで話合い活動を取り入れるのだとするならば、授業では「正しい内容」しか話してはいけないという雰囲気をつくり出してしまうことになるのではないだろうか。そうなれば、「分からない」「困っている」児童は、その陰に一層身を潜めてしまうことになりかねない。つまり、「分からない」まま、「困った」まま、授業中を過ごすことになってしまう。

　「分からない」「困った」を言い合える学級では、児童たちがその「分からない」「困っている」児童が、何に「困っている」のかを理解しようとし、そして一緒に解決しようという雰囲気が生まれる。「分からない」「困っている」児童に対し、「分かっている」児童は「困っている」児童が理解できるように言葉を選んだり、図を描いたりして説明を工夫するのである。このような学習環境をつくり上げることができれば、「分からない」児童も「分かる」児童も、両者にとってプラスの効果をもたらすことになる。

　児童同士が、授業でこうした相互作用のあるやりとりを展開させていくためには、話の「聴き方」、「話し方」を育てる必要がある。「聴き方」、「話し方」を育てるというと、国語科の「話すこと・聞くこと」領域での指導と考えられがちであるが、そうではない。「学び方のスキル」としての「聴き方」・「話し方」の段階表を作成し、指導していく。小学校は6年間あり、各学年において発達の段階に差がある。この「聴き方」・「話し方」の段階表は学校内全体で共有され、学校全体で各学年の発達の段階あるいは各学級の実態に応じて指導していきたい。まず、小学校に入学したばかりの一年生の初期段階に教師だけでなく、他者の話も最後まで黙って聴くという態度や聴き手（教師ではなく一緒に学んでいる学習者）の方を見て話すといったことを「しつけ」として徹底的に身に付けさせるようにしたい。

(2)「聴き方」・「話し方」の指導
①「聴き方」の指導

　「聴き方」で、まず大事なのは人の話を最後まで黙って聴くことである。これを入学したばかりの一年生にしっかり指導することが必要である。一年生になったら「お勉強をする」ということで、一年生は授業に憧れや期待をもっている。この時期に一番の学習は「話を聴く」ことであるということを意識付けたい。

　児童が発表する場面で、大事なこと、児童に理解させたい内容が出てきたときに教師がその内容を復唱する場面が見られる。児童の聞き落としに配慮したためであると思われるが、これを繰り返すと、児童は自分で発表者の話を聴こうとしなくなってしまう。なぜなら、教師が繰り返して話してくれるからだ。教師が復唱してしまえば、児童が聴こうとする意志を奪ってしまうことになってしまう。

　「聴くこと」で大事なのは、話し手の話を理解しようとして聴くことである。静かに聞いていると、児童が、その内容を理解したと判断しがちであるが「○○さんの言ったことをもう一度言ってごらん」と復唱を求めると言えないことがよくある。このように、話し

手の話を復唱できるということは話の内容を理解して聴くことにもつながる。

　そして、人の話を静かに最後まで、「聴く」のとあわせて指導したいのが「反応する」ということである。「いいです」「分かりました」「同じです」といった決まった文言を話し終わった後に言うように指導することがある。これらの反応も最後まで話を聴くという態度を育てるのに一定の効果を期待できるが、慣れてしまうと条件反射で口に出している場面も見受けられる。そして、このような様子は一見すると、児童が話をよく聞いていて、反応もよいといった印象を受ける。「聴くこと」で大事なのは、児童がいかに他者の話を理解しながら聴けているかということである。反応も決まった文言を繰り返させるだけでは、他者の話を理解できているとは言えない。そうならないためにも、授業の中で他者の発言に対し、自分だけの反応を返すといったことを取り入れるとよい。他者の発言を受けて、自分が考えたことを反応として返すのである。これを繰り返すと、他者の話を考えながら聴くといった態度が身に付いていく。

　また、「反応」だけでなく聴き方の態度として、話し手が「話してよかった」「また話したい」と思えるような聴き手の態度も意識させたい。それは、黙って聴いたり、反応したりするだけでなく、話し手に温かい眼差しを向けるといった態度である。

　このような聴き方が身に付いていくと、学びを深めるだけでなく他者への理解も深まり、学級内の人間関係もよくなっていく。なぜなら、聴き手が友達の話を聴こうとして聴くということは、聴き手の意志の存在がそこにあり、他者を受容することに繋がるからである。他者を受容する聴き方が身に付いている学級では、児童は安心して「分からない」「困っている」を言えるようになる。そして、「分からない」「困った」を解決することを通して、学級内での「学び」も深まっていくのである。

②「話し方」の指導

　入学したての一年生は話したいことがたくさんあり、授業中であっても自分が話したいことがあると声に出してしまったり、挙手をしても指名される前に話していたりといった様子が見受けられる。このような態度をそのままにしてしまうと、自分だけ話せればよいといった状況を生み出してしまう。

　授業では、同じ教室で学ぶ学習者がいることを意識させることが必要である。秋田[2]（2000）は「クラスの一斉授業は、考えの交流を可能にする知の共有の場面である。子どもたちがじぶんたちの話し合いを評価するコミュニケーションのありかたを学ぶことが、協働の質を高め、自分たちの考えを練り上げていくことになると考えられる」と述べている。秋田が述べているように、授業で展開されている話合いを自分たちで評価しながら、考えを練り上げていかなくてはならない。ただ単に、自分の考えを発表すればよいのではなく、その場にいる他の学習者に理解してもらえるように意識して話せるようにしていかなければならないだろう。そのためには、話すときに担任（教師）ではなく、一緒に学ん

2　秋田喜代美（2000）『子どもをはぐくむ授業づくり』岩波書店　p.104

でいる学習者に向けて話すことを態度として身に付けさせたい。

　児童は、教師に向かって話しがちである。なぜなら、自分の話していることに自信がなく、教師の反応を見ながら発言するからである。そして、教師は児童の発言に不都合があれば優しい言葉をかけて修正する。しかし、これでは児童がお互いの「考えの交流」をし「知」を共有することにはならない。話し手は、教師ではなく「学び」を共有する学習者を意識して話せるようにしたい。

　そのために、話し手の立ち位置、向きを学習者である児童に向けるようにする。黒板に書かれたことや資料を示しながら話すときも聴き手を見て話せる立ち方を指導する。聴き手を見ることによって、聴き手の様子を見ながら自分が伝えたいことが伝わっているかを確認しながら話すようになっていく。図1の写真のように、教師の立ち位置を変えることで児童の目線を変えることができる。教師が話を聴いている児童の後ろに立つことで、話し手である児童の目線が、聴き手である児童の方に向くのである。これを繰り返すと、最初は教師を見ているが、次第に聴き手の児童を見るようになっていくのである。

　このようにして、児童たちに、共に学ぶ学習者を意識して話せるようにしていくと、話し手は聴き手の反応を見られるようになっていき、次第に聴き手に分かりやすい説明をするようになっていくであろう。

図1　教師の立ち位置を変えることで児童の目線を変える

　以上のように、「学び方」としての「聴き方」・「話し方」のスキルを児童に身に付けさせて、学級づくりをすることで、各教科等において「主体的・対話的で深い学び」を実現できるようにしたい。

2. 小学校編〜主に特別活動から〜

（1）学びに向かう集団づくりの基盤としての学級活動

　「主体的・対話的で深い学び」を実現する授業改善を志向するとき、学級が、児童が安心して生き生きと学びに向かうことのできる集団となっていることは必要不可欠である。小学生にとって、学級は学校生活の基盤であり、学校生活そのものと言っても過言ではない。そのような中、特別活動、とりわけ学級活動は、学級を単位とした集団活動を通して、「人間関係形成」、「社会参画」、「自己実現」の３つを視点として育成する資質・能力を明確にしている。児童が教師や友達と良好な人間関係を築きながら、学級や学校の生活を自ら豊かにしていくことを通して、自らの在り方や生き方を見つめて自己の目標を実現していく。このような学級活動が充実することで、学級がよりよい生活集団や学習集団へと向上していく。各教科等で「主体的・対話的で深い学び」を実現するためには、学級活動を基盤とした学級づくりが欠かせない。その具体的なポイントを考えていきたい。

（2）互いを尊重し合う支持的な学級の風土をつくる

　一人一人の児童が安心して自分の力を発揮できるようにするためには、支持的な学級の風土をつくっていかなくてはならない。そのためには、児童同士が互いを理解し合い、尊重し合いながら、学級の仲間として共に生活しようとする態度を育てることが大切である。学級活動「(1) 学級や学校における生活づくりへの参画」では、児童の思いや願いに端を発した一連の活動の中で、児童同士が話し合い、協力し合う。１つの目的を成し遂げるために他者と協働し、活動をつくり上げる。活動を終えた後は成果を確かめ合い、達成感とともに次の活動への意欲をもつ。このような経験を学級として繰り返していくことで、児童同士の関係性が深まり、学級が集団として高まっていく（図1）。

問題の発見・確認	解決方法の話合い・決定	決めたことの実践	振り返り
仲良くなるために集会を開きたいな。	みんなで役割を分担して準備しよう。	どんなゲームをするか話し合って決めよう。	話し合って決めたことを生かして、集会に取り組もう。	みんなで協力して取り組めたから楽しかった。

図1　学級活動（1）の流れ（例）

　活動の中では、時として意見が対立し、活動が思うように進まないこともある。そのようなときこそ、話し合い、相互理解を通して合意形成を図る。例えば、代表的な話合いの場面として、「学級会」が挙げられる。「学級会」では、学級の全員に関わる共同の問題を議題として取り上げ、その解決方法を全員で話し合って決定することを目指す。学級全員で話し合うと異なる意見が出てくることが多々ある。話合いを通して、互いの意見の共通点や相違点を明らかにし、意見が違った場合でも、どうしてそう考えたのか、互いの思いを理解し合うことを大切にする。児童同士が思いを理解し合えると、意見が違っていても折り合いをつけて合意形成に向かうことができるようになる。学級の仲間に思いを理解し

① 特別活動を始め、日常の様々な活動を道徳的な実践の場と位置付けることで、各教科等の目標を実現する過程で道徳性の育成に資する指導を行ったり、児童の道徳性に係る育ちを見いだして認め励ましたりできる。

② 児童一人一人のよさや努力している姿を道徳性の表れとして積極的に捉え、認め励ますことは、児童自身が自らの成長や集団の中での存在感を実感することや、互いの成長を喜び合う学級風土を築くことにつながる。

③ 日常の指導を、道徳性の育成に資するものになっているかという視点から見直すことは、教室の人的・物的環境や言語環境を、支持的なものへと変えることにつながる。

（3）道徳教育を生かした学級づくりの一例

以下は、道徳教育との関連を意識して、筆者が行ってきた学級づくりの一端である。

①「あたたかな聴き方・やさしい話し方」による「聴いて考えてつなげる」各教科等の授業

各教科等の授業は、それぞれの教科としての資質・能力の育成を目的とする営みであるが、その過程では、「個性の伸長」「努力」「思いやり」「相互理解」など、友達と関わり合って学習に取り組む中で、様々な道徳的価値に関わる道徳性が養われている。それだけに日々の授業での学び方は、児童の道徳性の育成にも大きな影響を与えていると考えられる。「あたたかな聴き方・やさしい話し方」や、「聴いて考えてつなげる」授業づくり（脚注1に同じ）は、全教育活動を通じて行う道徳教育の基盤であるとともに、学び合う「コミュニティ」としての学級づくりを進める拠りどころになっている。

②道徳科の授業での学びを生かした教室環境

道徳科の授業で深まった考えをカードに書きためたり、使った資料を掲示したりしている。一人一人の児童のよさを互いに見付け喜び合う風土づくりにつながっている。

図1　よりよい学校生活、集団生活の充実に関わる掲示物　　　　図2　個性の伸長カード

4. 中学校編

「先生、今日の数学の授業で○○さんが新しい解き方を見つけたよ」

「道徳の話合いの活動で、みんなの意見を受けていろいろな見方ができた」

　学級の生徒たちから、そのような声が聞けるのは学級担任としてうれしいものである。主体的・対話的で深い学びの実現が求められるなかで、教科指導、学級活動、行事など学校内で行われる学習や生活の主たる活動の場となるのは学級である。また、中学校では教科担任制の場合が多いため、主体的で対話的で深い学びを支える基盤として互いの多様な考え方を受け入れられることや間違いを恐れずに発言ができる学級風土は大切である。

　そこで、主体的・対話的で深い学びを支える学級づくりのために、カリキュラム・マネジメントを意識した学級経営、主体性のある学級風土づくり、そして日々の取り組みと順を追って考えたい。

(1) カリキュラム・マネジメントを意識した学級経営

　学級担任は学級に関わる業務以外にも教科指導、生徒指導、保護者とのやりとりなど多くの業務があり、学校内外の多くの人との連携し、それらがかみ合ってこそ効果が上がる。その日々の教科指導や生徒指導などの軸になるのが学校教育理念や学校教育方針、学校教育目標であり、それを実現するためのカリキュラム・マネジメントが重要である。したがって、学級担任の持ち味を生かしながらも、それらを意識して生徒への指導を工夫したり、保護者と対応したりするなどといった学級経営を行っていきたい。

　図1のように、学級経営は教科の言語活動などと相互に関わり合いながら展開をしていく。その際、常にも学校教育理念、学校教育方針、学校教育目標などを念頭に置いて、学級経営を進めていくことを意識するようにしたい。

図1　横浜市立横浜サイエンスフロンティア高等学校附属中学校における学級経営と学校教育目標との関係

（2）主体性のある学級風土づくり

①「互いを認める」「自ら考える」「自分を開き、伝える」

　主体的・対話的で深い学びを実現していくためには、互いが安心して言語活動に取り組むことができる環境、そして多様な考えを受け入れることができる学級風土でありたい。

　そのような学級風土をつくるために、図2のような学びのつながりを意識したい。まず「互いを認める」である。考えの多様さや相手のよいところを捉える姿勢は、物事を多面的に考えることや自己の相対化にもつながる。2つ目は「自ら考える」指導である。教育目標や校訓に照らし合わせて自分の行動を律したり、集団の中での自分の役割や発言を考えたりと、粘り強く考え自己を調整する力を育成していく。3つ

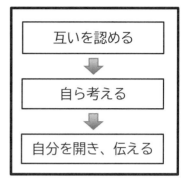

図2　主体的・対話的で深い学びのつながり

目は、これまでの2つのことを土台とした「自己開示をし、発信をする」ことである。互いの考えを受け入れ、議論ができる言語環境の中で学びを深めることで、自己有用感や集団への帰属意識の向上にもつなげていく。

②日々の取組

　学級の風土は、教師と生徒・生徒と生徒の日々の小さな指導や交流の積み重ねの上で成り立つ。そのために、図3のような取組が考えられる。

朝の会・帰りの会の活用	自分を開く会
日々の朝の会・帰りの会も貴重な学級の活動の時間である。短い時間ではあるが、自分たちで運営し、互いに情報を発信・受信するなど、話し合う機会を意識して作るようにする。	「自己開示」をテーマに、特技や趣味、チャレンジしていることなどを各自が発表する機会を作っている。自らを伝え、仲間の意外な一面を発見する機会となり、相互理解が深まる。
黒板メッセージ	手帳・日記のやりとり
毎朝の職員打ち合わせまでは学級に行き、黒板に当日の指示や前日気づいたことなどメッセージを書く。口頭での指示を聞き取ることが苦手な生徒への個に応じた指導にもなる。	日々の予定や学習の状況、計画やその日あったことを書き込む手帳の交流を生徒とする。学校生活では見えない家庭での姿や考えていることが知れるなど生徒の理解に役立つ。

図3　日々の学級での取組の例

引用・参考文献

文部科学省（2017）『中学校学習指導要領（平成29年告示）　解説　総則編』東洋館出版社

第3節　各教科等における授業づくりの実際

1.　育成したい資質・能力と目指す児童生徒像を踏まえた教育課程の編成

(1)　育成したい資質・能力のつながりを踏まえた教育課程の編成

目指す児童生徒像は、各学校の学校教育目標に示されている。学校教育目標の実現のために、「学校のグランドデザイン」「各学年のグランドデザイン」「各教科等のグランドデザイン」などを作成し、教育課程を編成していくことが考えられる。その編成に当たっては、管理職や一部の教職員だけではなく、全教職員が自校の児童生徒像について話し合い共通な認識をもつことが大切である。そのためには、まず児童生徒の実態と学校教育目標から各グランドデザインを作成する。そして、そのグランドデザインを基にどのような教育活動を行えばよいのかなど、全教職員で共通な理解を図っていく必要があるであろう。そして、全教職員で共通に理解したことを基に教育課程を編成していく。

教育課程の編成において、各教科・領域等の年間指導計画や単元の指導計画を作成する際には各教科、各領域内での資質・能力のつながりだけでなく、各教科・領域間のつながりも考えていく。また、各学年間も含め「縦」と「横」のつながりに留意する必要があるだろう。

小学校において、教育課程と称して、従来、学年ごとに全教科及び領域等の内容を一覧表にまとめることが行われてきた。そこに記載されている内容は、単元名や題材名、教材名であり、ほぼ教科書会社が示す配列通りに並べられるという実態が散見される。

しかし、各学校で設定した学校教育目標の実現に向け、学習指導要領で示された資質・能力を育成するための教育課程を編成するには、例えば図1のように、学習指導要領に示された資質・能力を、どの時期に育成するのかを明確にしなくてはならないであろう。単に各教科等の内容でつないでいくのではなく、学校全体の教育活動を見通し、他学年との関連も図って資質・能力で

各教科等の年間指導計画

時期 (月) 週 日	単元・題材名	指導 時数	単元・題材で育成する資質・能力 ＜単元・題材の評価規準＞ 学習指導要領に示されている「2 内容」の指導「事項」から、単元の評価規準として適切な指導「事項」を選択して示す。 ＜学習指導要領からの転記＞	評価方法	学習活動
4月 週 日			① 知識・技能 ② 思考・判断・表現 ③ 主体的に学習に取り組む態度		
4月 週 日			① 知識・技能 ② 思考・判断・表現 ③ 主体的に学習に取り組む態度		
4月 週 日			① 知識・技能 ② 思考・判断・表現 ③ 主体的に学習に取り組む態度		

図1　育成する資質・能力を明記した年間指導

つないで進めていく。学習指導要領で育成を目指す資質・能力に基づいて作成した年間指導計画は、約10年間は教科書が変わっても、資質・能力は変わらないので、毎年、カリキュラムマネジメントで年間指導計画の改善をしたとしても、大きく変わることはなく、題材や教材を変えて指導することが可能となる。

（2）学び方としての「聴き方」・「話し方」の育成

　前項で示した「教育課程」は、各教科・領域等の指導内容であるが、それらとは別に「学び方のカリキュラム」として、表1のような「聴き方・話し方ステップ」を学校として作成し、発達の段階に応じて指導していくことが考えられる。ここに示す「聴き方」・「話し方」を育成する目的は、単に「聴き方」や「話し方」が上手になるということではなく、児童生徒の「学び方」の基盤となる言語能力の育成を目指すものである。授業において、聞き手がただ話を黙って聞いたり、話し手が一方的に自分の考えを述べたりするだけでは、児童生徒が「学び」を共有し、深めることはできないであろう。双方向の学び合いが成立するためには、聞き手は「聴き手」となり、話し手が言ったことを受動的に理解するだけでなく、その内容を自分の中に取り込み、考えて応答しなくてはならないし、それに対して「話し手」は「聴き手」が理解できるように話す必要がある。

　このような「聴き方」・「話し方」を全学年において、各教科・領域等の授業の中で意図的・計画的に指導していく。なぜなら、この「聴き方」・「話し方」のスキルは、国語科だけで育成するものではないし、ある学年で集中して指導すれば身に付くというものではないからである。学年の発達の段階や学級の実態に応じ、繰り返し指導することで身に付くものである。

表1　「学び方のカリキュラム」としての「聴き方・話し方ステップ」

「聴き方・話し方ステップ」

聴き方		話し方
自分の出番を考えながら、話を聴く。	10	話の流れに沿って自分の出番を考えて話す。
話の流れがつながっているかを意識して話を聴く。	9	自分の話が分かってもらえるように資料を示して話す。
話し手の考えに対して、自分の考えをもちながら聴く。	8	友達の考えと自分の考えの共通点や相違点を挙げて話す。
自分の考えと比べ、共通点や相違点が何かを考えながら聴く。	7	自分の伝えたいことを区切って短く話す。
自分の考えをもちながら、友達の話を聴く。	6	友達の反応を確かめながら話す。
友達の言いたいことを分かろうとして聴く。	5	自分が考えたことを例を挙げて話したり、経験をもとに話したりする。
友達の話を復唱できるように聴く。	4	自分の考えの理由を挙げて話す。
話し手の話に反応（うなづく、つぶやくなど）しながら聴く。	3	自分の考えを順番を考えて話す。
人の話をだまって、最後まで聴く。	2	友達がききとれるはやさで話す。
話す人の方を見て聴く。	1	友達の方を見て、きこえる声の大きさで話す。

2. 単元や題材等の構想と授業づくり及び学習指導案の作成

（1）育成したい資質・能力から単元や題材等を構想

　単元や題材等の構想に当たっては、その単元や題材等でまずどのような資質・能力を育成するのかを明確にすることが大切である。育成すべき資質・能力は、年間指導計画に各教科・領域等の間でそれぞれの関連を図り、どの時期にどんな資質・能力を育成するのかを位置付けておく。

　そして、単元や題材等で育成する資質・能力が決まったら、単元や題材等を構想することになるが、児童生徒の学びの筋道を見通し、これまでに児童生徒が身に付けてきた資質・能力や実態（興味・関心等も含む）、どのような題材等、教材や学習材が適しているかも考慮して、学習活動の展開を考えていく。その際に、平成29〜31年版の総則に示された「主体的・対話的で深い学びの実現に向けた授業改善」の事項にも配慮した単元や題材等を構想する。

　単元や題材等で育成する資質・能力は、1時間単位の授業で育成するのは困難である。よって一つの単元や題材等を通して、その単元や題材等で育てたい資質・能力（〔知識及び技能〕〔思考力、判断力、表現力等〕〔学びに向かう力、人間性等〕）を育てることになる。そのためには、単元全体でどのような過程を経て資質・能力を育成するのかを見通し、単元や題材等の計画を考える必要があるであろう。

（2）単元や題材等の構想と「学習問題」の設定

　単元や題材等を構想していく上で、その単元や題材等の学習を方向付けることになるのが学習問題や課題である。よって、学習問題や課題は、その単元や題材等で児童生徒が追究・解決することを通して資質・能力の育成につながるような問題や課題を設定する。

　児童生徒に主体的に学習に取り組ませようとするために学習問題や課題を児童生徒に考えさせるという実践がなされ、目標や評価規準の実現につながらない学習問題や課題が設定されるといった事例が散見される。児童生徒に育成したい資質・能力を把握しているのは教師である。単元や題材等の構想は、教師が意図やねらいをもって生み出すものであるから、児童生徒の資質・能力を育成する上で鍵となる「学習問題や課題」を設定するのは、教師の重要な営みであると考えられる。

　また、学習問題や課題の設定に関しては、各教科・領域等で異なる点も見受けられる。単元や題材等の全体を通して一つの学習問題や課題を設定し追究・解決をする場合（図1-①）もあれば、単元を通した一つの学習問題や課題の解決に向け、毎時間に「問い」を設定して追究する場合（図1-②）もある。また、1時間につき一つの学習問題や課題を設定し、追究・解決をする展開（図1-③）もある。また、教科・領域等で「学習問題」「学習課題」「問い」というように名称も異なる。しかし、いずれも、資質・能力の育成に

向かうように設定される必要があるであろう。

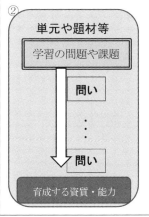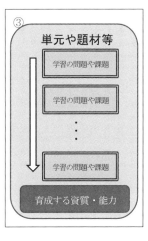

図1　学習問題や課題の設定

（3）単元や題材等の学習指導案の作成

　単元や題材等を通して資質・能力を育成するために、学習指導案はどの時間にどのような資質・能力を育成すればよいかが分かるように、以下の点（図2）に留意して単元や題材等を見通すことができる形式で作成する。

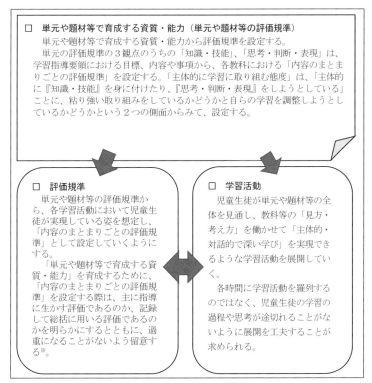

図2　単元や題材等の学習指導案の作成に当たって

国語科 小学校 1年 「○○さんに～をつたえたい！」 つたわることばをあつめて、手がみでとどけよう

1. 単元名 「つたえたいことを手がみにかいてとどけよう」

2. 単元で育成する資質・能力を踏まえた評価規準

※（ ）は学習指導要領の記号

知識・技能	思考・判断・表現	主体的に学習に取り組む態度
①丁寧な言葉と普通の言葉との違いに気を付けて使うとともに、敬体で書かれた文章に慣れている。〈（1）ウ〉	②「書くこと」において、経験したことから書くことを見付け、必要な事柄を集めたり確かめたりして、伝えたいことを明確にしている。〈B ア〉 ③「書くこと」において、文章を読み返す習慣を付けるとともに、間違いを正したり、語と語や文と文との続き方を確かめたりしている。〈B エ〉	④粘り強く学習課題を意識して取り組む中で、経験したことから書くことを見付け、必要な事柄を集めたり確かめたりして、伝えたいことを明確にしようとするとともに、文章を読み返す習慣を付け、間違いを正したり、語と語や文と文との続き方を確かめたりしようとしている。

＊単元の主たる言語活動　　伝えたいことを手紙に書く活動

3. 単元の指導計画　　○指導に生かす評価　◎指導に生かすとともに総括としても生かす評価

次	時	○◎評価規準（評価方法）	・学習活動
第一次	①	○思考・判断・表現② （記述の確認：ワークシート）	・幼稚園や保育園の先生から届いたメッセージに対し、小学校の楽しさを教える手紙を書いて送るという見通しをもつ。 ・幼稚園や保育園の先生に楽しさが伝わるように、具体的な言葉を書き出して集める。
	②	○知識・技能① （行動の観察、記述の確認）	・作例を見て、手紙文の特徴（構成や記述の仕方等）を見いだし、こつとして共有する。 ・前時に集めた言葉をもとに、下書きを書く。
	③	○思考・判断・表現③ （行動の観察、記述の分析：下書きと清書）	・下書きを声に出して読み、間違いを赤で直したり、語や文の続き方を確かめて書き直したりする。 ・一文ずつ声に出して確かめながら清書する。
第二次	④ ⑤	◎思考・判断・表現② （記述の分析：ワークシート）	・生活科の授業で、昔遊びを教わってくださった地域の方々に、お礼の気持ちを伝える手紙を書くという見通しをもつ。 ・第一次で書いた手紙と同じ書き方でよいか話し合い、目的や必要となる内容の異同を整理する。 ・お礼の気持ちを伝えるために必要な内容を考え、言葉を書き出したり、伝わる言葉か確かめたりする。
	⑥	◎思考・判断・表現③ （行動の観察、記述の分析：下書きと清書）	・集めた言葉をもとに、下書きを書く。 ・下書きを声に出して読み、間違いを赤で直したり、語や文の続き方を確かめて書き直したりする。 ・一文ずつ声に出して確かめながら清書する。
第三次	⑦ ⑧	◎知識・技能① （記述の確認：下書きと清書） ◎主体的に学習に取り組む態度④ （行動の観察）	・2月の新入生保護者説明会で配付する「新一年生に宛てた手紙」に、どのようなことが書かれているとよいか話し合う。 ・入学が楽しみになるような言葉を集め、下書きを書く。 ・一文ずつ声に出して確かめながら清書する。 ・書いた手紙を読み合い、よいところを見付けて伝え合う。

本単元における　指導と評価のポイント

❶ 相手と目的を変えて言語活動を繰り返し行うことで、資質・能力を育成する

第一次は、幼稚園・保育園の先生方からもらったメッセージに対しての返事を、第二次は、生活科で昔遊びを教えてくださった地域の方々へのお礼を、第三次は、4月に入学予定の新1年生に小学校の楽しさを教える手紙をそれぞれ書いていく。相手や目的を明確にして書く活動を繰り返し行うことで、身に付けた知識及び技能や思考力、判断力、表現力等を活用しながら更に伸ばすことができるようにする。

❷ 一人一人の児童の思いに寄り添いながら実現状況を把握し、指導に生かす

言葉集めに用いた用紙や下書き用紙等に表された言葉は、その児童が、特定の相手を思い浮かべて書いた言葉である。評価に際しては、一人一人の児童の思いを受け止めながら実現状況を把握し、価値付けたり必要な指導を行ったりする。

本単元における　学習の過程　　学習の過程における　指導と評価の一体化

相手や目的を変えて手紙を書く活動を繰り返し行い、資質・能力の習得と活用を重ねる。

相手意識や目的意識の醸成	他教科等での活動をきっかけに、「〜に…を伝えたい」という相手意識や目的意識をもつ。

第一次 ❶ ❷

○幼稚園・保育園の先生方に、小学校で見付けた楽しさが伝わるように具体的な言葉を集めているか、丁寧な言葉と普通の言葉との違いに気を付けているかについて、一人一人の学習状況を捉え、全体での指導や個別の支援に生かす。

相手や目的に応じた情報の収集、内容の検討	相手や目的を意識して、必要な言葉を集めたり、確かめたりする。

第二次 ❶ ❷

◎昔遊びを教えてくれた地域の方々にお礼の気持ちが届くように言葉を集めたり確かめたりしているか、文章を声に出して読み返しながら間違いを正したり、語と語、文と文との続き方を確かめたりしているかを捉え評価する。

既習の内容を生かした推敲	既習の内容を踏まえて推敲のポイントを整理し、文章を読み返して間違いを正したり、語と語や文と文との続き方を確かめたりする。

第三次 ❶ ❷

◎四月に入学予定の新1年生が入学を楽しみにできるような言葉を集めたり確かめたりしようとする姿、読み手が入学前の幼児であることを意識して表記や言葉の使い方を見直そうとする姿を捉え、認めたり励ましたりする。

目指す児童像

相手に気持ちが届くように、必要な事柄を集めたり確かめたりして伝えたいことを明確にするとともに、文章を読み返して間違いを正したり、語と語や文と文との続き方を確かめたりする児童。

単元で目指す児童像の育成に向けてのポイント

「生きて働く〔知識及び技能〕の習得」に向けてのポイント

第一次の２時間目に、二種類の作例
（敬体のものと口頭作文風のもの）を
見比べて、手紙文の特徴を見いだす活
動を行う（図１）。作例を比較するこ
とで、丁寧な言葉と普通の言葉との違
いに気付くことができるようにすると
ともに、敬体で書くことのよさについ
ても考えさせる。その後、実際に手紙
を書く中で、相手や目的に応じて、言
葉の使い方に気を付けながら、敬体で
書くことに慣れることができるように
する。

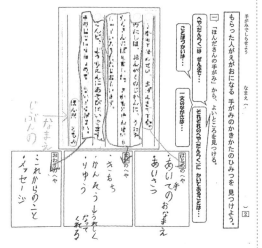

図１　第２時に見いだした手紙の特徴

「未知の状況にも対応できる〔思考力、判断力、表現力等〕の育成」に向けてのポイント

国語科の思考力、判断力、表現力等に示される内容は、２年間のまとまりで、相手や目的、教材、言語活動を変えながら繰り返し学習し、身に付けていくものである。本単元で育成を目指す思考力、判断力、表現力等も、今回初めて取り上げるものではないため、相手や目的を明確に意識させるとともに、既習とのつながりでどのように活動を行えばよいか考える場を設定することがポイントになる。第一次では、教師が不適切なモデルを提示し、「心配している園の先生に安心してもらうには、何が楽しいのか、どうして楽しいのかが分かるように書く必要がある」ことを引き出してから、必要な事柄を集める方法を共有し、活動に入る。また、推敲の視点について、既習の内容に加える形で、新たに意識するとよいことを提示する。第二次では、第一次との相手や目的の違いを確認し、第一次で身に付けた方法を活用している姿を積極的に見付けて価値付けたり、コメントの記入や口頭により、一人一人の児童と対話しながら個別に支援したりしていく。

「学びを人生や社会に生かそうとする〔学びに向かう力、人間性〕の涵養」に向けてのポイント

明確な学習課題のもと、既習の内容と関連付けて課題解決の方法を考え見通したり、相手や目的に照らして活動を振り返ったりする場を設定すること、一人一人の児童の思いに寄り添いつつ、学習状況に応じて価値付けたり、必要かつ最小限の支援を行ったりすることがポイントである。特に、第二次、第三次では、第一次で身に付けた方法を、相手や目的に合わせてアレンジしようとする児童や、新たに教師の支援が不要になる児童も見られるようになる。そのような姿を積極的に見いだし、価値付けるようにしたい。

単元で目指す児童像の育成に向けた授業の例

「たのしさがつたわることばをあつめよう」 （第1次 1時）

 こんな手紙はどうでしょう。「小学校はたのしいよ。あんしんしてね」

 何が楽しいのか伝わらないですよ。

なるほど。では、「ともだちと、じゅぎょうと、きゅうしょくと、中休みがたのしいよ。あんしんしてね」これでばっちりですね。

どうして楽しいのかが分からないと、安心してもらえません。

「たくさん」じゃなくて「くわしく」教えてあげるといいと思う。

前に本の紹介をしましたよね。そのときは、わけをくわしく書いたら「ぼくも読みたい！」って言ってもらいました。

今までの学習を生かしていますね。今日の課題は「えんの先生にしらせたい『ひがしおぐら小学校のたのしさ』がつたわることばをあつめよう」としましょう。

この後、事柄集めシートを提示し、どのように集めるとよいかを共有した上で活動に入った。
①〜③は、一人の児童の学習の過程である。①の時点では、あまり多くの言葉を集めてはいなかったが、書き出した中から伝えたい事柄を二つ選び、理由を明確にしていた。そのため、教師からはそのことを認めつつ、次時の構成や記述に目を向けさせるコメントを書き添えた。

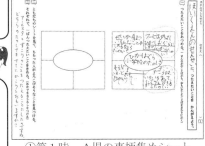
①第1時　A児の事柄集めシート

②第2時　A児が書いた下書き

③第3時　A児が清書した手紙

音楽科 小学校 5年 思いを生かして表現を工夫し感性を伸ばす

1. 題材名「思いを表現に生かそう」

2. 題材で育成する資質・能力を踏まえた評価規準

※（　）は学習指導要領の記号

知識・技能	思考・判断・表現	主体的に学習に取り組む態度
①曲想と歌詞の内容や旋律、強弱との関わりを理解し、呼吸や発音の仕方に気を付けて、自然で無理のない、響きのある歌い方で歌う技能を身に付けて歌っている。	②曲想と歌詞の内容や旋律、強弱、音の重なり、フレーズなどとの関りについて考え、曲の特徴にふさわしい表現を工夫し、どのように歌うかについて思いや意図をもっている。	③曲想やその変化と、歌詞の内容や旋律、強弱との関わりを生かしながら、思いを込めて歌う学習に取り組もうとしている。

3. 題材の指導計画
○指導に生かす評価　◎指導に生かすとともに総括としても生かす評価

次	時	○◎評価規準（評価方法）	・学習活動
第一次	1		・学習計画を立てる。 教材名「魔女の宅急便」より「めぐる季節」 「季節のイメージと歌詞の内容とが逆転しているのは、なぜかを探ろう」と学習計画を話し合って決める。
	2	○知識・技能①（付箋への記述の確認、発言の聞き取り）	・歌詞の内容について話し合う。音読したり個人カードへの記入をしたりしたことをもとに、気付いたことを話し合う。
第二次	3 4	○思考・判断・表現②（発言の聞き取り）	・旋律の特徴を感じ取る。 自分なりに旋律や歌をつかむことができるよう、繰り返し歌詞唱する。 「同じ旋律の繰り返しなのに、まったく違って聴こえる」「明るくなったり暗くなったりしている」「途中に歌詞のない部分がある」など気付きは付箋に記入し、拡大歌詞カードに添付して伝え合い、その都度歌って確かめる。
		◎思考・判断・表現②（付箋の記述の確認、発言の聞き取り）	○歌詞と旋律との関わりについて考える。 歌詞と季節との発想や短調と長調を組み合わせた旋律の特徴と歌詞との関わり、あえて歌詞ではなく「DABADABA」や「LU や U」と言った音を使用した意味に着目して歌詞と旋律との関わりについてや、曲の特徴にふさわしい表現を作るには、どこをどのように歌うかなどについて考え、話し合う。
第三次	5	◎主体的に学習に取り組む態度③（付箋の記述の確認、発言や歌声の聞き取り）	・母音をつけた発音や呼吸など既習の学習を生かして思いが伝わる豊かな表現を工夫するために、自分の考えを付箋紙に書いたり、それをもとに意見交換をしたりして、思いを込めて歌う。

本題材における　指導と評価のポイント

❶ 一人一人のよさを生かす評価

本題材における話合いでは、児童がこれまでに学習してきたことを生かして、互いに感受と工夫を伝え合い、一つの歌として共有していく。一人一人が自分の思いをもつからこそ、伝え合い高め合うことができる。そのような学習の積み重ねにより、自分なりの感受や表現が生まれ、よさを伸ばすことにつながる。

❷ 価値付け、豊かな表現を支える感性を育てる評価

歌詞の意外性という発想の広がり、心情を表現する言葉の豊かさ、音楽における調性の重要性、歌詞だけでなく「DABADABA」や「LU や U」と言った音の持つ音楽的な意味への気付きを価値付け、指導を生かし、感受・表現の力を高めることが感性を伸ばすことへとつながる。

本題材における　学習の過程　　学習の過程における　指導と評価の一体化

これまでの学習を生かした題材を構成し、歌詞のもつ意味や表現の質とを高める学習の充実を図る。

気付き（課題設定）と感受	季節のイメージと歌詞の内容とが逆になっている意味を考える。歌詞を音読したり自分の思いを書き込んだりして歌詞のもつ意味やよさを感じ取る。
表現	呼吸や発音の仕方を工夫して響きのある歌声をつくっていく。
豊かな表現	思いが生かされているかを発音や呼吸、強弱や曲想を工夫して表現の質を高める。

目指す児童像

第一次 ❶ ❷
○季節のイメージと歌詞との意外性への気付きから歌詞の内容を理解し、これまでの学習を生かして書くようにする。
○歌詞と旋律や歌詞の内容と曲想との関わりが感じ取れるよう繰り返し歌詞唱する。

第二次 ❶ ❷
○旋律の上がり下がりと言葉の抑揚との関係や曲想と歌詞との関わりを意識し、これまでの学習を生かして、思いを伝え合い、表現を工夫するように指導する。
◎歌詞のない部分をもつ構成の意味を歌詞や歌全体の中で考える態度を持ったり、短調と長調との組合せにについて、身体表現を通して実感したりできるよう、児童の気付きを引き出す声掛けを行う。

第三次 ❶ ❷
◎歌って浸ることで、習得している技能をさらに高めて豊かな表現につなげるために自他の考えを生かしながら取り組ませる。

これまでの学習を生かし自分の思いも友達の思いも大切にしながら表現をつくり上げていく喜びを味わい表現の質を高め豊かな感性を育む児童。

題材で目指す児童像の育成に向けてのポイント

「生きて働く〔知識及び技能〕の習得」に向けてのポイント

　ここでは曲想と音楽の構造などとの関わりについて理解するとともに、表したい音楽表現をするために必要な技能を身に付けるようにすることである。

　知識におけるポイントは、意外性のある歌詞の内容に気付き、それを表現するために工夫された旋律や調性を感受・理解することであり、これによってこれまで学習してきた音楽より、より豊かな感性を育むことができると考える。この指導では調性の変化を実感できることが旋律の特徴を理解する上で重要となる。短調から長調への変化を足踏みや挙手などで表すという約束をつくり、体感・実感させることでより深く感じ取ることができる。

　技能におけるポイントは響きや発音の明確化のために「はなけしき」→「はぁなぁけぇしぃきぃ」と母音を付けて発音することであり、語感に対する感性も育めると感じている。

「未知の状況にも対応できる〔思考力、判断力、表現力等〕の育成」に向けてのポイント

　ここでのポイントは二つある。一つ目は曲想と音楽の構造との関わりを理解した上で「何をどのように工夫するか」、曲想づくりにおけるその姿をじっと見守ることである。既習の「曲の山」や歌詞のない部分をもつ新たな構成や調性への気付き、終わりの音の「シ」の意味などこれまでに学んだことを生かして自分たちの音楽づくりをすることが、さらなる感性を高めることへとつながると考える。二つ目は一人一人の思いを生かしながら学級全体での表現を言語活動の充実を図りながら、作り上げることである。そのためには個の思いを歌詞カードや付箋に書くなど「書くこと」「話し合うこと」の双方からに取り組み、よりよい表現づくりのために何をどのように調整していくかを意識させながら、受容・共感を基盤に「聴いて、考えて、伝え合う」学習を生かし、新しい世界を学級全体で獲得していくことにつなげていく。

「学びを人生や社会に生かそうとする〔学びに向かう力、人間性等〕の涵養」に向けてのポイント

　この題材では発想の転換による表現の広がりを歌詞と音楽との関わりから知る。「春は明るい」という一般的なイメージを逆転させるこの歌詞は、物事の思考は一つでないことに気付かせ、自分なりの感じ方に自信をもち多様な考え方へと広げるきっかけとなる。これまでとは違う新しい音楽に触れることで「自分の好きな音楽と似ている」という声もある。児童が日常触れている音楽にはこのような調性や和音が多用されているものもあり、一見学校で学習する音楽との乖離を感じている児童もいる。だからこそ今回の学習により学校と日常の音楽との結びつきに気付かせることが大切である。不協和音の存在もその一つである。音楽の世界の広がりを経験することで、音楽を愛好する感性豊かな心が育まれていくと考える。

題材で目指す児童像の育成に向けた授業の例

「思いを表現に生かそう」　　　　　　　　　　　　　　　　（第２次　4時）

歌詞と旋律との関わりについて考える

「同じ旋律の繰り返しなのに物語みたいに聴こえるのはなぜ？」

「歌詞が普通の季節感と逆になっているね。」

T「これまでの学習を生かしてこの歌のすごさを探ろう。」

「春夏は、せつないとか寂しそうだけど、秋冬には優しさや温もりって少し明るい気分になってきている。」

「ドレファラドシソミレミ。旋律の上がり下がりがあるね。」

「ほかの曲となんか感じが違うよね。何かな？」

T「手の上げ下げで実際に旋律の動きを確かめてみましょう。」

T「調性ね。短調や長調のこと。どこで変化しているか身体で表現して確かめてみましょう。」

「歌詞の違いだけで違う感じに聴こえるのかな」

「確かに組み合わさっているからこの旋律が歌詞とも合っている感じ」

「この旋律、言葉の抑揚ともぴったり合っていて歌いやすい」

「だから旋律が同じなのに物語みたいに聴こえるんだね」

「前半は寂しさ。後半は幸せに向かっている。言葉にしないことで時間の経過かな？」

「この DABADABA は何かな？」

「曲の盛り上がりはどこかな？」

T「普通の歌詞ではないですね。ここに挟まれている意味は何かな？」

「『幸せを探す人が一番幸せだって』が曲の山の気がする」

「気持ちの変化だね。最後にも LU—LA—U がある」

「この形の音楽は初めてだけど。いいね。しかも終わりの音が「シ」の音だ」
「こういう音楽があるなんてすごい。音楽は一つでないね。もっと知りたいね」

（児童の発言）

T（教師の発言）

みんな「そうだね」

みんな「そうだね」

芯材と粘土で 12 年の歴史を表現する

1. 題材名「誕生日の花」（立体に表す）

2. 題材で育成する資質・能力を踏まえた評価規準

※（　）は学習指導要領の記号

知識・技能	思考・判断・表現	主体的に学習に取り組む態度
①誕生日に咲いていた花を想像して、立体に表すときの感覚や行為を通して、バランスや色の鮮やかさなどを理解している。（〔共通事項〕（1）ア） ②芯材を動かしながら、形づくっていき、そこに粘土をつけたり、削ったりするとともに、水彩絵の具の経験や技能も総合的に生かし、表したいことに合わせて表し方を工夫して表している。（A表現（2）イ）	③誕生日に咲いていた花を自由に想像することから表したいことを見付け、形や色、材料の特徴などからどのように主題を表すかを考えている。（A表現（1）イ、〔共通事項〕（1）イ） ④バランスや色の鮮やかさなどを基に、自分のイメージを持ちながら、自分たちの作品の造形的なよさや美しさ、表現の意図や特徴などをについて、感じ取ったり考えたりし、自分の見方や考え方を深めている。（B鑑賞（1）ア）	⑤つくりだす喜びを味わい、主体的に表現したり鑑賞したりする学習活動に取り組もうとしている。

3. 題材の指導計画　　○指導に生かす評価　◎指導に生かすとともに総括としても生かす評価

次	時	○◎評価規準（評価方法）	・学習活動
第一次	1	○思考・判断・表現③ （ノートなど）	・「誕生日の朝、目覚めるとこれまで見たこともない花が咲いていました。この花をじっと見ていると、何か**今の自分を表しているようでした**」ということをきっかけにし、想像を広げる。 ・本題材は、「針金（芯材）と紙粘土」を主な材料として、イメージしたことを**立体に表す**学習活動であることを知る。
第二次	2 3 4 5	◎知識・技能①② （行動の観察・ノートなど） ◎思考・判断・表現③ （行動の観察・ノートなど） ○主体的に学習に取り組む態度⑤ （行動の観察・ノートなど）	・導入時のアイデアスケッチを参考にして、針金と紙粘土を使って、「誕生日の花」を立体に表すとともに、これまでの水彩絵の具の経験などを生かして、色をつけていく。 （水彩絵の具は、紙粘土に練りこんで成形してもよい。また、その場合でも、外側から絵の具を使って色を塗ったり、模様を付けたりすることもできるように指導する。）
第三次	6	◎思考・判断・表現④ （行動の観察・ノートなど） ○主体的に学習に取り組む態度⑤ （行動の観察・ノートなど）	・自分たちの作品を鑑賞することを通して、自分の作品に込めた思いや工夫したところなどを伝えたり、友だちの作品の造形的なよさや美しさ、表現の意図や特徴などを感じ取ったりすることで、自分の見方や考え方を深める。

本題材における　指導と評価のポイント

❶ 「誕生日の花」というテーマから発想・構想する中で、形や色などの造形的な特徴を基に、どのように主題を表すか試行錯誤している姿などを評価

立体に表す活動を通して育成する「思考力・判断力・表現力等」について、"形や色"などをキーワードとして発想したり構想を練ったりする中で、児童が自分自身に向き合い、何を表そうとしているのかをノートなどの記述や行動から評価する。

❷ どのように主題を表すか、これまでの針金や紙粘土、水彩絵の具の経験や技能を基に表現方法などを工夫したりつくりだしたりしている姿を評価

使用する材料や用具に関する安全指導は大前提として行うとともに、児童がこれまでに身に付けてきた「知識及び技能」を本題材の中でどのように生かし、さらに育成されているのかを「学習の調整」という側面からも捉え評価する。

本題材における　学習の過程

学習の過程における　指導と評価の一体化

題材名から発想したことを、思いを込めてイメージを広げ、形や色などの造形的な特徴を捉えながら、立体に表す。

発想や構想
「誕生日の花」という学習テーマをきっかけに発想・構想する。

自分の思いを大切にし技能を働かせる
材料や用具を主体的に扱いながら表したいことに合わせて表し方を工夫する。

互いのよさや個性などを認め尊重し合う鑑賞
表現の活動でこだわって取り組んだこと、改めて造形的な視点で捉え、本題材における学びを振り返る。

第一次 ❶
◎「誕生日の花」というテーマの基、自分のイメージを膨らませるなかで、そのイメージを形や色などの造形的な特徴に重ね合わせている姿やノートなどへの記述から評価する。

第二次 ❶ ❷
○針金や紙粘土の材料感覚を楽しむ子供たちのつぶやきを拾い、様々な発見に喜びを感じたり、楽しんでいることに共感したり称賛したりする。
○ノートなどに書かれた「振り返り」の記述から学習状況を把握し、適宜声掛けやコメントで児童に寄り添う。

第三次 ❶
◎自分の作品に込めた思いや工夫したところなどを伝えたり、友だちの作品の造形的なよさや美しさ、表現の意図や特徴などを感じ取ったりしている中で観察された姿や発言、つぶやき、ノートなどに記述された文章から評価する。

目指す児童像

針金や紙粘土のもつ材料感覚を楽しみ、その造形的な特徴を生かしてイメージを膨らませ、試行錯誤を繰り返しながら、自分の思いを表現することに喜びや楽しさを味わえる（感じられる）児童。

題材で目指す児童像の育成に向けてのポイント

「生きて働く〔知識及び技能〕の習得」に向けてのポイント

　児童の学習状況を題材の目標に照らし合わせて具体的にその姿をイメージした上で、観察することがポイントである。その際に、指導計画の中で想定した〔知識及び技能〕が習得されていくその姿を、授業者はデジタルカメラで撮影したり、児童との対話によって得られたものを座席表等へメモを記入したりすることが児童の学習状況の把握につながる。それによって、評価資料が蓄積されていく。それは同時に、評価の妥当性・信頼性を高めることになる。

　「知識」については、芯材や粘土を使っているときの感覚や行為を通して、バランスや色の鮮やかさなどの造形的な特徴を理解しながら立体に表している姿を評価する。

　「技能」については、材料や用具を適切に扱い、手や体全体を十分に働かせて、どのように主題を表すのか、試行錯誤を繰り返しながら表し方を工夫している姿を評価する。

「未知の状況にも対応できる〔思考力、判断力、表現力等〕の育成」に向けてのポイント

　まずは、児童自身が題材のイメージを明確にもてるように題材の導入を丁寧に行うことが重要である。その上で、児童が自分自身と向き合い主題を表すことに見通しをもつことができるようにする。

　「発想や構想」については、題材のテーマから自由に想像したことから、表したいことを見付けることが第一歩である。そして、形や色などの造形的な特徴からどのように主題を表すか考えていることについて、活動の様子や学習カード等から把握する。特に、学習カード等に書かれた言葉や文章についてのリアクションは重要で学びを深めるもととなる。

　「鑑賞」については、自分の活動を振り返るとともに、自分の活動と友人の作品を重ね合わせて感じ取ったことなどを学習カード等に記述するなどの指導が考えられる。

「学びを人生や社会に生かそうとする〔学びに向かう力、人間性等〕の涵養」に向けてのポイント

　まず意識したいことは「感性など児童のよい点や可能性、進歩の状況などを積極的に評価し、児童に伝えること」である。この観点別学習状況の評価になじまず「個人内評価の対象」となるものを大切にする授業者の姿勢こそ、児童の"つくりだす喜び"の涵養につながる。

　「主体的に学習に取り組む態度」については、〔知識及び技能〕が習得されている姿や、〔思考力、判断力、表現力等〕が育成されている姿と関連付けて捉えていく。児童が作品全体で表そうとしていることや、細部に至るまでこだわっていることを、授業者は形や色などの造形的な特徴という角度から捉えたり、表したいことを表すために材料や用具を工夫して扱っている姿などを記録したりすることが評価のポイントで、学習が進むにつれて児童が主体的な取組になっていく様子を捉えられる継続的な関わりこそが児童の学びの支えとなる。

題材で目指す児童像の育成に向けた授業の例

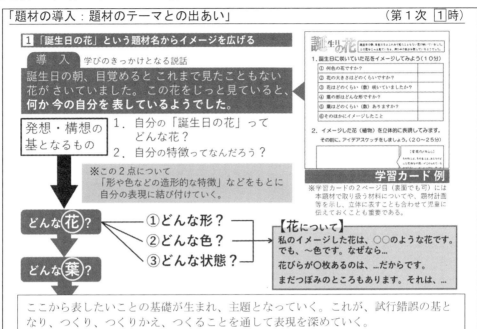

「題材の導入：題材のテーマとの出あい」　　　　　　　　　（第1次 [1]時）

1 「誕生日の花」という題材名からイメージを広げる

導　入　学びのきっかけとなる説話

誕生日の朝、目覚めると これまで見たこともない
花が さいていました。この花をじっと見ていると、
何か 今の自分を 表しているようでした。

**発想・構想の
基となるもの**

1. 自分の「誕生日の花」って
   どんな花？
2. 自分の特徴ってなんだろう？

※この2点について
「形や色などの造形的な特徴」などをもとに
自分の表現に結び付けていく。

どんな 花 ？
　①どんな形？
　②どんな色？
　③どんな状態？

どんな 葉 ？

【花について】
私のイメージした花は、○○のような花です。
でも、～色です。なぜなら…
花びらが○枚あるのは、…だからです。
まだつぼみのところもあります。それは、…

学習カード 例

※学習カードの2ページ目（裏面でも可）には
本題材で取り扱う材料についてや、題材計画
等を示し、立体に表すことも合わせて児童に
伝えておくことも重要である。

ここから表したいことの基礎が生まれ、主題となっていく。これが、試行錯誤の基と
なり、つくり、つくりかえ、つくることを通して表現を深めていく。

「"誕生日の花"を立体に表す」　　　　　　　　　　　　（第2次 [2]～[5]時）

2 アイデアスケッチを基に、立体に表す。～形や色に「自分の思い」込めていく～

1. 今回は、モデリング芯材を使用。
針金を動かしながら形を探った。

2. 紙粘土に水彩絵の具を練りこん
でイメージした色に近づけていく

3. ニスを2度塗って
完成させた。

【作品名】
12年間の花

自分が生まれてから今
までにあった楽しかっ
たこと、悲しかったこ
と、なやんだことなど
を思い出しながらつく
りました。その思い出
の一つ一つを色で表現
し、家族をイメージし
た花をつくりました。

参考作品

感情の花

心の花

【作品名】
カラフルフラワー

この作品は悲しい時も
うれしい時もいつもそ
ばにいてくれる人をイ
メージして花びらをつ
くりました。その人に
合う色を考えていくと
花がカラフルになって
いきました。

図画工作科における〔共通事項〕を意識して児童と対話するように心掛け指導する。

図画工作科

小学校

例④

体育科

小学校 **4**年

かけっこ・リレー
チームでバトンパスの達人を目指そう！

1. 単元名「全力で走ってタイミングよくバトンを渡そう！」

2. 単元で育成する資質・能力を踏まえた評価規準

※（　）は学習指導要領の記号

知識・技能	思考・判断・表現	主体的に学習に取り組む態度
①走りながらタイミングよくバトンの受渡しをしている。	②自己の課題を見付けている。 ③課題解決のための活動を選んでいる。 ④互いの動きのよさや課題を伝え合っている。	⑤進んでリレーに取り組み、決まりを守って、誰とでも仲よく励まし合おうとしている。

3. 単元の指導計画

○指導に生かす評価　◎指導に生かすとともに総括としても生かす評価

次	時	○◎評価規準 （評価方法）	・学習活動
第一次	1 2	○主体的に学習に取り組む態度（観察）⑤ ○思考・判断・表現（観察・学習カード）②	簡単なルールでリレーを楽しもう！ ・簡単なルールでリレーを行い、ルールづくりや必要な慣れの運動、練習方法、場などを提示して選択できるようにし、学習の見通しをもち課題を設定する。
第二次	3 4 5	○知識・技能（観察）① ○思考・判断・表現（観察・学習カード）④	競走の方法やルールを選んで、リレーを楽しもう！ ・走りながらタイミングよくバトンをつなぐために、ねらいに合った練習を行い、自分たちで決めたルールでリレーを行う。
第三次	6 7	○知識・技能（観察）① ◎思考・判断・表現（観察・学習カード）③	自分たちが決めたルールでリレーを楽しもう！ ・自分たちのチームのめあてに合った慣れの運動を選び、走りながらバトンパスをつなぎ、記録を更新できるようにする。

本単元における　指導と評価のポイント

❶ 見通しをもち主体的に学習に取り組む姿勢を引き出す

「チームのリレータイムの記録を更新する」という目的意識を強くもてるようにし、そのためにどんな場や練習方法、競走の仕方などが必要かを子供が選んでいるかを観察して指導に生かす。

❷ 教える場面と考える場面を設定する

課題を解決するために、基本的なバトンパスの動きなどは教師が教え、自分の課題を見付けたり、練習方法を選んだり、友達のよい動きや変化を見付けたりすることは子供自身が考えられるように、学習の組み立てを工夫し、指導と評価を行っていく。

体育科

小学校

本単元における　学習の過程

学習の過程における　指導と評価の一体化

資質・能力を育成するために、単元を通して課題解決的な学習や学び合いの充実を図る。

学習の見通し課題の設定

チームのリレータイムの記録を更新するにはどうしたらよいかを考える。バトンパスのポイントを知る。

課題の追究

自分たちの課題に合った練習方法や場、約束などを選ぶ。

振り返り

課題解決で工夫したことや難しかったこと、仲間のよいところなどを考える。

第一次 ❶
○学習の見通しをもてるように、簡単なルールでリレーを行い、学習を進める上で必要なルール作りや慣れの運動、練習方法などを選択できるように提示する。

第二次 ❶ ❷
○走りながらタイミングよくバトンをつなぐために、ねらいに合った慣れの運動を設定したり、互いの動きを見合う活動を多く取り入れたりする。

第三次 ❶ ❷
○チームでタイミングよくバトンパスをしてリレータイムの記録を更新するために、自分たちのチームのめあてに合った慣れの運動や練習方法を選択できるようにしたり、学び合いの活動を多く取り入れたりする。

目指す児童像

記録を更新するために、自己の課題を見付け、その課題の解決のための活動や練習の場を選ぶ児童。

単元で目指す児童像の育成に向けてのポイント

「生きて働く〔知識及び技能〕の習得」に向けてのポイント

運動の楽しさや喜びに触れ、行い方を知るとともに、基本的な動きを身に付けるようにし、高学年の陸上運動の学習につなげていく。記録を更新するためにどうすればよいかを教える場面と考える場面を設定し、子供たちが身に付けた知識を生かして課題解決方法を考え、知識・技能を身に付けられるようにする。また、学習の見通しをもてるようにし、主体的に学習に取り組めるようにする。

「未知の状況にも対応できる〔思考力、判断力、表現力等〕の育成」に向けてのポイント

自己やチームの課題を見付け、解決のために活動を選んだり工夫したりして、課題解決をする。そのために、学習資料や動きのポイントを提示し、自分に合った練習を選んだり、友達に助言をしたりできるようにする。ペアやグループでの活動を多く取り、友達と関わって自分の考えを伝えられるようにしたり、タブレットなどの ICT 機器を活用したりして、課題発見や課題解決につながるようにする。

「学びを人生や社会に生かそうとする〔学びに向かう力、人間性〕の涵養」に向けてのポイント

課題解決に向けて試行錯誤を重ねながら思考を深め、よりよく解決する学びを繰り返すことが必要である。互いの動きを見合ったり、動きのよさや課題を伝え合ったりするときには、友達の考えを受け入れ、協働的な学習を通して互いに高め合い、解決ができるようにする。

単元で目指す児童像の育成に向けた授業の例

「全力で走ってタイミングよくバトンを渡そう！」 （第1次 ⓵時）

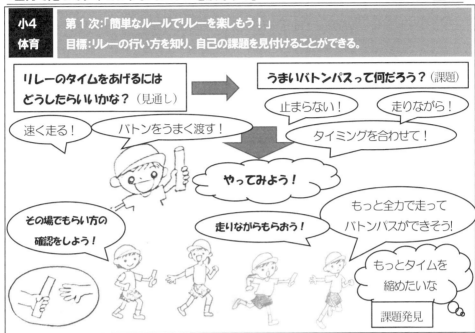

「全力で走ってタイミングよくバトンを渡そう！」 （第2次 ⓹時）

目指そう　すっきり&エコ生活
～日常着の快適な手入れの仕方を工夫しよう～

1.　題材名「衣服の着用と手入れ」

2.　題材で育成する資質・能力を踏まえた評価規準

※（　）は学習指導要領の記号

知識・技能	思考・判断・表現	主体的に学習に取り組む態度
①日常着の手入れの必要性、自分の生活と身近な環境との関わり、環境に配慮した無駄のない水や洗剤の使い方について理解している。 ②ボタンの付け方を理解しているとともに、適切にできる。 ③洗濯の仕方を理解しているとともに、適切にできる。	④環境に配慮した日常着の洗濯の仕方やボタンの付け方について問題を見いだして課題を設定し、様々な解決方法を考え、実践を評価・改善し、考えたことを表現するなどして課題を解決する力を身に付けている。	⑤家族の一員として、生活をよりよくしようと、環境に配慮した日常着の洗濯の仕方やボタン付けについて課題の解決に主体的に取り組んだり、振り返って改善したりして、生活を工夫し、実践しようとしている。

3.　題材の指導計画

○指導に生かす評価　◎指導に生かすとともに総括としても生かす評価

次	時	○◎評価規準 （評価方法）	・学習活動
第一次	1	◎知識・技能①（学習カード、確認テスト） ○思考・判断・表現④（計画・実習記録表）	・汚れが可視化できる試薬を塗布したTシャツを観察し、なぜ日常着を手入れすることが必要か話し合う。 ・生活排水と海の汚れに関するDVDやポスターから、自分の生活と身近な環境との関わりや無駄のない水や洗剤の使い方について話し合う。 ・環境に配慮した日常着の洗濯の仕方やボタンの付け方について問題を見いだし、課題を設定する。
第二次	2 3 4	◎知識・技能②（行動観察、確認テスト） ○知識・技能③（行動観察、確認テスト） ○主体的に学習に取り組む態度⑤（ポートフォリオ、行動観察）	・給食の白衣を点検し、ボタンの役割を考えるとともに、繰り返しとめたりはずしたりするために、丈夫に付ける必要があることを確認する。 ・ボタンの付け方の手順をDVDで確認し、白衣のボタンを丈夫に付ける。 ・汚れた靴下を観察し、汚れている部分や汚れ具合について話し合う。 ・汚れた靴下をきれいにするために、「洗い方」「水の量や温度」「洗剤の量」など自分が試したい方法ごとのグループで、試し洗いを行う。 ・元のグループに戻り、試し洗いの様子や結果を共有する。
第三次	5 6 7 8	◎思考・判断・表現④（計画・実習記録表） ◎知識・技能③（行動観察、確認テスト） ○主体的に学習に取り組む態度⑤（ポートフォリオ、計画・実習記録表）	・自分が洗濯する衣服（体操服など）を観察し、環境に配慮した洗濯の計画を立てる。 ・計画に沿って自分の衣服を洗濯する。 ・洗濯の様子をペアで観察し合い、洗濯の手順、環境に配慮した水や洗剤の使い方などについて相互評価を行う。 ・環境に配慮した日常着の洗濯の仕方やボタンの付け方を振り返り、引き続き家庭で実践していきたいことを考え、発表する。

本題材における　指導と評価のポイント

❶ 学習過程及び学習活動に即した評価規準を設定し、児童の学びを評価する

問題解決的な学習過程に沿って、環境に配慮した手洗い洗濯等の実践的・体験的な活動を繰り返し設定し、資質・能力の育成を目指す。評価規準の設定に当たっては、学習過程及び学習活動に即して具体的に設定していくことで、児童の学びの状況をより適切に把握できるようにする。

❷ 環境に配慮する視点を大切にし、日常生活における実践につなげる

本題材では「衣服の手入れ」と「環境に配慮した生活」の２つの内容を組み合わせて題材を構成する。生活に係る見方・考え方のうち、「持続可能な社会の構築」の視点を重視し、日常生活の何気ない行為が環境と密接に関わっていることへの実感を高め、環境に配慮した生活を営もうとする実践的な態度の育成につなげる。

本題材における　学習の過程　　学習の過程における　指導と評価の一体化

児童が自分のこととして課題を設定し、題材を通して課題を解決する力を育めるようにする。

生活の課題発見	簡単な実験、観察、資料等から自分の生活を見つめ直し、快適な衣生活を営む際の課題を設定する。
解決方法の検討と計画	ボタン付けや手洗い洗濯の実習計画を立てる。
課題解決に向けた実践活動・評価・改善	白衣のボタン付けや２度の手洗い洗濯を通して課題の解決を図る。ボタン付けや手洗い洗濯を振り返り、自分の生活に取り入れる際の計画を立てる。
家庭での実践	環境に配慮した手洗い洗濯及び水や洗剤の使用を実践する。

第一次 ❶ ❷

○ここでは、自分の課題をもち、健康・快適な衣生活に向けて考え、環境に配慮した生活と関連させて自分の衣生活を見直し、環境へ配慮しようとする意識を喚起できるようにしている。自分が普段着ているTシャツや学校で長く使用している白衣、体育着などの実物を準備し、日常着を気持ちよく着るためにはどのような手入れがあるかを考える。

第二次 ❶ ❷

◎汚れた靴下を手洗い洗濯できれいにするために「洗い方」「水の量や温度」「洗剤の量」などの課題別グループを作り、友達と解決方法を考えてから、手洗い洗濯を行い、結果を元の活動グループに戻って報告し合う。自分とは違う課題に取り組んだ友達の報告を聞き合い、友達との交流を通して、手洗い洗濯についての知識や考えを広げたり、深めたりすることができるようにする。

目指す児童像

実践的・体験的な活動を通して課題の解決を図り、実生活で活用できる環境に配慮した手洗い洗濯、ボタン付けの仕方を身に付け、家庭でも継続して実践しようとする児童。

題材で目指す児童像の育成に向けてのポイント

「生きて働く〔知識及び技能〕の習得」に向けてのポイント

「知識及び技能」の評価規準③については、自分の生活と身近な環境との関わり、環境に配慮した無駄のない水や洗剤の使い方と洗濯の仕方を理解し、適切にできているかを確認テストや行動観察（手洗い洗濯の動画）から評価する。手洗い洗濯は、2回の実習を取り入れ、3・4時間目の汚れた靴下の手洗い洗濯は、「指導に生かす評価」（「努力を要する」状況（C）と判断される児童への手立てを考えるための評価）とする。6・7時間目の体操服などの自分の衣服の手洗い洗濯は、「指導に生かすとともに総括としても生かす評価」としている。確認テストでは、環境に配慮した手洗い洗濯の一連の手順（汚れの点検、洗濯物の計量、水や洗剤の準備、汚れに応じた洗い方、すすぎ方、しぼり方、干し方等）だけでなく、なぜそのようにするのか、手順の根拠などを理解しているかどうかを評価する。

「未知の状況にも対応できる〔思考力、判断力、表現力等〕の育成」に向けてのポイント

「思考・判断・表現」の評価規準④については、学習活動に即して、第1次に「環境に配慮した日常着の洗濯の仕方やボタンの付け方について問題を見いだして課題を設定している」か、第3次に「環境に配慮した日常着の洗濯の仕方やボタンの付け方について様々な解決方法を考え、実践を評価・改善し、考えたことを表現している」をそれぞれ評価する。

評価方法としては、「計画・実習記録表」を作成し、その記述内容から見とる。環境に配慮した手洗い洗濯の一連の手順（汚れの点検、洗濯物の計量、水や洗剤の準備、汚れに応じた洗い方、すすぎ方、しぼり方、干し方等）についての改善点を具体的に記述している児童を「おおむね満足できる」状況（B）評価と判断する。

「学びを人生や社会に生かそうとする〔学びに向かう力、人間性等〕の涵養」に向けてのポイント

「主体的に学習に取り組む態度」の評価規準⑤については、知識及び技能を習得したり、思考力、判断力、表現力等を身に付けたりするために、自らの学習状況を把握し、学習の進め方について試行錯誤しながら学ぼうとしている面を評価して指導に生かすことが大切である。このことから、この観点については、中長期的な視点で、児童の成長や変容を捉えていく必要があり、例えば、次の表1のように本題材（9月）の前、7月に学習する「暑い夏を快適に過ごそう」からある一定期間継続して児童の学習状況を捉えていくことも考えられる。その上で、児童の学習の調整が資質・能力の育成に結び付いていない場合には、教師が学習の進め方について適切に指導し、フィードバックすることが求められる。

表1

大題材：目指そう　すっきり&エコ生活
第6学年　7月「暑い夏を快適に過ごそう」
第6学年　夏季業中の家庭実践
第6学年　9月「家庭実践報告会」 　　　　　「日常着の快適な手入れの仕方を工夫しよう」

題材で目指す児童像の育成に向けた授業の例

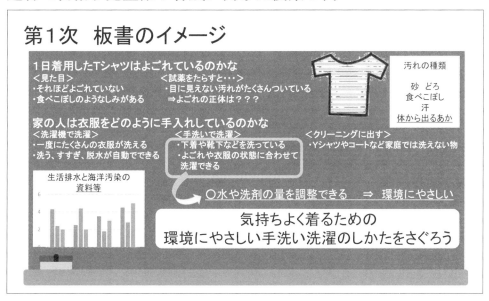

第1次　板書のイメージ

1日着用したTシャツはよごれているのかな

＜見た目＞
・それほどよごれていない
・食べこぼしのようなしみがある

＜試薬をたらすと…＞
・目に見えない汚れがたくさんついている
　⇒よごれの正体は？？？

汚れの種類

砂　どろ
食べこぼし
汗
体から出るあか

家の人は衣服をどのように手入れしているのかな

＜洗濯機で洗濯＞
・一度にたくさんの衣服が洗える
・洗う、すすぎ、脱水が自動でできる

＜手洗いで洗濯＞
・下着や靴下などを洗っている
・よごれや衣服の状態に合わせて洗濯できる

＜クリーニングに出す＞
・Yシャツやコートなど家庭では洗えない物

生活排水と海洋汚染の
資料等

○水や洗剤の量を調整できる　⇒　環境にやさしい

気持ちよく着るための
環境にやさしい手洗い洗濯のしかたをさぐろう

家庭科　小学校

観点別評価の具体（知識・技能②④）

・教師は座席表を活用し、行動観察をする。
・実習の様子をペアで見守り、相互評価を行いながら活動する。
・実習後、根拠を問う確認テストを行い、行動観察や相互評価の結果と照らし合わせる。

1回目　汚れた靴下の手洗い洗濯

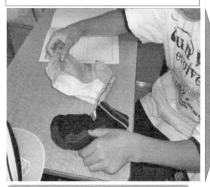

指導に生かす評価

2回目の手洗い洗濯
自分が用意した衣服

指導に生かすとともに総括としても生かす評価

まちとつながれ！わがまちならではの魅力を発信するCMをつくって地域の課題を解決しよう！

1. 単元名「地域活性化！ CM で魅力 PR プロジェクト」

2. 単元で育成する資質・能力を踏まえた評価規準

※（　）は学習指導要領の記号

知識・技能	思考・判断・表現	主体的に学習に取り組む態度
①地域のよりよい未来のために、地域に愛着をもち自分にできる努力を続けている人がいることを理解している。 ②地域の実態や CM 製作の手法を探るために、目的や相手に応じて適切にインタビューや見学などを行っている。 ③地域の人々の努力やつながりが地域を形作っていることへの理解は、地域の人々の地域発展のための取組の意味について探究的に学んできた成果であると気付いている。	④これまでの地域への関わりをもとに「地域のよさや魅力が伝わるには」と課題を設定し、解決の見通しを立てている。 ⑤課題の解決のために必要な情報を、方法や手順を選択して集め、種類に合った方法で蓄積している。 ⑥多様な情報を、設定した観点ごとに整理したり、目的に合わせて分析したりしている。 ⑦分かったことを、相手に伝わりやすいように工夫しながら表現している。	⑧地域の特徴や魅力について分かったことを工夫して表現する楽しさを感じたり、友達の考えのよさに気付いたりしている。 ⑨「地域のよさ」を具体的に設定し目標を明確に立てながら、つくりたい CM にするために仲間の意見を取り入れて進んで学習活動に取り組もうとしている。 ⑩自分にも地域のためにできることがあることに気付き、地域の他者と関わり合っていこうとしている。

3. 単元の指導計画　　　○指導に生かす評価　◎指導に生かすとともに総括としても生かす評価

単元	時	○○評価規準 （評価方法）	・学習活動
小単元I	6時間	○知①（振り返りノート） ○思④（計画シート）	地域のよさや課題を見つめ、自分たちにできることを見出そう ・地域の現状を知るためのインタビュー活動を行い、地域のよさや課題についての情報を集める。 ・インタビューから分かったことを整理し、より多くの人に地域のよさが伝わるような CM を作ることを決め、活動を見通す。
小単元II	14時間	○態⑧（振り返りノート・発言） ◎思⑤（情報収集ノート）	地域の魅力が伝わる CM をつくろう ・CM 製作に向けた活動の計画を立て、見通しをもつ。 ・絵コンテを作り、街頭調査で必要な情報を集める。 ・コンテに合わせた映像撮影計画を立て、撮影・編集を行う。 ・完成した CM の試写会を行い、伝えたい魅力が十分に伝わるか意見をもらい成果と課題を整理する。
小単元III	20時間	○知②（インタビューシート） ◎思⑥（発言・振り返りノート） ◎態⑨（発言・行動観察）	ワンメッセージを明らかにして、魅力を表現しよう ・専門家に CM の制作方法を教わり、学習の見通しを立てる。 ・ワンメッセージを決めるための再取材の方法や視点について明らかにし、取材計画を立てる。 ・街頭での再取材から分かったことを整理し、伝えるべき魅力を分析して CM を制作する。
小単元IV	8時間	◎知③（発言・振り返りノート） ○思⑦（振り返りノート） ◎態⑩（行動観察・振り返りノート）	CM でまちの魅力を PR しよう ・制作した CM の活用法のアイデアを広げ、ケーブルテレビ局や地域の公民館等で流してもらえるように連絡・依頼する。 ・学習の過程や学んだことを振り返り、探究的に学ぶよさや自己の成長を実感する。

本単元における　指導と評価のポイント

❶ 地域の魅力を深く探って学んだことを CM に反映させる

本単元において形成を期待する概念的な知識とは、自分たちの住む地域の社会活動が、その住民や働き手によって維持されていることへの理解が不可欠である。一人ひとりの地域貢献活動、またその取組を支える地域愛や将来への期待といった、地域の人々のウェットな感情にふれることを通して、児童は制作する CM の質を深めていく。地道に取材活動を積み重ねたり、そこから分かったことが自分の生活とどう関わるかを考えたりするような単元を展開していくことが重要である。

❷ 制作した CM の問題点を明確にすることで、次の活動の質を高める

総合的な学習の時間では「整理・分析」場面に当たる授業の質の向上が重要である。問題と思われる状況や場面を取り上げ、一体なぜそれが問題なのか、どこに重要な問題が隠れているのかを、観点に沿って状況を整理しながら分析していくことによって、児童の次の「課題の設定」、あるいは「まとめ・表現」の質がどのように向上するかという視点で授業を構成することが重要である。

本単元における　学習の過程	学習の過程における　指導と評価の一体化
CM で扱うべき内容や効果的な表現手法とは何かという問題に対して探究の過程を意識した展開を図ることで、資質・能力の効果的な育成を図る。	**第一次 ❻** ○思①インタビューシートを用いて具体的な質問項目や流れを作ることができるようにし、地域活性化を願う住民の思いがあることを捉えられるようにする。
単元全体の目的と課題の設定　地域の実態を明らかにし、学習の目的とその実現に向けた課題を設定する。	
テーマごとの情報収集、魅力についての分析　CM の特性を分析し、明確な目的をもって地域の魅力を様々な方法で集め、整理・分析する	**第三次 ❷** ◎態②制作した CM について専門家からの評価をもらい、地域の魅力の捉えが漠然としている、CM の表現方法に課題が多く、内容が伝わりにくいといった課題を的確に捉え、目的を更新することができるようにする。
CM を活用した地域活性化　完成した CM をどのように活用していくかアイデアを見出す。	**第四次 ❽** ◎知③学習全体を通して感じた達成感を話し合う場面を設定する。児童の発言に対し「なぜ達成できたのか」を問うことで、学習のプロセスに目を向け、探究的に学ぶよさを感じられるようにする。

目指す児童像

地域には、願いをもち、よりよい未来のためにできることに取り組んでいる人がいることや、自分にも地域のためにできることがあることに気付き、できることから地域参画しようとする児童。

単元で目指す児童像の育成に向けてのポイント

「生きて働く〔知識及び技能〕の習得」に向けてのポイント

探究的な学習活動の過程で獲得された個別的な知識が、互いに関連付けられ概念化するような場面の設定が欠かせない。児童が、得た知識を総合して使う必要のある学習活動の中で、概念は形成される。本単元においては、製作したCMについて専門家から「伝えたいことがぶれている」と評価された児童は、地域で働く人や客への再取材を行った。その後、伝えるべきワンメッセージを決める話合いにおいて、例えば飲食店を対象にしたグループでは、店員の接客、商品開発への願い、商品へのこだわりといった視点から情報を再整理し、「店主が商品へのこだわり、仕事への情熱をもって経営しているからこそ、客とのコミュニケーションが生まれ『常連』というつながりができる」と結論付けていった。ワンメッセージをつくる過程で個々の具体的な知識が関連付き、知識の概念化がなされていった。

「未知の状況にも対応できる〔思考力、判断力、表現力等〕の育成」に向けてのポイント

探究のそれぞれのプロセス（「課題の設定」「情報の収集」「整理・分析」「まとめ・表現」）が一貫したつながりをもって単元の中で何度も繰り返されることで、資質・能力の育成が図られる。とりわけ、探究活動が進むにつれて「課題の設定」の質が高まるような単元の構成が重要になる。本単元は、4つの小単元からなる（小単元名については1項参照）。小単元Ⅰでは、児童のもつ地域に対する漠然としたイメージの精度を上げるため、地域の実態を正しく把握する課題を設定した。Ⅱでは、「地域の商店街は昔から変わらず賑わっている」といったイメージが、実態とは隔たっていたという認識の改めから、CM製作に生かす課題にした。Ⅲでは、つくったCMの効果を上げるためワンメッセージの明確化に焦点を当て、さらにⅣでは活動の広がりをねらっている。このように、探究活動の質が高まり、地域に対する見方が変容するよう展開していった。

「学びを人生や社会に生かそうとする〔学びに向かう力、人間性等〕の涵養」に向けてのポイント

自分自身のよさや成長の自覚、自ら進んで取り組もうとする態度の育成には、自らの学びや学ぶ過程を適切な機会に振り返り、理解の進み方や、未理解の部分、学んだ手応えの実感などを児童自身がメタ認知することが重要になる。振り返りは、ただ作文用紙を与えるのではなく場面に応じていくつか視点を示した。たとえば、話合い活動などによって新たな気付きを得る場面では、①どんなことが分かったか（気付きの自覚化）②それはどのようなきっかけがあったからか（プロセスの自覚化）③そこからどのようなことを考えたか（考えの深化）④次につなげられることは何か（気付きの汎用化）などと明示することにより、文字情報として思考を整理して捉えられるようにした。なお、教師が適切なコメントを入れて返却することも児童の自己肯定感、学びの充実感を感じさせる上で大切な要素である。

単元で目指す児童像の育成に向けた授業の例

「ワンメッセージを明らかにして、魅力を表現しよう」　　　　（小単元Ⅲ　第3時）

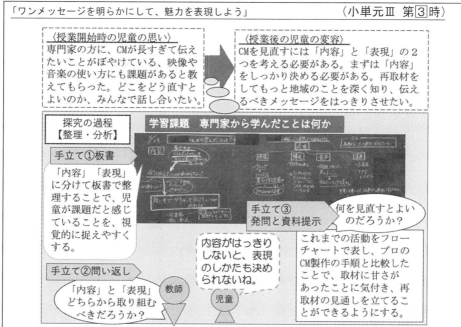

〈授業開始時の児童の思い〉
専門家の方に、CMが長すぎて伝えたいことがぼやけている、映像や音楽の使い方にも課題があると教えてもらった。どこをどう直すとよいのか、みんなで話し合いたい。

〈授業後の児童の変容〉
CMを見直すには「内容」と「表現」の2つを考える必要がある。まずは「内容」をしっかり決める必要がある。再取材をしてもっと地域のことを深く知り、伝えるべきメッセージをはっきりさせたい。

探究の過程【整理・分析】

学習課題　専門家から学んだことは何か

手立て①板書
「内容」「表現」に分けて板書で整理することで、児童が課題だと感じていることを、視覚的に捉えやすくする。

手立て③発問と資料提示

何を見直すとよいのだろうか？

内容がはっきりしないと、表現のしかたも決められないね。

これまでの活動をフローチャートで表し、プロのCM製作の手順と比較したことで、取材に甘さがあったことに気付き、再取材の見通しを立てることができるようにする。

手立て②問い返し
「内容」と「表現」どちらから取り組むべきだろうか？

教師　　児童

「ワンメッセージを明らかにして、魅力を表現しよう」　　　　（小単元Ⅲ　第5〜8時）

〈取材前の考え〉
この観音様のよさは、古くて歴史があること。だから、「歴史がある」とCMで伝えよう。

〈再取材後の児童の気付き〉
参拝者に観音様の魅力をインタビューすると、自分の考えていたことをおっしゃる方はいなくて、「静か、落ち着く、空気がよい」と言う方が多かった。でも「落ち着く」ってなんだろう。難しいな。古いからこそ落ち着くのかな。休日に実際に歩いてみると、近くにある商店街はにぎやかで楽しいけれどあまり落ち着けなくて、観音様にやっと着いたときに、「はぁーっ」って落ち着いた。当たり前だと思っていたことの本当のよさが分かった。

探究の過程【情報の収集】【整理・分析】

学習課題　CMで伝えるべきワンメッセージは何か

手立て①取材時の気付きを言語化し蓄積
取材を振り返り、分かったことを文章にして書いた。教師はそれを読んでコメントを入れたり、着目したい言葉に下線を引いたりして気付きを促した。

手立て③思考ツールを活用したグループ対話の設定
グループの児童が得た情報をKJ法的な手法で分類して名前を付け、CMで伝えたいメッセージを明らかにした。

手立て②取材計画を立てる
フローチャートを用いて取材計画を立て、誰にどのようなことを聞き、どのような答えが期待できるか見通した。

総合的な学習の時間

小学校

特別活動
小学校 3年

クラスのみんなで活動する楽しさを実感！

1. 活動名 「夏休みも元気でね！3年〇組スイカわり大会」

2. 活動で育成する資質・能力を踏まえた評価規準

※（ ）は学習指導要領の記号

よりよい生活を築くための 知識・技能	集団や社会の形成者としての 思考・判断・表現	主体的に生活や人間関係を よりよくしようとする態度
①「夏休みも元気でね！スイカわり大会」の活動に友達と一緒に取り組むことの楽しさに気付き、自分の役割、準備の仕方を理解し、取り組んでいる。	②「夏休みも元気でね！スイカわり大会」の活動について考え、自分と友達の意見を比べながら話し合い、話し合ったことを基に友達と一緒に準備をしたり、集会に参加したりしている。	③「夏休みも元気でね！スイカわり大会」に向けて、友達と一緒に準備の活動に進んで取り組み、本番の活動を楽しもうとしている。

3. 活動の指導計画　　○指導に生かす評価　◎指導に生かすとともに総括としても生かす評価

次	時	○○評価規準 （評価方法）	・学習活動
第一次	① 休み時間等	○主体的に学習に取り組む態度③（発言の内容・活動の観察） ○知識・技能①（活動の観察）	・夏休みを前に、これまでの学級生活を振り返る。 ・学級目標とのつながりを考えて、集会のめあてや役割分担などの活動計画を立てる。 ・係ごとに役割を決め、計画表を作って、協力して準備を進める。
第二次	② 休み時間等	◎思考・判断・表現②（話合いへの取組の観察・発言内容・カードへの記述・活動の観察）	・集会の準備を進める上での問題に気付き、みんなに知らせる。 ・みんなで話し合う問題を自分たちで選ぶ。 ・教師の指導を踏まえて簡単な原案を立て、役割を分担して話合いの計画を立てる。 ・提案理由に沿って、理由をつけて自分の考えを述べたり、友達と意見を比べたりしながら話し合う。
第三次	③	◎主体的に学習に取り組む態度③（活動の観察） ◎知識・技能①（活動の観察・振り返りの内容）	・話し合ったことを基に、友達と協力しながらさらに準備を進める。 ・集会のめあてにふさわしい会になるように考え、自分たちで会を進める。 ・互いの活動を認め合い、学級目標の実現具合を振り返り、夏休み以後の学級生活への意欲を高める。

本活動における　指導と評価のポイント

❶ 自分たちで活動を進めようとする姿を価値付ける

活動計画表を活用することで、自分たちで集会の計画を立てる。また、活動進行表を掲示し、分担された役割に見通しをもって取り組むことができるようにする。子供同士で声をかけ合って活動している様子を積極的に価値付けることで、自分たちで活動を進めることができるようにする。

❷ クラスの友達と一緒に活動することの楽しむ姿を評価する

1つの集会の活動に取り組む際には、その準備の活動を全員で分担し、同じ役割になった友達と一緒に準備の活動を楽しむ。その活動の成果としての集会が成功したとき、クラスの友達と一緒に活動することの楽しさを得ることができる。友達と一緒に活動を楽しもうとする姿を評価したい。

本活動における　学習の過程

自分たちで活動を進めながら、クラスの友達との活動を楽しむことができるように活動を進めることで問題を解決する。

| 問題の発見・確認 | 見通しをもち集会の計画を立て、役割分担し、友達と一緒に準備の活動に取り組む。 |

| 解決方法等の話合い解決方法の決定 | 準備の活動の中で生まれた、クラス全体で決めるべき問題について全員で話し合い、合意形成を図る。 |

| 決めたことの実践振り返り | 自分たちで決めたことを実践し、集会の活動に取り組む。活動を振り返り、自分たちで活動を価値付ける。 |

目指す児童像

> クラスの友達と一緒に集会の活動に進んで取り組むことを通して、仲間とともに活動を創り出すことの楽しさに気付く児童

学習の過程における　指導と評価の一体化

第一次 ❶
○集会の活動を中心となって進める計画委員を立て、活動の全体計画を立てる。活動計画を基に、全員で準備のための役割分担をし、係ごとに準備を進める。自分たちで工夫をしながら進んで準備に取り組む姿を評価する。

第二次 ❶ ❷
○集会の準備を進める上での問題に気付く。教師の指導を踏まえて簡単な原案を立て、提案理由に沿って、理由をつけて自分の考えを述べたり、友達と意見を比べたりしながら話し合っている姿を評価する。

第三次 ❶ ❷
○話し合って決めたことを基に、集会の準備をさらに進める。集会では、自分たちで決めためあてに沿って友達と活動を楽しむ。自分たちの活動の成果を振り返り、友達とともに活動することの楽しさに気付いた姿を評価する。

単元で目指す児童像の育成に向けてのポイント

「生きて働く〔知識及び技能〕の習得」に向けてのポイント

　自分たちが発案した学級集会を実現させるために、役割を分担して、活動の準備に取り組む。同じ役割になった人と協力し、計画的に活動が進めるために活動計画表を作成する。計画表に基づいて児童が主体的に活動できるよう教師が声を掛けるなどして支援をする。

　仲間と協力して活動することの楽しさを実感するために、日々の振り返りの中で、互いの活動のよかったことを伝え合う場を設ける。互いの活動を認め合う中で、より頑張ろうと前向きに活動に取り組むことができるようになる。

　仲間と協力して思いを実現させる達成感や充実感を味わうことを通して、自分たちで活動をつくる方法や意義を理解していく。そのような経験の積み重ねが社会参画の確かな力につながっていく。

「未知の状況にも対応できる〔思考力、判断力、表現力等〕の育成」に向けてのポイント

　自分たちで決めた活動のめあてに向けて集会活動をよりよいものにするために、それぞれの役割の中でアイデアを出し合い、工夫して活動を進める。自分たちで工夫を考え、判断し、実践していく中で、学級全体に関わる問題については議題として取り上げ、学級会を開いて、問題の解決策について全員で話し合うようにする。

　学級会では、提案者となった児童たちが教師の助言を基に簡単な原案をつくり、それを基に話合いを進める。原案について、活動のめあてにかなっているか、実現可能なものであるかを検討する中で、互いの意見を聴き合い、尊重し合って合意形成を図っていく。

　自分たちにとってより納得できる解決策を導き出す経験を積み重ねる。そうすることで、未知の課題を解決する過程において必要となる思考力、判断力、表現力等が育成される。

「学びを人生や社会に生かそうとする〔学びに向かう力、人間性等〕の涵養に向けてのポイント

　自分たちの思いから生まれた集会に関わる一連の活動（準備〔見通し〕、話合い、本番、振り返り）を通して、友達とともに活動するよさを学び、他の活動へ生かせるようにする。

　準備の中では、楽しい活動をつくるために見通しをもって活動する中で、同じ役割になった友達と協力し合うことで、友達と一緒に活動する楽しさに気付く。集会本番では、自分たちが頑張って準備を進めてきたことが集まって一つの集会が成り立つことを実感し、達成感を味わう。これらの経験を振り返り、「友達と一緒だからこそできた」「友達と一緒に活動することが楽しい」「またこのような活動をつくりたい」と感じることができるようにする。

　このような一連の活動を繰り返すことが、社会の形成者として社会生活を自らつくろうとする態度を育成することにつながっていく。

単元で目指す児童像の育成に向けた授業の例

問題の発見・確認

夏休み前にみんなで楽しい集会がしたいな。

作り物のスイカでスイカ割りをしよう！

集会の計画を立て、役割分担をして準備を始める。

スイカ作り担当

作り物のスイカができたけど、中に何か入れたいな。

みんなで友達にメッセージカードを書いて入れるのはどうだろう？学級会で相談してみよう。

解決方法の話合い・決定

学級会　議題「手作りスイカにどんなものを入れるか決めよう」　学活１時間

＜担当者からの原案＞

〇手作りスイカの中には、友達へのメッセージカードを入れる。
　・隣の席の友達のよいところをメッセージカードに書く。

原案に賛成です。よいところを書いてもらったらうれしいからです。

隣の席の友達のよいところが見つかるか心配です…

グループの人が相談に乗ってあげたらいいと思います。

それなら大丈夫そうです。

原案に賛成です。隣の席の友達とはいつも一緒に勉強をしているからいいところをたくさん伝えられそうだからです。

（先生）その心配事をみんなで解決してあげよう。

付け足しの意見です。カードはスイカを切った形にしたらよいと思います。

決めたことの実践　　　　　　　　**振り返り**

隣の席の友達のよいところを見つけてカードに書こう。

３年〇組スイカわり大会（学活１時間）

みんなでスイカわりを楽しもう！

みんなで協力したから楽しかったね！

特別活動　小学校

国語科
中学校
1年

「日常生活が楽しくなる！ オススメのニュース」を友人に紹介しよう

1. 単元名「目的に応じて伝える内容を検討し、考えや根拠が明確になるように構成を考える」

2. 単元で育成する資質・能力を踏まえた評価規準

※（　）は学習指導要領の記号

知識・技能	思考・判断・表現	主体的に学習に取り組む態度
①比喩や反復などの表現の技法を理解し，使っている。（(1) オ）	②「話すこと・聞くこと」において，目的に応じて，日常生活の中から話題を決め，集めた内容を整理し，伝える内容を検討している。（A（1）ア） ③「話すこと・聞くこと」において，自分の考えや根拠が明確になるように，話の中心的な部分と付加的な部分に注意して，話の構成を考えている。（A（1）イ）	④表現技法を理解して使ったり，自分の考えや根拠が明確になるように構成を考えたりすることに向けて、粘り強い取組を行うとともに、自らの学習を調整しようとしている。

3. 単元の指導計画

○指導に生かす評価　◎指導に生かすとともに総括としても生かす評価

次	時	○◎評価規準（評価方法）	・学習活動
第一次	①	○知識・技能①（行動の観察）	・小学校で既習したスピーチの仕方を思い出す。 ・目的に応じて伝える内容を検討し、考えや根拠が明確になるように構成を考えるという身に付けたい力を知る。 ・表現を豊かにするために、比喩や反復などの表現技法を知る。 ・表現技法を使って話す練習をする。
第二次	② ③	◎思考・判断・表現②（ノート・振り返りの記述の分析） ○主体的に学習に取り組む態度④（行動の観察・ノートの記述の分析）	・マッピングでスピーチの話題を決める。 ・付箋紙でスピーチの内容を整理する。 ・「どのようにしてスピーチの内容を決めたか」を振り返り、記述する。 ・構成メモを作り、話す練習をする。 ・友達にスピーチを聞いてもらい、根拠を明確にしながら意見交換をし，構成の妥当性を確認する。 ・意見交換をする中で，多様な見方・考え方があることに気が付き、修正する。 ・「誰からどのようなアドバイスをもらい、どう取り入れたか」を振り返る。
第三次	④ ⑤	◎知識・技能①（スピーチ・構成メモの記述の分析） ◎思考・判断・表現③（スピーチ・振り返りの記述の分析） ◎主体的に学習に取り組む態度④（行動の観察・振り返りの記述の分析）	・「日常生活が楽しくなる！オススメのニュース」を１分間で友達に紹介する。 ・単元全体の学習を振り返り、 「自分の考えや根拠が明確になるように話の構成で工夫したことや、もっとこうすればよかったこと」「学習の中でどこを工夫したか、他者の考えからどのような考えをもったか」を記述する。

本単元における　指導と評価のポイント

❶ スモールステップを意識した単元における資質・能力の育成

題材を決めるためのマッピング→観点を立てて整理するためのマッピング→付箋紙で内容を整理する→構成メモの作成→練習→実践と順を追って伝える内容を検討する。このように、どこでつまずいているのかが明確にし、的確な助言が可能になると考える。また、書く能力への活用もでき、日常生活に生かすことができる。

❷ 学習状況を把握し、その後に生かす主体的に学習に取り組む態度の評価

身に付けたい資質・能力を意識して互いに助言し、自分のスピーチに生かそうとしているかを確認し、分析する。その中で、他の人のスピーチの練習を聞いて自分のよいところや改善点をメタ認知し、アドバイスをもとに修正するよう助言する。

本単元における　学習の過程　　学習の過程における　指導と評価の一体化

単元を通して身に付けたい資質・能力を生徒と共有し、対話を促しながら身に付けていく。

第一次 ❷
○表現技法を理解し、使えているのか確認をする。また、話の構成を観察し、小学校で身に付けてきた力を把握したうえで、第二次以降の授業づくりに生かす。

身に付けたい力の共有
単元が終わったときの自分の姿を明確にする。

第二次 ❶ ❷
◎経験・知識・インタビュー・調べたことなど幅広い視点で考えるよう促す。聞き手を意識しているかという観点で内容を整理しているかを評価する。
◎○身に付けたい資質・能力を意識しながら取り組んでいるかを評価する。必要に応じて助言をし、スピーチへ生かせるよう支援する。

対話的に学びながら資質・能力を習得
自分の考えをもった上で他者と助言をし合うことを通して、身に付けたい力にせまっていく。

第三次 ❷
◎表現技法を適切に使うことができているかを評価する。
◎他者のスピーチを聞くことを通して、構成の仕方などについて新たな学びを促す。また、スピーチのなかで、考えや根拠、相手意識のある構成の実践ができているかを評価する。

日常生活に生かす振り返り
言語活動を通して身に付いた力を振り返り、日常生活や他教科での発表の仕方に生かしていく。

目指す生徒像

伝える内容を検討し、話の構成を考えた上でスピーチを行う活動を通して、日常生活において相手意識をもち、より豊かな言葉を使って話すことのできる生徒。

国語科　中学校

147

単元で目指す生徒像の育成に向けてのポイント

「生きて働く〔知識及び技能〕の習得」に向けてのポイント

　中学１年生にとって表現技法は詩などで目に触れることはあっても、実際に使う機会は少ない。しかし、実生活では表現技法を使うことでより豊かに相手に言いたいことを伝えることができる。そのため今回は、第一次に表現技法には具体的にどのようなものがあるかを知り、その上で「夏休みの過ごし方」「おすすめの筆記用具」など話しやすいスピーチのテーマに表現技法を入れて隣の人に話すという活動を行った。このようにすることで、表現技法の使い方が分かり、スピーチへの抵抗も少なくなると考える。その後、マッピング等を使ってこの単元でのスピーチのテーマを決め、表現技法も構成メモの中に入れこむよう指導した。授業内では、「まるで時間が矢のように進んだ」「わたあめのような犬」などと、伝えたいことに適した表現技法を探り、習得できるよう試行錯誤している様子がうかがえた。

「未知の状況にも対応できる〔思考力、判断力、表現力等〕の育成」に向けてのポイント

　生徒が今後対応していくだろう初対面の人との対話やSNS等を通した会話において、相手意識のある内容の検討や構成は必要不可欠である。この資質・能力を付けるため、今回の単元では、伝える内容の吟味から決定までをスモールステップで進めた。

　内容の整理をする中で、生徒が自分の考えと向き合い、相手の知りたいことは何かを考え、より伝わりやすくなるよう構成を何度も組み替えている姿が見受けられた。また、実際に相手に向けて話す経験をすることで、検討した内容や構成が、相手にどのように伝わるのか確認することができ、日常生活においても意識して話すことができるようになると考える。

「学びを人生や社会に生かそうとする〔学びに向かう力、人間性等〕の涵養」に向けてのポイント

　全ての単元において生徒自らが目標を明確にできるように、第一次に「学びのプラン」を配付し、単元を通して身に付けたい力と、そのための学習の流れを一緒に確認する。

　また、〔学びに向かう力、人間性等〕を涵養するために、最も資質・能力を発揮してほしい言語活動の前に、そこまでの学習を振り返る時間をとった。今回の単元では、スピーチを目前にして「内容の検討は相手意識をもってできた」など身に付けることができたことと、「考えの根拠が弱いから内容を付け足そう」「隣の人のスピーチ練習を聞いて、もっと比喩表現を工夫できると気付いた」など、まだ不足している力を生徒自らがメタ認知して調整する姿がうかがえた。振り返りの記述をこちらでも確認することで、次時の指導に生かすこともできる。

　このようなことを各単元で繰り返すことで、生徒が日常生活でも一度立ち止まり、より豊かな言葉で相手に伝えようとしたり、自らの目標に向けて自分に不足している力をメタ認知したりして、その後に生かしていけるようになると考える。

単元で目指す生徒像の育成に向けた授業の例

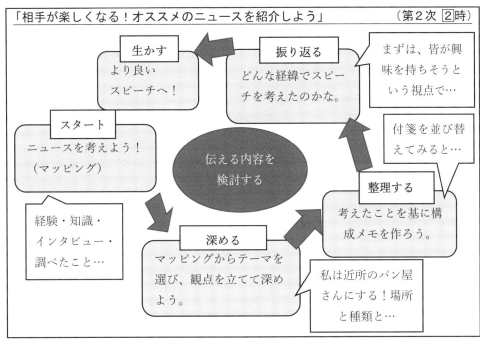

「相手が楽しくなる！オススメのニュースを紹介しよう」　（第2次 2 時）

- **生かす** より良いスピーチへ！
- **振り返る** どんな経緯でスピーチを考えたのかな。
- まずは、皆が興味を持ちそうという視点で…
- **スタート** ニュースを考えよう！（マッピング）
- 付箋を並び替えてみると…
- 伝える内容を検討する
- **整理する** 考えたことを基に構成メモを作ろう。
- 経験・知識・インタビュー・調べたこと…
- **深める** マッピングからテーマを選び、観点を立てて深めよう。
- 私は近所のパン屋さんにする！場所と種類と…

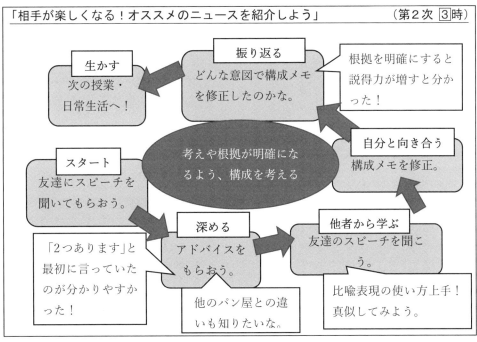

「相手が楽しくなる！オススメのニュースを紹介しよう」　（第2次 3 時）

- **生かす** 次の授業・日常生活へ！
- **振り返る** どんな意図で構成メモを修正したのかな。
- 根拠を明確にすると説得力が増すと分かった！
- 考えや根拠が明確になるよう、構成を考える
- **自分と向き合う** 構成メモを修正。
- **スタート** 友達にスピーチを聞いてもらおう。
- 「2つあります」と最初に言っていたのが分かりやすかった！
- **深める** アドバイスをもらおう。
- **他者から学ぶ** 友達のスピーチを聞こう。
- 他のパン屋との違いも知りたいな。
- 比喩表現の使い方上手！真似してみよう。

国語科　中学校

149

「タイムスリップ」して地域調査ができるとしたら⁉

「場所」などに着目して、地形図を読み解きながら地域調査の手法を学ぼう。

1. 単元名「地域調査の手法」

2. 単元で育成する資質・能力〈単元の評価規準〉

※（　）は学習指導要領の記号

知識・技能	思考・判断・表現	主体的に学習に取り組む態度
①観察や野外調査、文献調査を行う際の視点や方法、地理的なまとめ方の基礎を理解している。 ②地形図や主題図の読図、目的や用途に適した地図の作成などの地理的技能を身に付けている。	③地域調査において、対象となる場所の特徴などに着目して、適切な主題や調査、まとめとなるように、調査の手法やその結果を多面的・多角的に考察し、表現している。	④地域調査の手法について、よりよい社会の実現を視野にそこで見られる課題を主体的に追究しようとしている。

3. 単元の指導計画　　○指導に生かす評価　◎指導に生かすとともに総括としても生かす評価

次	時	○○評価規準（評価方法）	・学習活動
第一次	①	○知識・技能①② （行動の観察）	・「今昔マップ」や「地理院地図」などのデジタル地図の使い方を確認するとともに、学校や自宅、駅などの学校周辺の施設や地形などを把握して、過去・現在の地域全体の様子を俯瞰する。 ・縮尺、方位、地図記号、等高線などの地形図を読み解くために必要な知識・技能を習得する。
	②		・追究する場所やテーマを設定して、地域調査の見通しをもつ。
		夏季休業中：設定した場所やテーマに基づいて、観察や野外調査、文献調査などの地域調査を行い、情報を収集する。	
第二次	③	○知識・技能①② （行動の観察、記述の確認：レポートなど）	・デジタル地図から印刷した地形図に、地域調査で歩いたルートをペンでなぞった「ルートマップ」を作成する。
	④⑤	○思考・判断・表現③ （行動の観察、記述の確認：レポートなど）	・収集した資料などを基に、決められた項目（調査の動機・目的・方法・内容と結果の考察など）の項目に沿ってレポートにまとめる。
第三次	⑥	◎知識・技能①② （記述の分析：レポートなど）	・各自がまとめたレポートを机上に置き、教師から提示された視点を基に、仲間のレポートを閲覧して、「学習活動としての相互評価」を行う。
		○主体的に学習に取り組む態度④ （記述の確認：レポートなど）	・学習活動を省察し、気付きや思考の変容などに着目して、本単元における個人としての学びを振り返る。
	⑦		・本単元の学習で身に付けた知識・技能について確認するとともに、「地域の在り方」などの次回以降の学習につなげるための見通しをもつ。

本単元における　指導と評価のポイント

❶　各場面における効果的かつ適切な評価で、「学びの自覚」を促す

導入では、「まち探検」など小学校での地域の学習を振り返る診断的な評価を行う。学習課程では、ICT の積極的な利活用や地域での意欲的な学習活動を肯定的に受け止める形成的な評価を行い、「学びの自覚」を促す。まとめの場面では、視点を踏まえて仲間の成果物を確認するなど、学習活動としての相互評価を効果的に行う。

❷　「個人内評価」を適切に行い、生徒の学習改善や教師の指導改善につなげる

授業過程で生徒の学習活動やコミュニケーションを把握する中で、気付いたよい面を声かけして支援したり、生徒のまとめに対して次の学びへ生かすコメントを返したりするなど、「目標に準拠した評価」では示しきれないものを「個人内評価」によって評価することで、生徒の学習改善を促すとともに、教師の指導改善にもつなげる。

本単元における　学習の過程　　　学習の過程における　指導と評価の一体化

習得した地理的技能を活用して、試行錯誤しながら課題解決に向けて追究していく。

第一次　❶　❷
○単元のねらい（ゴール）や学習課題、働かせる「見方・考え方」を明確にして、見通しを共有する。
○デジタル地図の利活用を通して調査対象を設定し、地域調査の方法を一人一人の理解度に応じて丁寧に支援する。

課題把握と知識・技能の習得
単元のねらいと課題を把握し、地形図の基本や読図方法など地理的技能を習得する。

第二次　❶　❷
○他の教科で身に付けたレポート作成の技能に触れ、粘り強く取り組んだり、自己を調整したりする学習活動に取り組みながら質の高いレポート作成を促す。
○レポート作成の際、公民的分野などの内容に深入りしないよう支援する。

地理的技能を活用した課題の追究
観察や野外調査など地理的なまとめ方の基礎を理解して、課題を追究する。

振り返りと次の探究活動への見通し
習得した地域調査の手法を次の探究活動に生かすための見通しを確認する。

第三次　❷
◎○個人で省察する時間をとり、何が身に付いたのかを明らかにして、生徒の学習活動の成果を価値付けたり意味付けたりすることを通して、次の「地域の在り方」の学習に生かすように指導する。

目指す生徒像

> 習得した地理的技能を活用して、社会的事象の地理的な見方・考え方を働かせて自ら設定した問いを多面的、多角的に考察し、表現する学習活動を通して、次の学びに生かそうとする生徒。

社会科　中学校

単元で目指す生徒像の育成に向けてのポイント

「生きて働く〔知識及び技能〕の習得」に向けてのポイント

　生きて働く知識とは、「効率的に暗記・再生する個別の知識」だけではなく、「学びの道具として使える有機的な知識」を含むと考える。したがって、課題解決のために生きて働く概念的な知識の習得が重要となる。本単元では地図記号の形式的な確認ではなく、デジタル地図や調査による実質的な知識の習得を目指す。また、技能の習得では「地域調査」において小中高の段階で留意すべき点が異なることから、小学校段階での学びを踏まえた技能を吟味し、高校での学びを見据えた中学校での地理的技能の活用を図る。知識及び技能を一体的に構築する中で、その質が高まっていくことが期待される。なおICTの利活用は、瞬時の可視化や情報の共有化に有効で、技能の習得と親和性が高い一方、Wi-Fi接続の不安定などを想定して、PCを2人で1台使用するなど、対話的な学びを踏まえた授業展開も考えたい。

「未知の状況にも対応できる〔思考力、判断力、表現力等〕の育成」に向けてのポイント

　生徒一人一人の学習過程に対する教師の寄り添い方がポイントとなる。取組の有無を表面的に確認するのではなく、生徒が学び得た知識及び技能の活用状況や「見方・考え方」を働かせている様子（本単元では「場所」への着目）、社会的事象に対する多面的・多角的な考察の度合を発言や記述から評価する。その際、生徒のつまずきや教師と生徒との認識の「ズレ」があると認められる場合、生徒の率直な声を傾聴したり意図的な質問を投げかけたりする。現状を打開する方略を支援する中、生徒が自己を調整して修正できた瞬間を逃さずに承認すると、粘り強く考え続けようとする姿勢が培われる。すなわち、教師は課題解決へのインセンティブを与える役割に徹すると、学びが深まるプロセスを生徒自ら自覚できるようになり、未知の状況にも対応しようとする資質・能力を育むと考えられる。

「学びを人生や社会に生かそうとする〔学びに向かう力、人間性等〕の涵養」に向けてのポイント

　単元の終盤や出口の場面で、仲間の成果物等を評価する「学習活動としての相互評価」や、個人の学習活動を振り返りメタ認知を促す省察、教師が単元全体の学習活動を振り返り、その意味付けや価値付けを行うことで、人生や社会に生かす視点を示す。本単元では身に付けた資質・能力を、「地域の在り方」の学習で活用・発揮する見通しを確認し、「社会参画」の視点も視野に入れてさらなる学びの深化を期待したい。一方、例えばレポートの評価規準を強調するあまり、「総括的な評価」を過度に意識した学習活動とならないように留意する。意思的な側面や社会科の本質に根ざした学びの価値を伝え、意味のある学びに向かっている姿や成果を肯定する。それこそ情意面に訴える「〔学びに向かう力，人間性等〕の涵養」につながり、「公民としての資質・能力の基礎」を育む社会科の目標の実現に向かうことになる。

単元で目指す生徒像の育成に向けた授業の例

「『タイムスリップ』して地域調査ができるとしたら!?」 （第1次 1・2時）

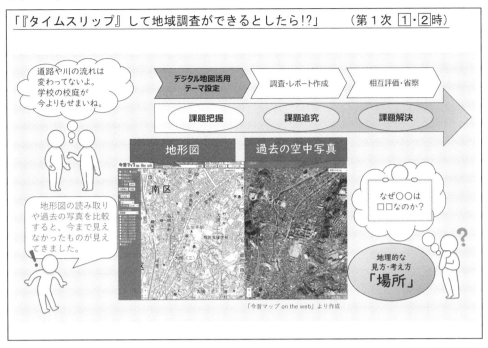

「今昔マップ on the web」より作成

「『タイムスリップ』して地域調査ができるとしたら!?」 （第3次 6・7時）

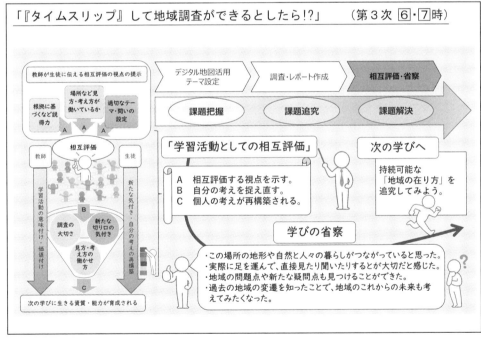

例⑩

数学科
中学校 **3**年

リレーのバトンパスを成功させよう！

1. 単元名「関数 $y = ax^2$」

2. 単元で育成する資質・能力を踏まえた評価規準

※（　）は学習指導要領の記号

知識・技能	思考・判断・表現	主体的に学習に取り組む態度
①関数 $y = ax^2$ について理解している。 ②事象の中には関数 $y = ax^2$ として捉えられるものがあることを知っている。 ③いろいろな事象の中に、関数関係があることを理解している。	④関数 $y = ax^2$ として捉えられる二つの数量について、変化や対応の特徴を見いだし、表、式、グラフを相互に関連付けて考察し表現することができる。 ⑤関数 $y = ax^2$ を用いて具体的な事象を捉え考察し表現することができる。	⑥関数 $y = ax^2$ のよさを実感して粘り強く考え、関数 $y = ax^2$ について学んだことを生活や学習に生かそうとしたり、関数 $y = ax^2$ を活用した問題解決の過程を振り返って評価・改善しようとしたりしている。

3. 単元（又は題材）の指導計画　○指導に生かす評価　◎指導に生かすとともに総括としても生かす評価

次	時	○◎評価規準 （評価方法）	・学習活動
第一次	1 2	○知識・技能①②（行動観察） ○主体的に学習に取り組む態度（行動観察、学びの足跡シート）	・理科の実験データ（時間と距離）の関係を、グラフ描画ソフトのパラメータ機能を用いて関数 $y = ax^2$ のグラフで近似できるか調べる。関数 $y = ax^2$ の定義を知る。様々な事象における関数関係のうち、関数 $y = ax^2$ であるものを判断する。
第二次	3	○知識・技能①（ノート）	・表の値から比例 $y = ax$ との共通点や相違点について考え、特徴について考察し表現する。 ・式、表から関数 $y = ax^2$ のグラフをかき、単一のグラフから特徴を見いだし表現する。 ・関数 $y = ax^2$ の a の値を変えてグラフをかき、複数のグラフを比較して特徴を見いだし表現する。見いだした特徴を共有し、グラフ描画ソフトを用いて確かめる。 ・陸上選手の 100m 走のラップタイムのデータを基に、変域のある既知の関数で近似したり、ある変域での平均の速さを求めたりすることを通して、関数 $y = ax^2$ の変域、変化の割合などについて理解する。練習問題や小テストなどに取り組み、自己評価する。
	4	○知識・技能①（ノート）	
	5 ｜ 7	○思考・判断・表現④（行動観察、ノート） ◎知識・技能①（小テスト） ◎知識・技能①（行動観察、小テスト）	
	8 ｜ 10	○思考・判断・表現⑤（行動観察） ○主体的に学習に取り組む態度（学びの足跡シート）	
第三次	10 11	○主体的に学習に取り組む態度⑥（行動観察） ○思考・判断・表現④（行動観察、小テスト）	・図形の動点の問題を取り上げ、図形における変化と対応の関係を関数として捉えて考察し表現する。座標平面上の求積や面積比の問題など、関数のグラフや軸で囲まれた領域を図形として捉え処理する。 ・リレーのバトンパスの問題を取り上げ、グラフを平行移動したり式変形したりすることで未知の値を予測する。 ・階段関数や指数関数に関する具体的な問題を取り上げ、既習の考え方を用いて未知の値を予測したり変化と対応の特徴を整理したりする。
	12 13	◎思考・判断・表現⑤（行動観察、レポート）	
	14	◎知識・技能②③（小テスト）	
	15	◎主体的に学習に取り組む態度（学びの足跡シート）	

本単元における　指導と評価のポイント

❶ 現実の事象を取り上げ、関数 $y = ax^2$ を学ぶ意義を実感させる

単元のはじめに、現実の事象における二つの数量を取り出し、その関係を調べることで関数 $y = ax^2$ を見いだす。単元のなかでは、習得した知識・技能を具体的な意味を関連付けて解釈し理解を深め、活用できるようにする。単元のおわりには、関数 $y = ax^2$ を活用して現実の事象の問題を解決するパフォーマンス評価に取り組む。

❷ 数学の事象として抽象化し、変化と対応の特徴を見いだせるようにする

単元のなかでは、現実の事象を一旦切り離して抽象化し、$y = 2x^2$ や $y = 1／2x^2$ など具体的な関数における表、式、グラフを相互に関連付けて変化や対応の特徴を見いだし、専門用語を用いて表現する。練習問題や小テストを適宜実施し、生徒が知識・技能の習得状況を自己評価し、その後の学習改善に生かせるようにする。

本単元における　学習の過程　　学習の過程における　指導と評価の一体化

単元を通して、二つの数量の変化や対応について、表、式、グラフを相互に関連付けて考察し表現する機会を設ける。

第一次 ❶
○理科の授業で実施した自由落下運動の実験のデータを基に、距離が時間の2乗にほぼ比例することに気付かせる。

| 事象における発見、意味の理解、技能の習得 | 関数 $y = ax^2$ はどのような変化をするのだろうか。 |

第二次 ❷ ❶
○データに基づく近似式を $y = 1／2x^2$ など単純化されたものに代えて、表の値と式との関係を観察したり、複数のグラフを比較したりして、特徴について考察し表現する。現実の事象を取り上げ、既知の関数で近似したり平均の速さを考察したりすることで、具体的な意味と関連付けて変化の割合の理解を深める。練習問題や小テストを適宜実施し、生徒が知識・技能の習得状況を自己評価できるようにする。

| 変化や対応の特徴の考察・表現 | 関数 $y = ax^2$ の変化と対応の特徴にはどのようなものがあるだろうか。 |

| 知識・技能を活用した具体的な問題解決 | 関数 $y = ax^2$ の特徴を問題解決に活用するにはどうすればよいのだろうか。 |

第三次 ❶ ❷
○習得した知識・技能を活用し、図形の動点やリレーのバトンパスなど数学及び現実の世界における具体的な問題を取り上げ、考えや表現を評価・改善しながら自立的、協働的に解決する機会を設ける。

目指す生徒像

具体的な事象の中にある二つの変数とその関係に着目し、表、式、グラフなどに表すことによって既習の関数である捉え、変化や対応の特徴について理解したり未知の状況を予測したりする生徒

単元で目指す生徒像の育成に向けてのポイント

「生きて働く〔知識及び技能〕の習得」に向けてのポイント

単元のはじめに、現実の事象から関数 $y = ax^2$ を見いだすとともに、関数 $y = ax^2$ の定義や具体例を知り、事象の中には関数 $y = ax^2$ として捉えられるものがあることを知る。その上で、現実の事象を一旦切り離して抽象化した具体的な関数で、表、式、グラフを相互に関連付けて変化や対応の特徴を見いだし、理解する。その過程において、関数の変域や変化の割合に関する技能を高める。また、既習の関数以外にも関数関係が身の回りにあることを知り、それらの変化と対応の特徴を理解する。こうして習得した知識・技能を、平均の速さなど具体的な意味と関連付けて解釈する機会を設け、理解を一層深められるようにする。

なお、練習問題や小テストに取り組む機会を学習の各区切りで適宜設定し、生徒が知識・技能の習得状況を自己評価して、復習を促すことができるようにする。また、単元末で取り組む現実の事象の問題解決などに活用できる程度に習得状況を高められるようにする。

「未知の状況にも対応できる〔思考力、判断力、表現力等〕の育成」に向けてのポイント

未知の値を予測するために、その値に関係しそうな別の変数を取り出し、2つの変数間の関係を探り、活用することが関数の学習でとても重要である。単元を通して事象における2つの変数とその関係に着目し考察する場面を設ける。また、関数 $y = ax^2$ の特徴を見いだしたり、習得した知識・技能と具体的な意味を関連付けて解釈したりして表現する学習では、表、式、グラフを相互に関連付けて考察する機会や他者と意見交換したりよりよい表現に改めたりする機会を設け、関数関係について考察し表現する力を一層伸ばせるようにする。

なお、単元末には習得した知識・技能を活用して問題解決する機会を設ける。本単元では、現実の事象における数量の関係を関数 $y = ax^2$ とみなして問題解決するパフォーマンス課題を扱い、その過程や結果をレポート等に整理する機会とし、評価して総括のために記録する。

「学びを人生や社会に生かそうとする〔学びに向かう力、人間性等〕の涵養」に向けてのポイント

単元を通して問題解決的な学習を設け、関数 $y = ax^2$ が現象の理解や未知の値の予測に役立つことを感得して粘り強く考えられるようにする。その過程では、用いた数学的な表現について振り返る機会を設け、表、式、グラフそれぞれのよさを生徒自ら見いだし、学習したことを生徒の生活や学習に生かそうとする態度につなげていく。また、問題解決的な学習では、見通しを立てたり振り返ったりする機会を設けてメタ認知を促し、自らの考えの長所・短所に気付いて改善したり、多様な方法を見いだし検討したりしようとする態度につなげる。

上記の態度について行動の観察や記述の分析から読み取り、その場で褒めたり励ましたりして取組を方向付けるとともに、小単元や単元の末で評価して総括のために記録する。

単元で目指す生徒像の育成に向けた授業の例

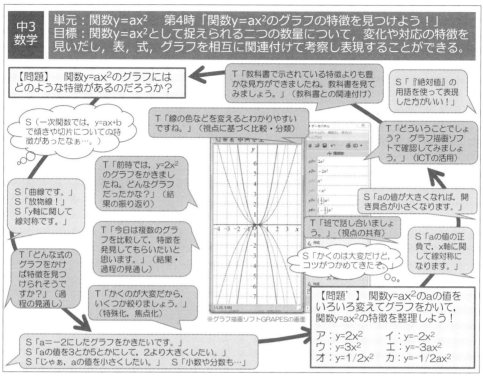

中3 数学　単元：関数y=ax²　第4時「関数y=ax²のグラフの特徴を見つけよう！」
目標：関数y=ax²として捉えられる二つの数量について，変化や対応の特徴を見いだし，表，式，グラフを相互に関連付けて考察し表現することができる。

【問題】　関数y=ax²のグラフにはどのような特徴があるのだろうか？

S（一次関数では，y=ax+bで傾きや切片についての特徴があったなぁ…。）

T「前時では，y=2x²のグラフをかきましたね。どんなグラフだったかな？」（結果の振り返り）

S「曲線です。」
S「放物線！」
S「y軸に関して線対称です。」

T「どんな式のグラフをかけば特徴を見つけられそうですか？」（過程の見通し）

T「今日は複数のグラフを比較して，特徴を発見してもらいたいと思います。」（結果・過程の見通し）

T「かくのが大変だから，いくつか絞りましょう。」（特殊化，焦点化）

S「a＝−2にしたグラフをかきたいです。」
S「aの値を3とか5とかにして，2より大きくしたい。」
S「じゃぁ，aの値を小さくしたい。」　S「小数や分数も…」

T「教科書で示されている特徴よりも豊かな見方ができましたね。教科書を見てみましょう。」（教科書との関連付け）

T「線の色などを変えるとわかりやすいですね。」（視点に基づく比較・分類）

※グラフ描画ソフトGRAPESの画面

S「かくのは大変だけど，コツがつかめてきたぞ。」

S「『絶対値』の用語を使って表現した方がいい！」

T「どういうことでしょう？　グラフ描画ソフトで確認してみましょう。」（ICTの活用）

S「aの値が大きくなれば，開き具合が小さくなります。」

T「班で話し合いましょう。」（視点の共有）

S「aの値の正負で，x軸に関して線対称になります。」

【問題'】　関数y=ax²のaの値をいろいろ変えてグラフをかいて，関数y=ax²の特徴を整理しよう！

ア：y=2x²　　イ：y=−2x²
ウ：y=3x²　　エ：y=−3ax²
オ：y=1/2x²　カ：y=−1/2ax²

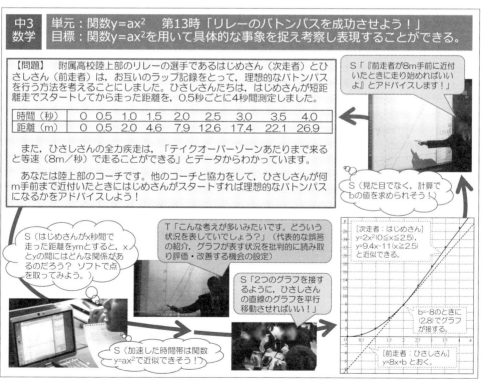

中3 数学　単元：関数y=ax²　第13時「リレーのバトンパスを成功させよう！」
目標：関数y=ax²を用いて具体的な事象を捉え考察し表現することができる。

【問題】　附属高校陸上部のリレーの選手であるはじめさん（次走者）とひさしさん（前走者）は，お互いのラップ記録をとって，理想的なバトンパスを行う方法を考えることにしました。ひさしさんたちは，はじめさんが短距離走でスタートしてから走った距離を，0.5秒ごとに4秒間測定しました。

時間（秒）	0	0.5	1.0	1.5	2.0	2.5	3.0	3.5	4.0
距離（m）	0	0.5	2.0	4.6	7.9	12.6	17.4	22.1	26.9

　また，ひさしさんの全力疾走は，「テイクオーバーゾーンあたりまで来ると等速（8m／秒）で走ることができる」とデータからわかりました。

　あなたは陸上部のコーチです。他のコーチと協力をして，ひさしさんが何m手前まで近付いたときにはじめさんがスタートすれば理想的なバトンパスになるかをアドバイスしよう！

S「『前走者が8m手前に近付いたときに走り始めればいいよ』とアドバイスします！」

S（見た目でなく，計算でbの値を求められそう！）

S（はじめさんがx秒間で走った距離をymとすると，xとyの間にはどんな関係があるのだろう？　ソフトで点を取ってみよう。）

T「こんな考えが多いみたいです。どういう状況を表していでしょう？」（代表的な誤答の紹介，グラフが表す状況を批判的に読み取り評価・改善する機会の設定）

S「2つのグラフを接するように，ひさしさんの直線のグラフを平行移動させればいい！」

S（加速した時間帯は関数y=ax²で近似できそう！）

[次走者：はじめさん]
y=2x²（0≦x≦2.5），
y=9.4x−11（x≧2.5）
と近似できる。

b=−8のときに(2,8)でグラフが接する。

[前走者：ひさしさん]
y=8x+b とおく。

パフォーマンス課題：味噌から食塩を取り出そう

1. 単元名「身の回りの物質　水溶液」

2. 単元で育成する資質・能力を踏まえた評価規準

※（　）は学習指導要領の記号

知識・技能	思考・判断・表現	主体的に学習に取り組む態度
①身の回りの物質の性質や変化に着目しながら、水溶液についての基本的な概念や原理・法則などを理解しているとともに、科学的に探究するために必要な観察、実験などに関する基本操作や記録などの基本的な技能を身に付けている。	②水溶液について、問題を見いだし見通しをもって観察、実験などを行い、物質の性質や状態変化における規則性を見いだして表現しているなど、科学的に探究している。	③水溶液に関する事物・現象に進んで関わり、見通しをもったり振り返ったりするなど、科学的に探究しようとしている。

3. 単元の指導計画　　○指導に生かす評価　◎指導に生かすとともに総括としても生かす評価

次	時	○◎評価規準（評価方法）	・学習活動
第一次	①②③④⑤⑥	○知識・技能①（行動の観察、記述の確認）	・物質が水に溶ける様子の観察を行い、水溶液の中では溶質が均一に分散していることを理解する。 ・水溶液から溶質を取り出す実験を行い、その結果を溶解度と関連付けて理解する。 ・実験器具の操作や記録の仕方、質量パーセント濃度や溶解度の計算についての基礎的・基本的な知識・技能を習得する。
第二次	⑦⑧⑨		パフォーマンス課題：味噌から食塩を取り出そう〜味噌の減塩〜
		◎思考・判断・表現②（行動の観察、記述の分析） ◎主体的に学習に取り組む態度③（行動の観察、記述の分析）	・減塩食品（醤油、味噌など）といった健康に留意した食品が昨今ブームになっていることの例示を通して、課題を把握する。 ・味噌を水で溶かしその様子を観察し記録する。 ・これまでの学習を振り返り、味噌から食塩を取り出す方法に使えそうな知識や技能を整理する。 ・味噌から食塩を取り出すための実験計画について、グループで話し合いホワイトボードにまとめ、科学的な概念や根拠を基にした話合いや発表、討論をする。 ・実験を実施し、実験結果を分析し解釈する。 ・一連の科学的な探究の過程を振り返り、タブレット型パソコンを使用するなどして、再構築した自分の考えを論述する。

本単元における　指導と評価のポイント

❶ 科学的に探究する学習活動を充実させるために

生徒が科学的な探究に見通しをもって取り組むために、自然の事象から問題を見いだしたり、仮説や予想を立てたり、実験計画を立案したりするなどの学習活動を意図的・計画的に行う。仮説や予想などを振り返りながら実験結果を分析し解釈させるとともに、習得した知識や技能を新たな課題や日常生活などに活用させる。

❷ 生徒が粘り強く、自らの学習を調整しながら学習に取り組むために

生徒が主体的に科学的な探究に取り組むように、外発的な動機付けが内発的な動機付けとなるような指導を行う。科学的に探究する過程において、適時適切に学習活動である自己評価や相互評価を促し、生徒のメタ認知能力の育成を図る。一連の科学的な探究の過程を振り返り、科学的な概念を再構築したり精緻化したりすることで、自らの探究についての価値付けを促すとともに、新たな探究につなげる。

本単元における　学習の過程

資質・能力を育成するために、単元を通して科学的に探究する学習活動を充実する。

| 知識・技能の習得 | 科学的に探究するために必要な基礎的・基本的な知識・技能を習得する。 |

| 課題の把握・探究・解決 | パフォーマンス課題を設定し、習得した知識・技能を活用して、科学的に探究する。 |

目指す生徒像

水溶液について習得した知識や技能を活用し、未知のパフォーマンス課題に対して粘り強く、自らの学習を調整しながら、科学的に探究している生徒。

学習の過程における　指導と評価の一体化

第一次 ❶
○科学的に探究する過程を充実するような指導を通して、水溶液についての基本的な概念や原理・法則を理解するとともに、基本的な技能を身に付ける。

第二次 ❶ ❷
◎健康食品という文脈に基づいてパフォーマンス課題を提示し、外発的な動機付が内発的な動機付けとなるような指導を行うことで、その後の実験計画の立案に見通しをもち、主体的に探究できるようにする。

◎実験計画を立案する場面、結果を分析して解釈する場面、科学的な概念を使用して説明する場面において適時適切な学習活動としての自己評価や相互評価を促し、メタ認知能力の育成を図る。

◎一連の科学的な探究の過程を振り返り、科学的な概念を再構築して、自らの探究を価値付け、新たな探究につなげる。

理科　中学校

単元で目指す生徒像の育成に向けてのポイント

「生きて働く〔知識及び技能〕の習得」に向けてのポイント

単元を通して、科学的に探究する過程を重視し、科学的に探究するために必要な基礎的・基本的な知識・技能の習得を図ることが大切である。第一次では、水溶液に関する観察・実験をしたり、文章により説明をしたりする等の知識や技能を用いる場面を設定し、探究的な活動における指導と評価の充実を図ることで知識と技能の習得を促す。

「未知の状況にも対応できる〔思考力、判断力、表現力等〕の育成」に向けてのポイント

単元や1年間、さらには中学校3年間を見通して、科学的に探究する力を育成する。第二次では、自然の事物・現象に進んで関わりその中から問題を見いだす学習活動、解決する方法を立案しその結果を分析して解釈する学習活動、探究の過程を振り返る学習過程を重視し、各学習場面にグループでの話合いや発表、論述やレポートの作成を適宜取り入れ、指導と評価の充実を図る。観察・実験レポートの記述を中心としたパフォーマンス評価の総括的な評価を行う際には、例えば、「A:科学的な根拠を明らかにして論理的に説明している。B:科学的な根拠を基にして論理的に説明している。C:科学的な根拠に基づいた説明になっていない。論理的な説明になっていない。」という評価規準を設定する。指導のための評価においてCと判断できる場合は、総括的な評価においてBになるように指導に当たる。

「学びを人生や社会に生かそうとする〔学びに向かう力、人間性等〕の涵養」に向けてのポイント

理科では、生涯を通じて学びに向かう力、人間性等を涵養するために、中学校3年間を見通して、科学的に探究しようとする態度を形成することが大切である。第二次では、パフォーマンス課題を通して、内発的な動機付けとなるような指導を行うことで科学的な探究を主体的に取り組むようにする。また、科学的な探究の過程において適時適切に学習活動としての自己評価などを促し生徒のメタ認知能力の育成を図り、一連の科学的な探究の過程を振り返り科学的な概念の再構築を図るとともに科学的に探究しようとする態度を養う。

評価の観点及びその趣旨の親和性を踏まえるならば、「主体的に学習に取り組む態度」の評価規準は「思考・判断・表現」と対をなす形で語尾を「〜しようとしている」に置き換えて表すことが可能である。科学的に探究している姿が実現されているのであれば、科学的に探究しようとし、自らの学習を調整して、粘り強く取り組んだ成果であると判断できる。このように、「主体的に学習に取り組む態度」は「思考・判断・表現」と一体的に評価することで可能となる。しかし、科学的に探究しようとし、自らの学習を調整して、粘り強く取り組んでいたとしても、科学的に探究している姿として表出されない場合もあるので、生徒の学習活動の観察等を通して、評価規準に照らして、高まりや深まりが見られるかを加味して、総括的な評価を行うことが考えられる。

単元で目指す生徒像の育成に向けた授業の例

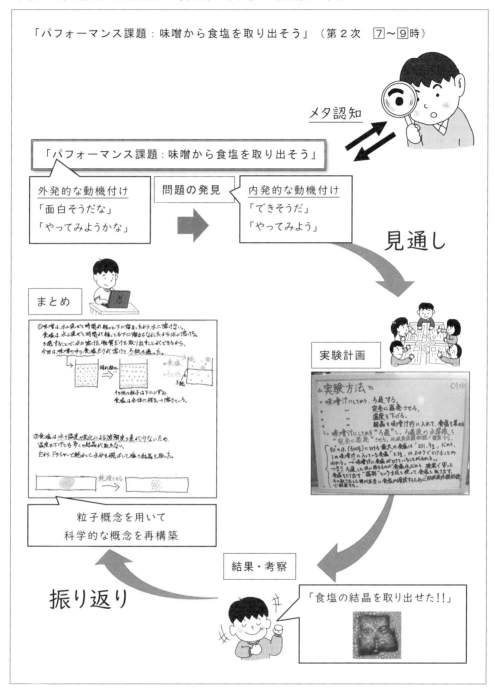

「パフォーマンス課題：味噌から食塩を取り出そう」（第2次　[7]〜[9]時）

メタ認知

「パフォーマンス課題：味噌から食塩を取り出そう」

外発的な動機付け
「面白そうだな」
「やってみようかな」

問題の発見

内発的な動機付け
「できそうだ」
「やってみよう」

見通し

まとめ

実験計画

《実験方法》

粒子概念を用いて
科学的な概念を再構築

結果・考察

「食塩の結晶を取り出せた!!」

振り返り

理科　中学校

美術科
中学校
2・3年

自由な感性と美の要素が織りなす心の世界
～音楽が見えるとき～

1. 題材名 「MUSIC IMAGE」
（感じ取ったことや考えたことを基にした表現）

2. 題材で育成する資質・能力を踏まえた評価規準

※（ ）は学習指導要領の記号

知識・技能	思考・判断・表現	主体的に学習に取り組む態度
①形や色彩が感情にもたらす効果や造形的な特徴を基に、自分が感じ取った音楽の印象から着想し、全体のイメージでとらえることを理解している。（〔共通事項〕（1）ア） ②主題に迫るために、自分の表現意図を明確にし、材料や用具の特性を生かし、意図に応じて自分の表現方法を追究して、創造的に表している。 （A表現（2）ア（ア））	③音楽を聴いて感じ取ったイメージを基に、自分自身の主題を生み出し、意図に応じた効果的な色彩や全体と部分の関係などを考えた画面構成を工夫し、心豊かに表現する構成を練っている。（A表現（1）ア（ア）） ④自分たちの作品から造形的なよさや美しさを感じ取り、作者の心情や表現の意図と工夫などについて考えるなどして、美意識を高め、見方や感じ方を深めている。（B鑑賞（1）ア（ア））	⑤美術の創造活動の喜びを味わい、主体的に自分の感じ取ったイメージを基に構想を練ったり、意図に応じて創造的に工夫して表したりする表現の学習活動に取り組もうとしている。 ⑥自分たちの作品から造形的なよさや美しさを感じ取り、作者の心情や表現の意図と創造的な工夫などについて考えるなどの見方や感じ方を深める鑑賞の学習の活動に取り組もうとしている。

3. 題材の指導計画　○指導に生かす評価　◎指導に生かすとともに総括としても生かす評価

次	時	○◎評価規準（評価方法）	・学習活動
第一次	1 2	○主体的に学習に取り組む態度⑤ （行動の観察・ノート） ◎思考・判断・表現③ （行動の観察・ノート・アイデアスケッチ）	［導入の活動］ 「音色」という言葉をキーワードとしながら、いくつかの音を聴き、自分が感じたイメージを小さなカード状の画用紙に簡易な描画材を用いて、形や色彩で表現する。 ・自分の表現したい音楽から着想し、印象や考えたことを言葉や図で書き表すなど、自分のイメージを大切にして主題を生み出す。 ・主題を基にアイデアスケッチにより、画面構成や表現方法の構想を練る。
第二次	3 4 5 6	◎知識・技能①② （行動の観察・表現内容） ○思考・判断・表現③ （行動の観察・表現内容） ○主体的に学習に取り組む態度⑤ （行動の観察・ノート）	・アイデアスケッチを参考にして、自分の意図に応じて、これまでの表現技法の経験を活かし、様々な素材や技法による表現方法を試しながら、創造的に表現する。 （平面以外の素材を含む、半立体的な要素も可とし、多様な表現方法を保証する。） ・主題に迫るために効果的な構成となっているか、確認と改良を繰り返し、表現を追究する。
第三次	7	○思考・判断・表現④ （行動の観察・発言・ノート） ◎主体的に学習に取り組む態度⑥ （行動の観察・発言・ノート）	［鑑賞］ ・自分たちの作品を相互に鑑賞し、表現の特質などから、造形的なよさや美しさを感じ取り、創造的な工夫について考えたことを説明しあう活動を通して、自分の見方や感じ方を深める。

本題材における　指導と評価のポイント

❶ 自分の感覚を働かせ、独自の意味や価値を追究する姿を評価して指導に生かす

主題を生成するために必要な〔思考力、判断力、表現力等〕について、自分の感覚を働かせ、自分なりに捉えたイメージを追究するために、言葉で整理したノートへの記述や、図を用いたアイデアスケッチなどから評価して指導に生かす。

❷ 試行錯誤を重ねて表現方法を追究している姿を評価して指導に生かす

主題に迫るために必要な〔知識及び技能〕について、造形的な要素がもたらす効果を理解し、それらを活用し構成を考え、意図に応じて様々な技法を応用したり、創造的な工夫をしたりするなど、独自の表現を目指して試行錯誤する姿から評価して指導に生かす。

本題材における　学習の過程　　学習の過程における　指導と評価の一体化

音楽を聴いて感じたイメージから着想し、主題を見いだし、意図に応じた表現方法を追究しながら、独創的・創造的に表現する。

| 発想や構想　主題の生成 | 音楽を聴いて感じたイメージを基に主題を生み出し、表現に向けての構想を練る。 |

第一次 ❶
○導入の活動で、課題をつかみ、音楽を聴いて感じとったイメージなどを言葉にして書きとどめて、それらを基に主題を考えている姿や、形や色彩などの表現の効果を考慮しながらのアイデアスケッチなどへの表現から評価し指導する。

| 主題の実現に向けて、技能を活用する | 意図に応じた効果的な表現方法を工夫しながら、独創的・創造的に表現する。 |

第二次 ❶❷
○全体と部分のバランスを考え、確かめながら構成を練り、必要に応じて構成を練り直すなどしている様子を評価し指導する。
○自分の意図に合う表現方法を追究して、複数の方法を試し、より効果的な表現方法を追究している姿を評価し指導する。

| 自分の見方や考え方を深める鑑賞 | 表現の過程で感じたり考えたりしたことを相互に説明しあうことで、抽象的な表現についての学びを深める。 |

第三次 ❶❷
○自分の作品における創造的な工夫などについて説明したり、他者の作品から造形的なよさや美しさを感じ取り、表現の意図と創造的な工夫などについて考えたりする中で、観察された姿やノート等への記述から評価し指導する。

目指す生徒像

目に見えないものを表現するという活動を通じて、抽象的な表現への理解や考え方を深め、自身の感覚を大切にしながら、より効果的な表現を追究する、感性と知性を働かせた創造活動の喜びを味わうことのできる生徒。

美術科　中学校

題材で目指す生徒像の育成に向けてのポイント

「生きて働く〔知識及び技能〕の習得」に向けてのポイント

　個々の生徒の学習状況について、行動の観察や表現されていく作品やノートへの記述から、丁寧に評価することが大切である。そして個々の生徒の主題を把握し、表現の意図を十分に理解した上で、「知識・技能」として総括的な評価を行う。

　「知識」については、形や色彩が感情にもたらす効果を理解し、また構成において、直線・曲線・変化と統一・省略・強調などといった造形的な要素を考慮しながら、主題に迫るために意図に応じた効果的な構成を追究している姿を評価して指導に生かし理解を促す。

　「技能」については、材料や用具を適切に扱い、自分の意図に合う表現方法を複数の方法を試し、確認をしながら改良を加えるなど、より効果的な表現方法を追究している姿を評価して指導に生かし習得を促す。

「未知の状況にも対応できる〔思考力、判断力、表現力等〕の育成」に向けてのポイント

　音楽を聴くことをきっかけとし、そこから独創的に自分自身の意味や価値を見いだし、豊かに発想させることが大切である。導入の活動で題材のねらいを十分に理解させ、生徒自身が感じたこと、考えたことをノートに文字や図で表し、それらを基に主題を創出し、主題に迫るために必要な表現の試行錯誤の過程を評価し、指導に生かし〔思考力・判断力・表現力等〕を育むようにする。

　「発想や構想」については、ノートやアイデアスケッチへの記述や行動観察により、個々の状況を見極め適切な助言をする必要がある。抽象的な表現をしている多様な美術作品を参考に提示するなど、鑑賞の活動との連動を図ることも有用である。その上で、自分らしい表現を追究しようとする姿を評価して指導に生かし〔思考力・判断力・表現力等〕を育むようにする。

「学びを人生や社会に生かそうとする〔学びに向かう力、人間性等〕の涵養」に向けてのポイント

　生徒個々に寄り添い、独自の価値の創造を支え、成果主義に陥ることなく、表現する過程での姿を丁寧に評価して指導に生かすことが大切である。生徒自身が自分の表現を振り返り、確認しながら制作を進められるように、こまめにノートに記述させ、これを参考としてよりよい表現を追究しようとしている姿を捉えて評価し、指導に生かして〔学びに向かう力、人間性等〕を養うようにする。生徒によっては、表現の過程において確認・改良を繰り返すことで、必ずしも見通しどおりに制作が進まないことも想定される。何度も試行錯誤を繰り返しながら、改めて主題が明確になっていくことも、十分理解した上で、個々の学びの過程を個人内評価の視点をもって捉えていくことが重要である。

題材で目指す生徒像の育成に向けた授業の例

「MUSIC　IMAGE～音楽が見えるとき～」（上段：第1次 ⑴・⑵時）（下段：第2次）

1.　「音色」という言葉を一つのキーワードとし、音楽から着想したイメージを広げる。

〇自分自身の感覚を働かせ、独自の意味や価値を生み出す。
〇複数のアイデアを総合的に組み合わせ、新しい考えをまとめる。

【導入の活動】	【主題の生成】

「音色」を感じて表現する。
雰囲気の違ういくつかの音や音楽を聴き、それぞれ自分の感じたことを形と色彩に置き換え表現する。

この音から
私が感じたイメージは？

［用具準備の参考］
・簡易な描画材
・小さな画面（カード）

形は？
色彩は？
印象は？
構成は？

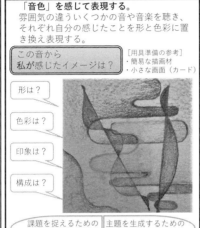

課題を捉えるための準備運動	主題を生成するための感性の柔軟体操

アイデアスケッチで構想を練る。
自分の表現したい音楽を聴き、自分が感じたことや考えたことを**言葉や図で表す。**➡【主題や制作意図を明確にする手立て】

【発想・構想の一例として】

音楽を聴いた時の印象は？ → 形や色彩などが、感情にもたらす効果を考えて発想・構想を練る（知識・技能）

音楽全体の流れがもたらす印象は？（全体：構図） → 全体と部分の関係などを考え、独創的で創造的な構成を工夫する（思考・判断・表現）

音楽の様々な音がもたらす印象は？（部分：構成要素）

知性と感性を働かせる

感じ取ったことや考えたことを基に、強く表したいことを心の中に思い描く。 → **主題を生み出す**

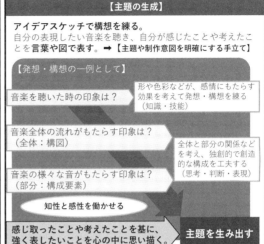

2.　アイデアスケッチを基に、自分の主題を大切にしながら、表現方法を工夫し、創造的に表現する。

※「曲線」「直線」「動性」「強調」「省略」「統合」等の造形に関わる言葉を意識する。

参考作品	※留意事項 ※音楽の選曲の条件（歌詞の無いもの） ※多様な表現方法を保証する（素材・用具の自由度保障：表現方法を試すことのできる条件整備）

素材：色紙・紙やすり・耐水ペーパー
描画材：色鉛筆、色ペン　他

【作品名】
「鼓動と熱と」
　一定の小刻みな音の連続が体に響く感じがして、**鼓動のように感じられた**ので、画面の右下の小刻みにした直線部分で表現をしました。**繰り返し続いていくようで終わらない雰囲気**を大切にしながら、そこから広がる**様々なイメージ**を、主に**曲線で形に表しつつ、直線的な構成**をしました。
（アストル・ピアソラ「リベルタンゴ」を聴いて）

【作品名】　「漂う枯葉、緩やかな流れに」
　画面下の赤い部分は、感情の塊のようなものが、川の流れの中で、丸身を持った形に削られていくようなイメージを表現しています。緩やかな曲線の流れに漂う枯葉のような形が踊るように、ちぎれるように通り過ぎていきます。
（レスピーキ「ローマの松」を聴いて）

例⑬

技術分野
中学校 1年

材料と加工の技術を評価して活用させよう！

1. 題材名「材料と加工の技術」を活用しよう～収納家具の作成を通して～

2. 題材で育成する資質・能力〈題材の評価規準〉

※（　）は学習指導要領の記号

知識・技能	思考・判断・表現	主体的に学習に取り組む態度
①材料や加工の特性等の原理や、技術の概念等を理解している。 ②製作に必要な図をかき、安全に製作ができる。	③材料と加工の技術に込められた問題解決の工夫について考えている。 ④問題を見いだして課題を設定し、解決の方法を構想、具体化、評価等について考えている。	⑤課題の解決に主体的に取り組んだり、振り返って改善したりして、技術を工夫し創造しようとしている。

3. 題材の指導計画

○指導に生かす評価　◎指導に生かすとともに総括としても生かす評価

次	時	○◎評価規準（評価方法）	・学習活動
第一次	1 2 3	○知識・技能①（学習シート） ◎思考・判断・表現③（学習シート）	・机やペットボトルなどの身近な製品に使われている材料について、触ったりにおいをかいだりしながらその特徴をまとめる。 ・目的に応じて加工の技術が様々に応用されている写真等を見る。その後、その技術の工夫されている点についてまとめる。 ・材料と加工の技術に関する歴史や先人の知恵が、現在どのように活用されているのかを調べてまとめる。
第二次	4 5 6 7	◎知識・技能②（設計図） ○思考・判断・表現④（学習シート） ○主体的に学習に取り組む態度⑤（学習シート）	・示された図形を等角図等にかき直し、修正したり寸法を記入したりする。 ・材料と加工の技術で解決できる、自分の生活での課題を明確にする。そして、その課題の条件等を整理する。 ・基本となる設計図を参考に、身の回りのものを収納する家具を設計する。
	8 ～ 15	◎知識・技能②（作品） ○主体的に学習に取り組む態度⑤（振り返りシート） ○主体的に学習に取り組む態度⑤（学習シート）	・設計図をもとに、収納家具を製作する。 ・製作過程を記録しつつ、より効率的な作業について考え計画を修正する。
第三次	16 17	◎知識・技能①（学習シート） ◎思考・判断・表現④（学習シート） ◎主体的に学習に取り組む態度⑤（学習シート）	・これまでの学習活動を振り返りながら、材料と加工の技術を生活でどう活用するか考える。 ・自分なりに考えた技術の活用方法について、話し合いを通して様々な視点から検討し意思決定し、発表したり提言をまとめたりする。

本題材における　指導と評価のポイント

❶ 身近な素材を基にして、「技術」との出会いを設定する

中学校1年生にとって、技術分野は初めて出会う教科である。そこでまずは身近な素材に活用されている技術を扱うことで、「技術とは何か」のイメージをもたせたい。例えば、学校の登下校で見つかる技術や、校舎や家庭などで普段活用されている技術などを紹介することで、生徒に技術のイメージをもたせる。

❷ 課題を設定しやすくするため、基本となる設計図を用意し修正させる

1年生の技術では、「技術を適切に選択できる力」を身に付けさせることが大切である。限られた指導時間内でねらいを実現させるためには、ある程度限定的な題材を用意する必要がある。例えばあらかじめ用意された設計図を修正させるような題材にすることで、生徒にとって取り組みやすく、また短時間でも効果的に資質・能力を育成できる。自由題材等は、3年生で取り組ませればよい。

本題材における　学習の過程

身の回りの技術に気付かせ適切に活用させることで、より広く技術を捉えられるようにするとともに、技術分野における資質・能力の育成を目指す。

技術の見方・考え方の気付き
材料と加工の技術が生活でどのように活用されているのか気付く。

課題の解決
身の回りの問題を課題化し、解決できる作品を設計、製作する。
完成した作品の相互評価を通して自分の作品の評価へと生かす。

生活への発展
今後、生活をよりよくするためには技術をどう活用していくか考え、自分なりに態度を表明する。

目指す生徒像

生活をよりよくするため、材料と加工の技術を活用して問題を解決しようとする生徒。

学習の過程における　指導と評価の一体化

第一次 ❶
○これまで無意識だった身近な技術に気付かせ、どう工夫されてきたのかその経緯を調べさせる。それら技術を自分の生活にどう生かそうとしているのかを評価し第二次につなげる。

第二次 ❷
◎卒業時までに身に付けさせたい資質・能力を踏まえ、本題材の規準を設定する。その上で、設定された条件等を踏まえて学習に取り組んでいるか、経緯や結果を評価する。
○製作を通して、技術の＋面と－面とのおりあいの付け方を考えさせる。

第三次 ❶
◎生活に技術をどう生かすかを、第一次や第二次からの流れを大切にしながら考えさせる。また、技術を評価する視点を広げたり、批判的に捉えたりできるように、相互評価等を取り入れる。

技術分野　中学校

題材で目指す生徒像の育成に向けてのポイント

「生きて働く〔知識及び技能〕の習得」に向けてのポイント

　技術分野で習得させたい知識や技能は、身の回りの技術に関する「知識」や作品製作のための「技能」とイメージされやすい。しかし、技術分野における「生きて働く〔知識及び技能〕」とは、各題材最後の「社会の発展と技術」の場面で活用できる〔知識及び技能〕であり、どのような資質・能力なのかを考えてから、題材全体の指導の流れを設定するとよい。

　ここで、技術は場面や状況によって光にも影にもなる。「生きて働く〔知識及び技能〕」のポイントは、＋面と－面の両面から技術を捉えられることである。例えば、本題材の第一次で「プラスチック」という素材を扱う場合、プラスチックの＋面として成形が容易であり安価であること、逆に－面では環境負荷が高いことというように、両面を理解させる。これにより、場面に応じて活用できる〔知識及び技能〕を習得させることができる。

「未知の状況にも対応できる〔思考力、判断力、表現力等〕の育成」に向けてのポイント

　技術は生徒にとって初めて学ぶ教科である。このことを踏まえて〔思考力、判断力、表現力等〕の育成に取り組みたい。つまり本題材のような中学校最初の技術の題材では、取り組みやすく、また解決しやすい難易度での題材を設定する。そして、題材の難易度を段々と上げていくことで、3年生の卒業時には未知の課題でも解決できる〔思考力、判断力、表現力等〕の育成が可能となる。

　難易度の調整方法の1つとして、題材の条件設定が挙げられる。例えば、過去の技術をそのまま活用して解決を目指すような本題材から、新たな技術を開発することで解決を目指す題材へと指導計画を組み立てることで難易度を上げることができる。その他、身の回りの課題解決から始まり、家庭や学校、社会と幅広い範囲での解決を目指すような方法も考えられる。このように、生徒の状況にあわせた適切な難易度の設定が大切である。

「学びを人生や社会に生かそうとする〔学びに向かう力、人間性等〕の涵養」に向けてのポイント

　〔学びに向かう力，人間性等〕は、1時間など短い時間では育成することが難しい資質・能力である。そこで、「生活や社会を支える技術」から「技術による問題の解決」「社会の発展と技術」と題材全体を通して意図的・計画的に涵養していきたい。それぞれの場面における指導方法について、本題材を例にすると、「生活や社会を支える技術」では校舎や家庭など身の回りの技術の紹介で生徒を驚かせて関心をもたせ、「技術による問題の解決」では収納家具の作成による問題解決の体験から技術を活用していこうとする態度を育て、最後の「社会の発展と技術」の場面では今後どうしていきたいかを自分なりに考え提言させる、などの内容が考えられる。題材を通して、生徒の感情を揺り動かしたり、冷静にこれまでの取組を分析させたりするような指導を心がけたい。

題材で目指す生徒像の育成に向けた授業の例

「社会の発展と技術」　（第3次　16・17時）

（T：教師の発言　S：生徒の発言）

第一次　「生活や社会を支える技術」

　T：みんなの机は木材でできているけど、どうしてかな？
　S：丈夫だから！
　T：では、なんで金属ではないんだろう？
　S：え～っと…………重さ？価格？環境？

★身の回りの技術は、それぞれの長所と短所を補いながら活用されていることに気づかせる。

第二次　「技術による問題の解決」

　T：ベルトサンダとかんな、あなたはどちらを使いますか？
　S：僕は、効率のよいベルトサンダを使います！
　T：環境面を踏まえると、どうかな？
　S：う～ん…

★技術の長所と短所を踏まえさせながら、技術を活用させる。

これまでの活動を基にして…

第三次　「社会の発展と技術」

思い出し

製作を通して、どのようなことを感じましたか？

場面の応用

今回製作した「収納家具」と、「カラーボックス」や「その他の家具」を比較しながら、長所と短所をまとめよう

家具を選ぶ時、どのようなことに気をつけますか。理由とともにまとめよう

家具の選び方について大切なことを、グループごとにまとめよう
→学級で発表しよう

意思表示

家具以外で、「材料と加工の技術」が活用されているものをたくさん挙げよう

「材料と加工の技術」を活用する時、あなたはこれからどのようなことに気をつけますか。理由とともにまとめよう

技術分野　中学校

ストーリーとの出会いから、自分の言葉で語るまで

1. 題材名　Unit1「Tina's speech」
　　　　　　Unit2「Nick helps a dog」

2. 題材で育成する資質・能力を踏まえた評価規準

※（　）は学習指導要領の記号

知識・技能	思考・判断・表現	主体的に学習に取り組む態度
①過去形が使用されている教科書本文を聞いたり読んだりして、ストーリーの概要をとらえている。 ②日常的な話題について、事実や自分の考えなどを整理し、話したり書いたりすることができる。	③相手にストーリーの概要を伝えるために、簡単な語句や文を用いて、ストーリーの内容を即興で伝えあっている。	④相手にストーリーの概要を伝えるために、簡単な語句や文を用いて、ストーリーの内容を即興で伝えあおうとしている。

3. 単元(又は題材)の指導計画　○指導に生かす評価　◎指導に生かすとともに総括としても生かす評価

次	時	○◎評価規準 （評価方法）	・学習活動
第一次	1 2 3 3 4 5 6	○知識・技能①（行動の観察） ○知識・技能②（授業用ノート）	・毎時間の授業前半で、1年生で習得した知識や表現を活用して、トピックトークと3分間ライティングを行う。 （主なトピック：好きな音楽、スポーツ、本、余暇にすること、いつもの朝ごはん等） ・Unit 1のストーリーの音声を何度も聞きながら、絵を並べ替えたり、音声に合わせて一緒に言ってみたりする活動を行う。 ・Unit 2のストーリーの音声を何度も聞きながら、絵を並べ替えたり、音声に合わせて一緒に発話してみたりする活動を行う。
第二次	7 8 9 10 11 12 13 14	○主体的に学習に取り組む態度④（行動の観察）	・毎時間の授業前半で、1年生で習得した知識や表現を活用して、トピックトークと3分間ライティングを行う。 （主なトピック：昨日あったできごと、今朝あったできごと、最近あったできごと） ・Unit 1とUnit 2のストーリーの概要を、英語で話しながら思い出す活動をする。 ・Unit 1とUnit 2の新出単語を確認、発音練習を行い、音読を様々な方法で、数多く行う。教員との練習、個人練習、ペアでの練習、パートナーチェックなど多岐にわたる方法で、語彙・表現のインプットになるようにする。
第三次	15 16 17 18 19 20 21 22	○主体的に学習に取り組む態度④（行動の観察） ◎思考・判断・表現③ （行動の観察、パフォーマンステスト） ◎知識・技能②（定期テスト）	・毎時間の授業前半で、1年生で習得した知識や表現を活用して、トピックトークと3分間ライティングを行う。（主なトピック：教科書のストーリーにちなんだもの） ・Unit 1とUnit 2のストーリーを、自分の使える英語で説明することに、何度も挑戦する。話す活動を十分に行った後に、ノートに話した内容を書く。

本単元における　指導と評価のポイント

❶ 日常的に行う即興のトークとライティングを通して、資質・能力の向上を図る

第一次から第三次を通して、毎時の授業の前半で、即興性を重要視したトークを行う。この場面では、使用している英語の文法的な正確さよりも、話すことや書くことの量や内容の豊かさを大切にするよう指導する。授業用ノートを定期的に点検する際にも、新出の表現の定着ではなく、１年生で習得した表現の定着を確認する。

❷ 教科書のストーリーに繰り返し触れ、使える英語のデータバンクを増やす

英語の運用力や即興性を高めていき、ひいては自分の話す英語や書く英語の正確性を上げていくために、インプットとして教科書のストーリーを繰り返し使用することは重要である。ストーリーに親しみながら、語彙や表現、その使用場面などを身体にしみこませていくように繰り返し学習する。

本単元における　学習の過程　　学習の過程における　指導と評価の一体化

英語における資質・能力を育成するために、単元を通して、習得した知識や表現を活用する場面と新出事項を定着させる場面をバランスよく設ける。

第一次 ❶ ❷
○即興でトピックトークを行うことで、間違いを恐れない耐性と、相手に伝えることの楽しさを体験する。
○教科書のストーリーの内容そのものを純粋に楽しみながら、繰り返し音声のインプットを行う。

（毎時）トピックトーク　３分間ライティング

教科書のインプット①
言葉の習得順序に合わせて、ストーリーを音声のみで徹底的に味わう。

第二次 ❶ ❷
○即興でのトークやライティングの中で、教師の即興での指導を通して、過去に身に付けた語彙や表現を駆使し、少しずつ情報量を上げていく。
○音読チェックの実施などを通して、教科書からのインプットの精度を高め、さらに練習する意欲をもつ。

教科書のインプット②
音読や書き写しを通して、文字と音と場面の一体化をはかる。

自分の言葉でアウトプット
これまで親しんできた教科書のストーリーを、自分で語る、又は書く。

第三次 ❶ ❷
○即興でのトークの内容面での魅力を高め、相手に伝える楽しさを味わう。
◎自分の言葉で話す、または書く英語を観察、ノート点検、テストなどの評価を受けて、さらに表現力を高める。

目指す生徒像

主体的に題材に親しみ、粘り強く練習をしながら、言葉や異文化を理解・習得しようとする生徒。インプットした材料を駆使し、英語での自己表現に、意欲をもって挑戦する生徒。

英語科　中学校

題材で目指す生徒像の育成に向けてのポイント

「生きて働く〔知識及び技能〕の習得」に向けてのポイント

　授業の後半で行う、教科書のストーリーを繰り返し使用する活動を通して、〔知識及び技能〕の習得を目指す。羅列された語彙や文法、表現を機械的に覚えることに終始しても、生きて働く〔知識及び技能〕は身に付かない。教科書の登場人物やシチュエーション、場面に応じたセリフなどを楽しみながら、フレーズを丸ごと自分の英語のデータバンクにしていくイメージが大切である。

　繰り返し教科書に親しんでいく中で重要なことは、生きた言葉を習得する順序である。聞く→（話してみる）→聞く→文字と一致させる→音読→（話してみる）→音読→（書いてみる）→話す→書く　というように、テンポよく粘り強く指導することで、生徒がたくさんのインプットを取り込み、後に少しずつアウトプットにつながっていくことがポイントである。

　状況が許すなら、このサイクルは教科書の1Unitごとではなく、いくつかのUnitのストーリーをまとめて、あるいは教科書1冊全部のUnitのストーリーをまとめて回していくのが望ましい。

「未知の状況にも対応できる〔思考力、判断力、表現力等〕の育成」に向けてのポイント

　日常的に使うことが多くない外国語を学ぶ中で、〔思考力、判断力、表現力等〕を育成するには、[1]「新出事項を定着させるために粘り強く練習し習得する場面」と[2]「過去に習得した知識や表現（最近出会った表現ではなく、何か月も前から繰り返し触れて慣れてきた表現）を活用する場面」のバランスが重要である。

　授業が[1]に偏ると、新しい知識や表現が身に付いたとしても、それを思考し判断しながら使ってみる機会がなく、英語の運用能力を上げるには程遠いものとなる。[2]に偏ると、生きた言葉を使う機会はあっても、さらなる知識の習得や、使っている言葉の正確さを上げる機会が足りず、慣れた表現だけの安易な多用にとどまってしまう。

　両方の場面を、テンポよく織り込みながら授業をすることを心がけたい。

「学びを人生や社会に生かそうとする〔学びに向かう力、人間性等〕の涵養」に向けてのポイント

　数々の研究の成果からも明らかなように、外国語を習得することはとてつもなく時間がかかることであり、たくさんの段階を経て、少しずつ定着していくものである。そして言葉の習得は、それそのものが自己の理解、他者の理解、異文化への理解、コミュニケーションにつながり、人の人生を豊かにするものであると言える。

　学校教育の中で、言葉の習得を目指すためには、他者への意識の向上が求められる。授業で生徒・教師がお互いに間違いを恐れない雰囲気になるよう心がけ、ペアワークでも聞き手の態度の大切さを知らせるなど、〔知識及び技能〕だけではない「学びの楽しさ」を伝えられる授業を目指すことで、外国語を主体的に学ぶ態度の涵養を図りたい。

題材で目指す生徒像の育成に向けた授業の例

「【授業前半】トピックトーク」　　　　　　　（第3次 19〜22時）

Do you want to have a pet?

↑後半で扱うストーリーと関連のあるトピック

I like dogs. I want to have a dog.
I want to take care of the dog.

ペットは飼ってないし興味ないけど、おばあちゃんの家の金魚の話しようかな？

1年で習得した知識や表現を駆使して、自分の話を広げていく体験を毎時間行う。下線部にあるように、その時練習している題材から新しい表現を使ってみる様子も見られる。

「【授業後半】お話を自分の言葉で話そう！」　　（第3次 19〜22時）

One day, Nick and Taku…walking along the river with Goro. Then Goro found the dog. He was…small and…hurt. He can't walk.

そうか、出だしに One day, とか使うのいいなあ。次使ってみよう。

第1次 4,5,6 で親しみ、第2次 11,12,13,14 で練習した題材を、自分の言葉で説明することにチャレンジする。音読で習得した表現そのものと、日々前半に行っているトークで培った表現を駆使して、チャレンジする姿が見られる。

英語科　中学校

理科
高等学校 **2**年

未知の化合物の構造を明らかにしよう！
～酸素を含む脂肪族化合物の性質から化合物を同定する～

1. 単元名 「酸素を含む脂肪族化合物」

2. 単元で育成する資質・能力を踏まえた評価規準

※（ ）は学習指導要領の記号

知識・技能	思考・判断・表現	主体的に学習に取り組む態度
①酸素を含む脂肪族化合物の分類と性質、官能基と反応性の関係性、有機化合物の相互の関係性について理解し、知識として身に付けている。 ②観察・実験に必要な操作や記録など、観察・実験に必要な技能を身に付けている。	③仮説を立てたり結果を予想したりして検証の方法を計画し、観察・実験を行い、結果を考察し、酸素を含む脂肪族化合物の化学式や構造を判断・決定して他者に論理的に説明している。 ④官能基の性質や反応性が構造と関連していることを見いだし、与えられた情報から、構造異性体を列挙・分類ごとに判断し、構造を決定している。また、構造異性体や光学異性体を論理的に考察している。	⑤酸素を含む脂肪族化合物の構造や性質、反応性に関する観察・実験に見通しをもちながら主体的に取り組むとともに、探究を振り返り、自らの学習の状況を把握し自身の学習を調整し、身近な有機化合物に関心を持ち、関連付けて調べたり、探究したり、他者と協力して課題を解決しようとしている。

3. 単元の指導計画　　○指導に生かす評価　◎指導に生かすとともに総括としても生かす評価

次	時	○◎評価規準 （評価方法）	・学習活動
第一次	① ②	◎知識・技能① （記述の内容）	・アルコールとエーテルの分類や命名法、性質を学び、それぞれの違いを比較して反応性の違いや有機化合物の構造異性体の組合せを考え、同定の方法を理解する。
第二次	③ ④ ⑤ ⑥	○知識・技能② （ノートの分析、振り返りの確認） ◎思考・判断・表現③ （レポート） ○主体的に学習に取り組む態度⑤ （行動の観察）	・アルデヒドやケトンの代表的な化合物の性質、種類や命名法、反応性を理解する。 ・アルデヒドやケトンと銀鏡反応、フェーリング液の還元、ヨードホルム反応とを関連付ける。 ・アルコールとアルデヒドの実験（A）（B）を行う。 （A）アルコールの酸化反応 （B）アルデヒドのフェーリング反応 ・未知の有機化合物 $C_4H_{10}O$ を同定する実験を計画し、グループで実験方法を話し合って実施する。結果を分析した上で新たな仮説を見いだし、同定ができるまで実験を行う。実験後に仮説から検証までを整理し、他者に分かりやすいように説明し、レポートを作成する。
第三次	⑦ ⑧	○知識・技能① （行動の観察、記述の内容） ○思考・判断・表現④ （記述の内容）	・カルボン酸の構造や分類、性質、反応性について学ぶ。 ・ジカルボン酸の性質と鏡像異性体とを関連付けて理解する。
第四次	⑨ ⑩ ⑪	◎主体的に学習に取り組む態度⑤ （記述の内容）	・エステルと油脂の構造や製法、性質、反応性について第一次から第三次までの内容や実験と関連付けて学習する。 ・セッケンの製法や反応、性質について学ぶ。

本単元における　指導と評価のポイント

❶ 〔知識及び技能〕の習得と自己の学習状況の把握・調整

単元全体を通して前次の内容を復習しながら学習を進めることで、有機化合物の反応や性質の関連を意識するとともに、基礎的な〔知識及び技能〕を定着する。さらに、授業内での前次の復習や毎回の一人一人の学習の振り返りから実現の状況を見える化し、自らの学習を調整できるようにするために指導と評価の一体化を図る。

❷ 探究の過程を通じた探究や社会の形成者として必要な資質・能力の育成

第一次では観察・実験に必要な基本的な〔知識及び技能〕を習得する。第二次では、第一次で習得した〔知識及び技能〕を基に構造の仮説を立て、科学的な探究への見通しをもち構造を絞り込むための実験を計画し、実験の結果からさらに構造を絞り込むために仮説を立てる。つまり、仮説→計画→検証→分析→仮説→計画の繰り返しを行うことで、探究的な過程を経て課題を解決していく力やこれからの社会に必要な資質・能力の育成を図るための指導と評価の一体化を図る。

本単元における　学習の過程

酸素を含む脂肪族化合物に関する基本的な知識・技能を習得し、与えられた有機化合物の構造を決定したり、性質や反応性を科学的に探究したりする。

知識・技能の習得
酸素を含む脂肪族化合物の基本的な知識・技能を習得する。

知識・技能の活用
習得した知識・技能を活用して、与えられた未知の有機化合物の構造を決定する。

学習状況の振り返りと自己の学習の調整
自己の学習を振り返り、学習の状況を確認するとともに、今後の学習の調整に生かす。

目指す生徒像
様々な課題に対して見通しをもって仮説・計画・検証を行い、習得した〔知識及び技能〕を活用して演繹的に情報を分析し探究していくとともに、日々の学習を振り返り、常に向上しようとする生徒。

学習の過程における　指導と評価の一体化

第一次 ❶
◎アルコールとエーテルの基本的な知識・技能の活用を促し、記述内容から習得の状況を評価するとともに、生徒にフィードバックして、後の学習活動に生かすことができるようにする。

第二次 ❶❷
◎未知の有機化合物を同定する探究的な活動において、第一次で習得した知識・技能の活用を促し今後の学習の調整に生かすとともに、仮説を立て実験の計画を立案したり、結果を思考し結論の妥当性を判断したり、他者に論理的に過程を説明したりする活動を通して、思考力・判断力・表現力を引き出して評価する。

第四次 ❶
◎単元を通して学んだ内容を振り返ることで、主体的に学習に取り組む態度を引き出し、学習の状況を把握し今後に生かす。

理科　高等学校

175

単元で目指す生徒像の育成に向けてのポイント

「生きて働く〔知識及び技能〕の習得」に向けてのポイント

　理科で習得する知識や技能は、科学的な探究において、単に知識を再生するのではなく、課題の解決のために活用できることが大切である。そこで、本単元ではまず有機化合物の基本的な知識や実験の技能を習得した上で、未知の化合物の同定を通してそれらを応用する論理的・演繹的な思考を身に付ける。これらを通して、個々の知識や技能を単なる点の集まりではなく論理的につながった概念として理解することを目指す。またこの過程で何をどこまで理解しているのかを自ら把握し補うような学習活動をすることで、新たな課題を見いだし科学的に探究する力や科学的に探究しようとする態度を養う。

「未知の状況にも対応できる〔思考力、判断力、表現力等〕の育成」に向けてのポイント

　科学的な探究を通して課題を解決するには、まず課題に対して仮説を立て、仮説に応じた適切な検証方法を立案する必要がある。さらに検証実験の結果を整理し分析するためには、一連の実験結果を比較したり、知識と関連付けたりしながら思考しなければならない。また、実験の流れや結果等を端的に表現することも重要である。そこで、仮説―検証―考察が論理的に接続されているか、またフローチャートやポンチ絵等を使って視覚的に見やすい工夫がなされているかに注意して指導する。パフォーマンス課題を通して、「課題の把握→仮説の設定→検証方法の検討→結果の予想→結果の分析・考察→他者への説明」という探究の流れを指導することで、生徒が自ら道筋を立てて課題解決する。このように理科において、〔思考力、判断力、表現力等〕を育成することで、これからの社会において、予測が困難な状況や想定外のことに対して対応できる社会の形成者の一員となることを願っている。

「学びを人生や社会に生かそうとする〔学びに向かう力、人間性等〕の涵養」に向けてのポイント

　本単元だけでなくすべての単元において、他者と話し合ったり振り返ったりする機会を設定している。そして、他者と話し合うことで、自分の特性に気が付き、互いに異なる考え方を認めながら特徴を生かし合い、科学的に探究的する学習活動に向き合う機会や環境をつくるようにしている。学習の振り返りでは、スモールステップで確認することで自身がどこでつまずいたのか明確化するとともに、学習の状況を把握することで何が足りないのかを内省し、今後の学習や生活に生かすよう促す。さらに、化合物が実社会で活用されている例を紹介することで、有機化合物の性質や構造を学ぶことの意義を理解し、今後の学習や生活、進路に生かせるよう工夫している。そして、探究的な活動や協力して学習を進める経験の蓄積を通して、自己肯定感、自己有用感や実社会・実生活に貢献しようとする態度を養うことで、年間を通して〔学びに向かう力、人間性等〕を涵養するようにしている。

単元で目指す生徒像の育成に向けた授業の例

高2 化学	単元：酸素を含む脂肪族化合物　第6時「$C_4H_{10}O$の同定実験」 目標：エーテルとアルコールの特徴をおさえて、未知の化合物の同定をする。

課題の把握

課題の提示

【パフォーマンス課題】

A研究所から薬品と資料が送られてきた。資料には、元素分析によって「$C_4H_{10}O$」であると示されていた。今回、みなさんにはこの物質がどのような構造をした何であるかを調査し、結果を分析して報告書を作成し、A研究所に報告してほしい。

B高校の研究員への依頼状

今回はB高校の研究員のみなさんに有機化合物の構造を調べていただきたくご連絡いたしました。機化合物の元素分析よりC〇ことが判明 $C_4H_{10}O$

S「まずは構造を全部書き出してみようよ。」

T「そうですね。さらに、その中でいくつかのグループに分類し、みんなで共有してみよう。書いた化合物で、分かる範囲で性質も書きこんでおきましょう。」

知識・技能の活用・情報整理・仮説の設定

情報整理と提供・思考の交流・検証実験の指示

| アルコール | Naと反応する | | エーテル | Naと反応せず |

第一級アルコール 酸化されると アルデヒドになる → アルデヒドは還元性を示す
【 1-ブタノール 】　【 2-メチル-1-プロパノール 】

H-C-C-C-C-O-H

H-C-C-C-O-H　H-C-H

第二級アルコール 酸化されると ケトンになる → ヨードホルム反応を示すものもある
【 2-ブタノール 】

H-C-C-C-C-H　O-H

第三級アルコール 酸化されにくい
【 2-メチル-2-プロパノール 】

H-C-C-C-H　O-H　H-C-H

【 ジエチルエーテル 】

H-C-C-O-C-C-H

【 メチルイソプロピルエーテル 】

H-C-O-C-C-H　H-C-H

【 メチルプロピルエーテル 】

H-C-O-C-C-C-H

検証の計画

S（有機化合物の構造を決定するためには、まずアルコールかエーテルかを実験から判断し、得られた結果を考察して、さらに絞っていきたいな）

分析・考察・整理

考えの共有・補足

S「まずエーテルかアルコールかを判断するためにNaの反応性を実験します。結果の予想では、Naと反応すればアルコール、反応しなければエーテルです。」

S「Naと反応したので、アルコールです。3つにまで構造異性体を絞れました。次に、第三級アルコールかどうかを酸化のしやすさから判断したいです。」

T「酸化のしやすさの比較のために第一級アルコールを用意しました。」

S「硫酸酸性過マンガン酸カリウムで酸化させると、第一級アルコールと比べて酸化しにくいなぁ。ということは、この物質は2-メチル-2-プロパノールです。」

T「仮説や実験の計画、結果の整理、分析・考察、構造の決定をそれぞれまとめて報告書を作成しましょう。」

理科

高等学校

研究テーマは身近なところに眠っている

1. 単元名「見いだした問題から研究テーマ（課題）を設定して実験方法を立案することを学ぶ」

2. 単元で育成する資質・能力〈単元の評価規準〉

※（　）は学習指導要領の記号

知識・技能	思考・判断・表現	主体的に学習に取り組む態度
①身の回りの事象から感じた疑問・違和感と研究テーマ（課題）のつながりと研究につながる疑問・違和感とはどのようなものかを理解している。 ②疑問・違和感から明らかにしたいことを明確にする方法と意味を理解している。	③小・中学校からこれまでに様々な教科で学習した見方・考え方を働かせ、身の回りの事象から感じた疑問・違和感から明らかにしたいことを明確にしている。	④身の回りの事象から感じた疑問・違和感について、それらを明らかにする方法と意味を理解したり、明らかにしたいことを明確にしたりすることについて、粘り強く学習の進め方を工夫しながら取り組もうとしている。

3. 単元の指導計画

○指導に生かす評価

次	時	○評価規準（評価方法）	・学習活動
第一次	1 2 3	○知識・技能① （テキスト） ○思考・判断・表現③ （発表の内容）	・写真を使用して、身の回りの事象から感じた疑問・違和感が研究テーマとつながること、研究テーマにつながる疑問・違和感とそうでない疑問・違和感があることを学習する。 ・身の回りの事象から感じた疑問・違和感から、明らかにしたいことを明確にする方法と意味を学習し、実際の植物を使用して生徒自身が明らかにしたいことを明確にする。そして、明らかにしたいことを軸にして生徒が自分で考えた生育実験を行い、他者に発表する。
第二次	4 5 6	○知識・技能② （テキスト） ○思考・判断・表現③ （発表の内容）	・実験方法を検討する上での注意点や考え方を学習する。そして、一枚の写真から感じた疑問・違和感から明らかにしたいことを明確にし、それを解明できる適切な実験方法はどのような方法なのかを検討する活動をいくつも行う。 ・ビジュアルプログラミング言語を使用し、アルゴリズムの考えを使用して実験手順を考えることが有効であることを学習する。
第三次	7	○主体的に学習に取り組む態度④ （行動の観察・発表の内容）	・これまでの活動を通して、身の回りの事象から感じた疑問・違和感から今の自分が行いたい研究テーマと実験方法、そしてその研究が社会にどのように寄与するのかを生徒一人一人が提案し、他者に発表する。

本単元における　指導と評価のポイント

❶ 育成したい資質・能力を明確にして探究に関する資質・能力を育成する

内容の規定がない総合的な探究の時間において、本単元では課題研究に関して育成したい資質・能力を明確にして、探究に関する資質・能力の育成を図る。また、生徒と共有することで、それを生かした学習活動としての自己評価や相互評価を行うことができるようにすることで、探究に関する資質・能力を育成する。

❷ 評価を指導に生かすとともに生徒の自己評価から学習の改善を促す

指導に生かす評価を通して授業改善を図るとともに、必要に応じて生徒にフィードバックして学習の改善を促す。また、生徒が、学習の節目において自らの学習を振り返り、自らの学びを調整しながら粘り強く学習の進め方を工夫しながら取り組むことができるように指導に当たる。

本単元における　学習の過程　　学習の過程における　指導と評価の一体化

感じた疑問・違和感から研究テーマ（課題）や実験方法を設定する活動を繰り返し行うことで、生徒一人一人が自分の力で課題研究に取り組めるようにする。

第一次 ❶ ❷
○感じた疑問・違和感は多様であると伝え、多くの記述や発言ができるよう促し、テキストの記述内容やディスカッションの姿勢など授業の取り組み方について評価して指導する。

問題を見いだす・研究テーマ（課題）の設定
小・中学校からこれまでに学習した見方・考え方を働かせ、問題を見いだすことの重要性を再認識して、自分の感じた疑問・違和感から検証したいことを明確にする。

第二次 ❶ ❷
○明らかにしたい要因を検証できる実験方法や考え方を指導し、授業で学習した知識を使用して実験を適切に設定していたかを評価して指導に生かす。

検証方法の追求
感じた疑問・違和感から検証したいことを明確にし、それを検証できる方法を設定する。

第三次 ❶ ❷
○研究テーマ、実験方法、社会とのつながりなど発表に必要なものを指定し、その内容が適切に発表されていたかを評価して指導に生かす。

探究の過程の実践
感じた疑問・違和感から自らの力で研究テーマを定め、それを解決できる実験方法を説明する。

目指す生徒像

身の回りのものに抱く疑問や見いだした問題から研究テーマ（課題）を設定し、それを解決することができる科学的な実験方法を立案できる生徒。

総合的な探究の時間

高等学校

単元で目指す生徒像の育成に向けてのポイント

「生きて働く〔知識及び技能〕の習得」に向けてのポイント

　生徒の課題研究でよくできている研究は、身の回りから感じた疑問・違和感から始まり、明らかにしたいことを明確にしている。また、課題研究を一人で行った経験の少ない高校生が、課題研究の知識・技能を習得するには「何をすればよいのか」「何ができるようになったのか」をまずは実感させる必要がある。そこで本単元では、単元全ての授業に、「疑問・違和感」という言葉を用いて導入を行い、常に「疑問・違和感」を意識できる工夫をしている。授業の展開においては、生徒自身が「何をすればよいのか」・「何ができるようになったのか」を実感できることに重点を置き、「まずは自分でやってみる（素の自分の力を認識）」→「知識・技能を習得（知識・技能の向上」→「また自分でやってみる（知識・技能の活用）」→「学んだことを忘れないようにする（学びの保存）」という流れで行う。習得した知識や技能を繰り返し活用するなど、習得すべき知識や技能を活用する機会を多くし、「できた」を経験することで成長を実感できるようにする。

「未知の状況にも対応できる〔思考力、判断力、表現力等〕の育成」に向けてのポイント

　小・中学校の理科の授業では「比較する」「関係付ける」「条件を制御する」など、これまで様々な教科で探究に必要な見方・考え方を働かせることを行ってきた。高校で行う課題研究では、それらを生かし自らの力で「問題の発見」、「課題の設定」などを行い、生徒の探究に関する資質・能力を更に高める必要がある。そのため、授業の課題はグループでなく、生徒一人一人が課題を取り組む。また、未知な課題を解決するには、広範かつ複雑な事象を多様な角度から俯瞰して捉えることが求められる。そのために、教科・科目等横断的な情報活用能力や問題発見・解決能力を高めるのが有効である。本単元の授業では、ディスカッションや課題に対しての生徒間での発表を行う際に、生徒間だけでなく様々な教科の教員や外部講師である大学の教員、大学院生などもディスカッションや質疑応答に加わり、探究に関する資質・能力を高められるような助言を受けられるようにしている。このような工夫を通し、生徒自らの力で未知なる課題に挑めるようにする。

「学びを人生や社会に生かそうとする〔学びに向かう力、人間性等〕の涵養」に向けてのポイント

　授業で行う課題は身近なものの写真から疑問・違和感を見いだしていく。このように身近なものを対象とすることで、社会とのつながりを意識させ、学習の有用感を実感できるようにしている。また、生徒一人一人が課題を取り組むことで、一人一人の資質・能力を育成するようにしている。また、課題を自分のこととして取り組めるようにすることで、主体的な学習になるようにしている。この二つを軸に授業を行い、身近なものから問題を見いだし課題を設定することで、課題研究の進め方を学ぶとともに探究しようとする態度を養う。そして、自分の課題研究を自分の力で進められるようにする。

単元で目指す生徒像の育成に向けた授業の例

> 「研究テーマにつながる疑問・違和感」　　　　　　　　　　（第1次 1 時）
>
> 課題：「写真から研究テーマにつながる疑問・違和感をあげることができるか？」

step 1
素の自分の力を認識

課題1
いろいろな羽の写真を表示しますので、それらを比較して感じた疑問・違和感を沢山あげてください。

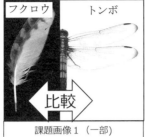

フクロウ　　　トンボ

比較

課題画像1（一部）

> S1:25個見つけました。例えば「鳥類の羽の縞々はどのように色がついているんだろう。」です。

---

step 2
知識・技能の向上

疑問・違和感には2種類ある
・オープンな疑問・違和感
・クローズな疑問・違和感

> T:あげてもらった疑問・違和感にはテーマにつながるものとそうでないものに分かれます。

オープンな疑問・違和感	クローズな疑問・違和感
→説明を必要とするもの	→はい・いいえ、ないしは一つの単語で答えられるもの
例：なぜトンボは高速移動やホバリングができるのだろうどうか？ 羽についているしましまはどのように色がついていくのだろうか？	例：ハトの羽があったのはどこか？ いつの時期に撮った写真なのか？ この羽は何か？

授業スライド（一部）

＊参考資料：『たった一つを変えるだけ　クラスも教師も自立する「質問づくり」』
ダン・ロススタイン、ルース・サンタナ、吉田新一郎訳、新評論

---

step 3
知識・技能の活用
（課題1より難易度を高める）

課題2
今度はより身近な写真を表示します。先ほど学習したオープンな疑問・違和感を沢山あげてください。

課題画像2（浴室の天井）

> S2:5個見つけました。例えば、「水滴が密集しているところ過疎な部分があるのはなぜだろうか。」です。

---

step 4
学びの保存

＊講義の記録や探究シートが記載されている授業テキストに授業での学習を残すことで、いつでも学びの軌跡を振りかえられるようにしている。

講義記録　　日付_____　講師氏名_____ ※図やイラストを用いて、振り返ったときに見やすい講義記録にしよう。	疑問・違和感探し　（探究シート） 演習1　探した個数_____個

授業テキスト（一部）

総合的な探究の時間　高等学校

例⑰

自立活動

中学校 **通**級

LD を乗り越え、学習の本質にアクセス

1. 単元名「LD の受容と適応（読み書き障害の場合）」

2. 単元で育成する資質・能力〈単元の評価規準〉

※（ ）は学習指導要領の記号

知識・技能	思考・判断・表現	主体的に学習に取り組む態度
①自分の障害特性を補うツールを知り、利用している。 ②ツールをよりよく活用するための技能を身に付けている。	③学習内容を理解し、ツールや代替手段を活用できる場面を考えている。 ④学習参加が可能となる合理的な配慮を求めることができる。	⑤ツールや代替手段を活用して、学習活動や日常生活をより豊かにしようとしている。

3. 単元の指導計画　　○指導に生かす評価　◎指導に生かすとともに総括としても生かす評価

次	時	○◎評価規準（評価方法）	・学習活動
第一次	1 2 3 4	○知識・技能① （行動の観察、教育相談、ワークシートなど）	・学習において、例えば、「読む」「聞く」という認知活動は、主に情報を取得するためのものであり、「書く」「話す」という活動は逆に情報を発信する役割があるといったことを質的に理解する。 ・「読む」「書く」が苦手なことによって、どのような学習活動に参加できていないのかを分析的に考える。
第二次	5 6 7 8	◎思考・判断・表現③ （行動の観察、教育相談など）	・自分が学習活動に参加できていない理由を認知の側面から考え、別の方法で情報の取得、発信の可能性を考える。 ・PC の読み上げ機能や音声入力を体験し、学習に活用できるツールがいろいろあることを体験する。 ・例えば、「紙の辞書をひく」「鉛筆でノートをとる」という学習活動にはどのような意味があるのかを知り、同質の学習活動に相当する代替機能を考える。
第三次	9 10 11 12	◎知識・技能② （行動の観察、実技、ワークシートなど） ◎思考・判断・表現④ （行動の観察など） ◎主体的に学習に取り組む態度⑤ （行動の観察、教育相談など）	・例えば、PC にスムーズな入力ができるように、ローマ字の習得をしたり、特殊なキーの使い方を知ったりするなど、自分が身に付けたい技能を、よりよく活用するための練習を行う。 ・例えば、数学では PC 入力は時間がかかるため、解答用紙を拡大したり、時間延長したりすることが合理的である。このように、場面によってどのような方法が有効かを客観的に判断する目安を考える。

本単元における　指導と評価のポイント

❶ 何に力を注ぐと将来に生きるかを意識した指導

読み書きの困難があるからといって、頑張って少しでもできるようになろうとする指導では、障害である以上あまりにも本人の負担が大きい。同じ努力を強いるのであれば、代替機能の習得に力を注いでいく。学習方法は周囲と異なっても、結果として内容が理解できることにつながるよう指導と評価を行う。

❷ 自分の状態と要望を他者に伝えられる力を育てる指導

せっかく学びの本質にアクセスするために様々なスキルを身に付けても、一般社会においては周囲との関係が障壁になることもある。自分の状態と要望を他者に正しく伝えることができ、合理的な配慮を受けることで、自らの能力を発揮するように育てるための指導と評価の一体化を図る。

本単元における　学習の過程　　学習の過程における　指導と評価の一体化

「読む」「書く」など基本的な学習スキルの困難さを、工夫によって乗り越え、本質的な学習にアクセスしていく。

第一次 ❶
○読み書き障害は周囲に理解されにくいため、知らず知らずのうちに学習の遅れを招いてしまうことが多い。まずは自分の状態を正しく理解し、克服に向けての正しい道筋を理解できるように指導する。

| 自己を理解する | 自分の障害特性を理解し、克服への道筋を考える。 |

第二次 ❶
◎代替機能を身に付けることで学習参加が保障され、周囲と一緒に学べることを理解する。合理的な配慮とは、あくまでも本人の学習機会の確保であり、決して評価規準を変更することではないことを念頭に指導と評価の一体化を図る。

| 技能を身につける | 適応への工夫や、代替機能を身につけ、学習参加を可能にする。 |

第三次 ❶ ❷
◎学びを進めていくためには、代替機能をよりよく活用できる技能と、それによって学びの本質にアクセスする意欲が必要である。さらに、合理的な配慮を求めることで、能力が最大限に発揮できるようになることを目指す。

| 日常生活に生かす | 学習や日常生活をよりスムーズにするため、身に付けた技能を活用したり、周囲に配慮を求めたりする。 |

目指す生徒像

「読む」「書く」といった学習の基本スキルの苦手さを理解し、それと同質の目的が達成できる代替機能を身に付け、学習活動や日常の生活をより豊かにできる生徒。

自立活動　中学校

単元で目指す生徒像の育成に向けてのポイント

「生きて働く〔知識及び技能〕の習得」に向けてのポイント

　ひと口に学習障害といっても、一人一人の困難さの状況は異なる。自分がどのような苦手さを抱えていて、どのように補うと学習が進められるかを理解した上で、その技能を身に付けるようにしたい。

　読字困難な生徒に対しては、テストにルビを振るといった「合理的な配慮」が行われることもある。しかし、それ以前に本人が学習できていなければ、こういった配慮も無駄になってしまう。ただ、PCには読み上げ機能があることを知っていれば、それを利用することで漢字が読めなくても学習を進めることができる。また、書字が困難であっても、PCへの入力技能を向上させたり、音声入力を使いこなしたりすれば学習に支障がない。

　このように障害を補う知識を増やし、技能を向上させることが大切である。

「未知の状況にも対応できる〔思考力、判断力、表現力等〕の育成」に向けてのポイント

　周囲の生徒は当たり前のように行っている学習活動が、障害の特性上困難になることがある。例えば、書字障害の生徒が授業中にノートをとるといった学習スキルは、トレーニングで身に付くものではなく、本人の努力が足りないわけでもない。しかし、周囲に同調することが求められたり、本人が他の生徒と違う行動を極端に拒んだりすると、どんどん学習の遅れが生じてしまう。

　ノートをとるという活動の目的をよく考え、備忘録としての意味なら黒板をタブレットで撮影したり、何かをまとめる、表現するという意味ならワープロを活用したりするなど、本来の目的に合わせた対応を自分で考えて判断できるように指導する。また、その対応が認められるよう、自分から配慮を求められるように育てたい。

「学びを人生や社会に生かそうとする〔学びに向かう力、人間性等〕の涵養に向けてのポイント

　学校での学習活動は、時間や方法が指定されたり制約があったりするため、特定の活動が苦手な子供は学習に参加できずに不利益を被ることもある。しかし、社会生活では制約が緩和され、時間をかけて対応できたり、自分で方法を決めたりすることも多い。

　例えば、算数障害の傾向があると、量のイメージがつかめない。結果として、見通しがもてないといった困難さが見られたり、計算が極端に遅かったりするため、算数・数学の時間では正解が得にくい。しかし、実社会では数字のみが並んだ資料は誰もが見にくいため、図やグラフなどに視覚化されたり、実用計算ソフトに入力するだけで自動計算してくれたりするので、意味を理解していることが大切になる。社会とのつながりをより意識した活動や動機付けによって、自分の学びの方法を確立していくように指導し評価していく。

単元で目指す生徒像の育成に向けた授業の例

「様々な学びのスタイルの理解」　　　　　　　　　　　（第1次 1 時）

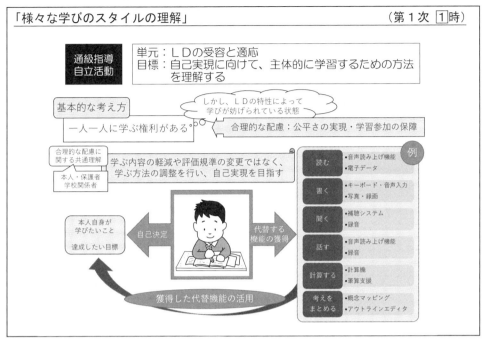

「代替機能獲得への動機付け」　　　　　　　　　　　（第2次 3 時）

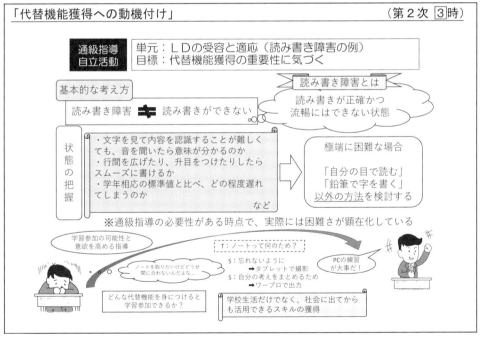

自立活動

中学校

おわりに

　本書は、昨年2月に上梓した『資質・能力を育成する学習評価－カリキュラム・マネジメントを通して－』（東洋館出版社）の続編であり、「指導と評価の一体化を図る授業づくり」に向け、小学校、中学校、高等学校、特別支援学校での授業実践について、その具体を示した一冊です。

　今回の学習指導要領改訂は、日本の学校教育において育成すべき学力を、平成19年6月に一部改正された学校教育法第30条第2項に示された学力の重要な三つの要素に基づき、その育成を図ることが大きなねらいとなっています。学校教育において、「何を学ぶか」「どのように学ぶか」を授業づくりの中核として位置付け、授業を通して「何ができるようになるか」まで昇華させることにより、学校教育において育成された学力が、学校を卒業し社会に出てからも資質・能力として機能することを目指しています。

　グローバル化した世界が、COVID-19（新型コロナウィルス）により閉ざされた世界となりつつある今日、未来を指向するためには、教育の重要性が今まで以上に問われると考えます。これまでも、人類の文化や文明は進化を遂げてきました。その進化はある意味、ツール（手段）の変化でもありました。新しいツールをいかに使うかということも重要ですが、それ以上に、人間としての普遍的な資質・能力の育成を図ることが重要な目的になると考えます。

　令和2年度中にGIGAスクール構想により、全国各地の学校に、一人1台のPCやタブレット端末の機器・機材が配置されました。それにより、機器・機材をどのように使用して授業を行うかに注目が集まっています。そこでは、ツールとしての機器・機材を使用することが目的化されてはいないでしょうか。学校教育の目標は、児童生徒の資質・能力の育成にあります。ツールの使用は、その目的を実現するための手段や方法でしかないことを確認したいと思います。

　では、未来を拓くための教育は、どのような資質・能力の育成を図らなければならないのでしょうか。

　学校教育における資質・能力の目標と内容については、学習指導要領に示されています。

　さらに、未来に向けて、次の5つの資質・能力の育成を図ることが期待されます。

　　○　既有の知識・技能を基に、新たな価値を創造する。

　　○　個を尊重しつつも、他とのコミュニケーションを図る。

　　○　自己相対化を図り、自己認識を通した自己修正を図る。

　　○　共生社会に向けて、主体として取り組む。

　　○　歴史認識を通して、未来への展望を図る。

　学校教育は、単に児童生徒の進路や進学のみに焦点を当ててはいないと考えます。子供たちの未来を創るために、学校教育はあると思います。そこでは、一人一人の子供たちへの視点や想いが重要となります。

　単に学力として従来の評定や序列をつけることが、今日の学習評価ではないと言えます。一人一人の子供の学びを意味付け価値付けることを通して、個の尊重や資質・能力の育成を図ることが求められます。一人一人の個の違いを認めることが問われているのです。それは、一人一人の個を切り離して捉えることではありません。将来、社会を形成するためにも、学校教育の時期に個と個とが教室で関わり合うことなくしては、学校教育としての機能は果たせないと考えます。

　そのために、これまでの一斉授業のよさを継承しつつ、アクティブ・ラーニングや「主体的・対話的で深い学び」が行われることも必要となりました。それは、単に学習形態を対象とするのではなく、どのような資質・能力を育成するかに焦点を当てた授業づくりが求められているからなのです。また、それは、学習の形態としての形式ではなく、育成すべき資質・能力としての内容が求められているからでもあります。

　そこで、これからの学校の授業に求められるのは、以下のものと考えます。

○　既有の知識を基に、新たな価値の創造を図る。

○　コミュニケーションを図ることを通し、共生を図る。

○　メタ認知を通し、自己相対化を図るとともに、他者理解を図る。

　上記の実現を図るため、OECD（経済協力開発機構）は、これからの社会で必要な資質・能力（Education2030　Learning Framework）として、「Well-being（個人的・社会的により良く幸せに生きること）」をあげています。また、平成29〜31年版では、〔学びに向かう力、人間性等〕として「どのように社会・世界と関わり、よりよい人生を送るか」が示されています。

　さらに、OECDが“Learning Compass 2030”として示しているStudent Agency（変革を起こすために目標を設定し、振り返りながら責任ある行動をとる能力）の育成は、平成29〜31年版で示されている資質・能力が目指しているものでもあります。そこでは、一人一人の児童生徒が学習の見通しをもち、行動し、振り返るという循環を確立しつつ、継続して学び、自らの考えを改善していくことを資質・能力として求めています。

　これらの内容は、世界の教育のベクトルが、今日、この方向性にあることが示されているとも言えましょう。

　本書では、平成29〜31年版で求められる資質・能力を基軸とし、これからの教育の方向性を、授業としていかに具現化するかという提案を行いました。

　2021年3月

髙木　展郎

【編著者】

田中　保樹　たなか・やすき
学校法人北里研究所北里大学理学部准教授（教職課程センター）

1961 年に生まれ、横浜市立小・中学校、神奈川県立高等学校、東京理科大学を卒業。1985 年からは横浜市立中学校、1997 年からは横浜国立大学教育人間科学部附属横浜中学校で理科教員として勤務。2004 年に横浜国立大学大学院を修了。2005 年からの 4 年間は髙木展郎校長の下、研究主任、教務主任として教育とその研究、カリキュラム・マネジメントを推進。2009 年からは横浜市教育委員会事務局の指導主事、国立教育政策研究所の学力調査官・教育課程調査官、文部科学省の教科調査官を経て、2018 年に横浜市を早期退職。現在、北里大学教職課程センターに所属し、教職概論や理科教育法等の授業と、学習指導・学習評価や理科教育等に関する研究とを推進。詳しくは Web サイト（北里大学研究者情報）にて。

三藤　敏樹　みふじ・としき
横浜市立横浜サイエンスフロンティア高等学校附属中学校副校長

1963 年横浜市生まれ。國學院大學文学部文学科を卒業し、横浜市立中学校に国語科教員として赴任。在勤中、文部省若手教員海外派遣団の一員としてアメリカ合衆国インディアナ州に赴く。また、横浜市一般派遣研究生として横浜国立大学に内地留学し高木展郎教授の指導を受けた後、横浜国立大学大学院を修了。横浜市立港南台第一中学校において、高木教授の指導の下、横浜国立大学教育人間科学部附属中学校とともに文部科学省の「国語力向上モデル事業」の委嘱を受け、教務主任として「各教科等における言語活動の充実」をテーマに研究を推進する。2014 年日産自動車人財開発グループへの派遣、2015 年から横浜市教育委員会事務局教職員育成課指導主事、横浜市立大学非常勤講師（兼務）を経て、2018 年から現職。学校心理士。

髙木　展郎　たかぎ・のぶお
横浜国立大学名誉教授

1950 年横浜市生まれ。横浜国立大学教育学部卒、兵庫教育大学大学院修了。国公立の中学校・高等学校教諭、福井大学、静岡大学を経て、横浜国立大学教授 2016 年 3 月退官。
主な著書に、『変わる学力　変える授業』（三省堂　2015）、『新学習指導要領がめざす　これからの学校・これからの授業』（共著、小学館 2017）、『平成29 年改訂中学校教育課程実践講座国語』（共編著、ぎょうせい 2017）、『新学習指導要領　高校の国語授業はこう変わる』共編著、三省堂　2018）、『評価が変わる　授業を変える』（三省堂 2019）、『フィンランド×日本の教育はどこへ向かうのか―明日の教育への道しるべ』（共著、三省堂　2020）

【執筆者】 ※掲載は執筆順。所属は令和3年1月現在。

田中保樹	前出	はじめに、Ⅰ-2、Ⅰ-4-Q2・Q5・Q7・Q10-4
三藤敏樹	前出	はじめに、Ⅰ-3、1-4-Q3・Q4・Q6・Q9・Q10-1
髙木展郎	前出	Ⅰ-1、おわりに
岡本利枝	横浜市立太尾小学校主幹教諭	Ⅰ-4-Q1、Ⅱ-2-1、Ⅱ-3-1・2
山内裕介	横浜市教育委員会事務局教職員育成課主任指導主事	Ⅰ-4-Q8
土谷　満	横浜市立蒔田中学校副校長	Ⅰ-4-Q10-2、Ⅱ-3-⑨
藤原大樹	お茶の水女子大学附属中学校教諭	Ⅰ-4-Q10-3、Ⅱ-3-⑩
遠藤淳子	横浜市立荏田西小学校校長	Ⅰ-4-Q10-5・Q10-13
後藤俊哉	横浜市立桜岡小学校校長	Ⅰ-4-Q10-6
三浦　匡	横須賀市立馬堀小学校校長	Ⅰ-4-Q10-7
末岡洋一	横浜市教育委員会事務局西部学校教育事務所 指導主事室室長	Ⅰ-4-Q10-8
小倉　修	逗子市立久木中学校教諭	Ⅰ-4-Q10-9、Ⅱ-3-⑬
大平はな	横浜市教育委員会事務局教職員育成課 主任指導主事	Ⅰ-4-Q10-10、Ⅱ-3-⑤
西村秀之	横浜市教育委員会事務局教育課程推進室 主任指導主事	Ⅰ-4-Q10-11
仲川美世子	横浜市立榎が丘小学校校長	Ⅰ-4-Q10-12
嶋田克彦	横浜市立峯小学校校長	Ⅰ-4-Q10-14
林　正直	神奈川県立武山養護学校校長	Ⅰ-4-Q10-15
岡﨑陽子	横浜市立日限山小学校校長	Ⅱ-1-1
松田哲治	横浜市立日吉台西中学校校長	Ⅱ-1-2
加藤俊志	神奈川県立麻生高等学校校長	Ⅱ-1-3
本田大亮	横浜市立北方小学校主幹教諭	Ⅱ-2-2、Ⅱ-3-⑦
伊東有希	川崎市立東小倉小学校教諭	Ⅱ-2-3、Ⅱ-3-①
田口尚希	横浜市立横浜サイエンスフロンティア高等学校 附属中学校教諭	Ⅱ-2-4
鈴木優子	川崎市立苅宿小学校非常勤講師	Ⅱ-3-②
黒澤正道	横須賀市教育委員会事務局教育指導課指導主事	Ⅱ-3-③
阿部真帆	横浜市立大門小学校教諭	Ⅱ-3-④
紺野達也	横浜市立大岡小学校教諭	Ⅱ-3-⑥
栗原優花	横浜市立港南台第一中学校教諭	Ⅱ-3-⑧
井上祐介	横浜市教育委員会事務局北部学校教育事務所 指導主事室主任指導主事	Ⅱ-3-⑪
杉戸美和	横須賀市立汐入小学校教頭	Ⅱ-3-⑫
梶ヶ谷朋恵	横浜市立南高等学校附属中学校主幹教諭	Ⅱ-3-⑭
浦島歩美	神奈川県立光陵高等学校教諭	Ⅱ-3-⑮
利根川翔	横浜市立横浜サイエンスフロンティア高等学校教諭	Ⅱ-3-⑯
下村　治	横浜市立洋光台第一中学校主幹教諭	Ⅱ-3-⑰

資質・能力を育成する授業づくり
―指導と評価の一体化を通して―

2021（令和3）年3月16日　初版第1刷発行

編　著　者：田中保樹・三藤敏樹・髙木展郎
発　行　者：錦織　圭之介
発　行　所：株式会社東洋館出版社
　　　　　　〒113-0021　東京都文京区本駒込5丁目16番7号
　　　　　　営　業　部　電話 03-3823-9206　FAX 03-3823-9208
　　　　　　編　集　部　電話 03-3823-9207　FAX 03-3823-9209
　　　　　　振　　　替　00180-7-96823
　　　　　　Ｕ　Ｒ　Ｌ　http://www.toyokan.co.jp

デザイン：藤原印刷株式会社
イラスト：河口智子
印刷・製本：藤原印刷株式会社

ISBN978-4-491-04353-1　　　　　　　　　　　Printed in Japan